Max Justus Mahlmann

# Die insolvenzrechtliche Anfechtung von Bargeschäften

Max Justus Mahlmann

# Die insolvenzrechtliche Anfechtung von Bargeschäften

## Untersuchung zum neuen Erfordernis der Unlauterkeit im Rahmen des § 142 InsO

Tectum Verlag

Max Justus Mahlmann
Die insolvenzrechtliche Anfechtung von Bargeschäften
Untersuchung zum neuen Erfordernis der Unlauterkeit im Rahmen des § 142 InsO
Zugl. Diss. Universität Hamburg 2020


ISBN 978-3-8288-4524-4
eBook 978-3-8288-7567-8

Druck und Bindung: docupoint GmbH, Barleben
Printed in Germany



Besuchen Sie uns im Internet
www.tectum-verlag.de

**Bibliografische Informationen der Deutschen Nationalbibliothek**
Die Deutsche Nationalbibliothek verzeichnet diese Publikation
in der Deutschen Nationalbibliografie; detaillierte bibliografische
Angaben sind im Internet über http://dnb.d-nb.de abrufbar.

*Meinen Eltern*

# Vorwort

Diese Schrift wurde im Sommersemester 2020 von der juristischen Fakultät der Universität Hamburg als Dissertation angenommen. Die Arbeit befindet sich inhaltlich auf dem Stand der Einreichung im April 2020.

Mein herzlicher Dank gilt Prof. Dr. Reinhard Bork für seine thematische Anregung sowie seine stets herzliche und hilfreiche Betreuung im Vorfeld und während der Promotion. Ihm und meinem Zweitkorrektor, Prof. Dr. Peter Mankowski, danke ich für die überaus zügige Erstellung der Gutachten.

Meine Dankbarkeit spreche ich darüber hinaus Dr. Gertrud Hülsmann-Diamond für die Durchsicht der Arbeit aus.

Ganz besonderer Dank gebührt meinen Eltern für ihre vorbehaltlose und unermüdliche Unterstützung und ihren immerwährenden Rückhalt. Ihnen ist diese Arbeit gewidmet.

Hamburg, im Juni 2020 Max Mahlmann

*„Veränderungen am Anfechtungsrecht sind wie eine Operation am Nervengewebe“*

– Heiko Maas am 19.03.2015 in seiner Rede auf dem 12. Deutschen Insolvenzrechtstag

# Inhaltsübersicht

# Inhaltsverzeichnis

# Abkürzungsverzeichnis

| | |
|---|---|
| Begr. | Begründer |
| BR-Drucks. | Drucksachen des Bundesrates |
| BT-Drucks. | Drucksachen des Deutschen Bundestages |
| Ders. | Derselbe |
| Dies. | Dieselben |
| Diss. | Dissertation |
| Ebda. | Ebenda |
| Forderungspapier | Forderungspapier des Mittelstandsverbunds – ZGV e.V., zum Problem der Insolvenzanfechtung nach § 133 InsO Zuletzt aufgerufen am 07.04.2020 unter: https://www.mittelstandsverbund.de/media/056748dd-0f08-4457-bd7b-99f97fec9714/J9-t2A/Download/Stellungnahmen,%20Positionen,%20Empfehlungen/MITTELSTANDSVERBUND%20Stellungnahmen,%20etc./Download/2013-12-12-forderungspapier-insolvenzanfechtung.pdf?download=true |
| Gemeinsame Erklärung | Gemeinsame Erklärung der Verbände zur Insolvenzanfechtung: „Notwendige gesetzgeberische Korrekturen im Recht der Insolvenzanfechtung nach §§ 133, 142 InsO", vom 08.07.2014 Zuletzt aufgerufen am 07.04.2020 unter: https://www.franchiseverband.com/fileadmin/user_upload/Gemeinsame_Erklaerung_der_Verbaende_11_Logos__08_07_2014_.pdf |
| Gemeinsame Stellungnahme | Gemeinsame Stellungnahme zum Referentenentwurf des Bundesministeriums der Justiz und für Verbraucherschutz, Entwurf eines Gesetzes zur Verbesserung der Rechtssicherheit bei Anfechtungen nach der Insolvenzordnung und nach dem Anfechtungsgesetz, vom 08.06.2015 Zuletzt aufgerufen am 07.04.2020 unter: https://www.franchiseverband.com/blog/wp-content/uploads/2015/11/gemeinsame-stellungnahme-insolvenzanfechtung.pdf |
| jM | juris – Die Monatszeitschrift |
| JurisPR-InsR | juris PraxisReport Insolvenzrecht |
| mVa | Mit Verweis auf |
| mwN | Mit weiteren Nachweisen |
| OJZ | Österreichische Juristen-Zeitung |

| | |
|---|---|
| Positionspapier | Positionspapier des Bundesverbandes der Deutschen Industrie (BDI) und des Zentralverbandes des Deutschen Handwerks (ZDH), Ausufernder Anwendungsbereich der insolvenzrechtlichen Vorsatzanfechtung lähmt Unternehmenspraxis, vom 14.10.2013<br>Zuletzt aufgerufen am 07.04.2020 unter:<br>https://www.biv-kaelte.de/fileadmin/user_upload/mitglieder/Rechtsberatung/BDI_ZDH_Positionspapier_Insolvenzanfechtung.pdf |
| Schneidewind, Positionspapier | Gemeinsames Positionspapier zur Thematik „Notwendige gesetzgeberische Korrekturen im Recht der Insolvenzanfechtung nach §§ 133; 142 InsO (Vorsatzanfechtung)“ von Bundesverband Großhandel, Außenhandel, Dienstleistungen e. V. (BGA), Bundesverband Deutscher Baustoff-Fachhandel e. V. (BDB), Bundesverband der Energie- und Wasserwirtschaft (BDEW), Bundesverband Deutscher Stahlhandel (BDS AG), Bundesverband Credit Management e. V. (BvCM), Bundesverband Druck und Medien e. V. (bvdm), Verband Deutscher Gas- und Stromhändler e. V. (EFET Deutschland), Gesamtverband der deutschen Textil- und Modeindustrie e. V. (t+m), Bundesverband Deutscher Leasing-Unternehmen e. V. (BDL), Deutscher Franchise Verband e. V. (DFV)<br>Zuletzt aufgerufen am 07.04.2020 unter:<br>https://www.franchiseverband.com/blog/wp-content/uploads/2015/11/gemeinsame-position-insolvenzanfechtung-10-verbaende-11-6-2014.pdf |
| Stellungnahme DAV | Stellungnahme des Deutschen Anwaltvereins durch den Ausschuss Insolvenzrecht zum Referentenentwurf eines Gesetzes zur Verbesserung der Rechtssicherheit bei Anfechtungen nach der Insolvenzordnung und nach dem Anfechtungsgesetz<br>In: ZInsO 2015, 1258–1260<br>Zuletzt aufgerufen am 07.04.2020 unter:<br>https://anwaltverein.de/de/newsroom/nr-30-15-referentenentwurf-eines-gesetzes-zur-verbesserung-der-rechtssicherheit-bei-anfechtungen-nach-der-insolvenzordnung-und-n?newscategories=&category=&startDate=13.03.2020&endDate=&searchKeywords=Anfechtungsgesetz |
| Rede auf dem 12. Deutschen Insolvenzrechtstag | Rede von Heiko Maas am 19.03.2015 auf dem 12. Deutschen Insolvenzrechtstag<br>Zuletzt aufgerufen am 07.04.2020 unter:<br>https://www.beck.de/cms/?toc=NZI.09&docid=368399 |
| RegE | Regierungsentwurf |
| s. o. | Siehe oben |
| s. u. | Siehe unten |
| Vor. | Vorbemerkungen |

Im Übrigen wird verwiesen auf:
Kirchner, Abkürzungsverzeichnis der Rechtssprache, 9. Auflage, Berlin/ Boston, 2018

# Literaturverzeichnis


Ahrens, Martin

Reform der Vorsatzanfechtung nach dem Gesetzesentwurf der Bundesregierung
In: ZRP 2016, 5–9
Zitiert: Ahrens, ZRP 2016, 5

*Ahrens, Martin (Hrsg.)/ Gehrlein, Markus (Hrsg.)/ Ringstmeier, Andreas (Hrsg.)*

Fachanwaltskommentar Insolvenzrecht
3. Auflage, München, 2017
Zitiert: Ahrens/ Gehrlein/ Ringstmeier/ *Bearbeiter*

*Altmeppen, Holger*

Was bleibt von den masseschmälernden Zahlungen?
In: ZIP 2015, 949–956
Zitiert: Altmeppen, ZIP 2015, 949

*Andres, Dirk/ Leithaus, Rolf/ Dahl, Michael*

Insolvenzordnung
4. Auflage, München, 2018
Zitiert: Andres/ Leithaus/ Dahl/ *Bearbeiter*

*Bartels, Florian*

Die subjektiven Tatbestandsmerkmale von § 133 InsO
In: KTS 2016, 301–333
Zitiert: Bartels, KTS 2016, 301

*Baumbach, Adolf (Begr.)/ Hueck, Alfred*

Gesetz betreffend die Gesellschaften mit beschränkter Haftung
22. Auflage, München, 2019
Zitiert: GmbHG, Baumbach/ Hueck/ *Bearbeiter*

*Berner, Hans-Joachim*

Die Debatte zur Reform des Insolvenzanfechtungsrechts seit 2013, Kritikpunkte, Reformvorschläge, Gesetzesentwürfe
In: ZInsO 2015, 2457–2473
Zitiert: Berner, ZInsO 2015, 2457

*Blank, Dennis/ Blank, Michael*

Die Reform der Insolvenzanfechtung – eine notwendige Operation?
In: ZInsO 2015, 1705–1716
Zitiert: Blank/ Blank, ZInsO 2015, 1705

*Blersch, Jürgen (Hrsg.)/ Goetsch, Hans-W. (Hrsg.)/ Haas, Ulrich (Hrsg.)*

Berliner Kommentar: Insolvenzrecht
Band 1 (§§ 1–147 InsO), Loseblattsammlung, 71. Ergänzungslieferung, Köln, Stand November 2019
Zitiert: BK, *Bearbeiter*

*Bork, Reinhard*

Anfechtung als Kernstück der Gläubigergleichbehandlung
In: ZIP 2014, 797–810
Zitiert: Bork, ZIP 2014, 797

*Ders.*

Die anfechtbare Kontokorrentverrechnung
In: Ganter, Hans Gerhard (Hrsg.)/ Gottwald, Peter (Hrsg.)/ Lwowski, Hans-Jürgen (Hrsg.), Haftung und Insolvenz: Festschrift für Gero Fischer zum 65. Geburtstag, S. 37–51
München, 2008
Zitiert: Bork, FS Fischer, 37

*Ders.*

Die insolvenzrechtliche Anfechtung: Sanierungsmittel oder Sanierungshindernis?
In: Weber, Norbert (Hrsg.)/ Schmidt, Jens M. (Hrsg.), Festschrift für Hans Peter Runkel, S. 241–262
Köln, 2009
Zitiert: Bork, FS Runkel, 241

*Ders.*

Die Renaissance des § 133 InsO
In: ZIP 2004, 1684–1693
Zitiert: Bork, ZIP 2004, 1684

*Ders.*

Einführung in das Insolvenzrecht
9. Auflage, Tübingen, 2019
Zitiert: Bork, Insolvenzrecht

*Ders.*

Grundtendenzen des Insolvenzanfechtungsrechts
In: ZIP 2008, 1041–1049
Zitiert: Bork, ZIP 2008, 1041

*Ders.*

Kontokorrentverrechnung und Bargeschäft
In: Gerhardt, Walter (Hrsg.)/ Haarmeyer, Hans (Hrsg.)/ Kreft, Gerhart (Hrsg.), Insolvenzrecht im Wandel der Zeit, Festschrift für Hans-Peter Kirchhof zum 65. Geburtstag, S. 57–72
Bonn, 2003
Zitiert: Bork, FS Kirchhof, 57

*Ders.*

Neues Insolvenzanfechtungsrecht: Verschärfung oder Entmachtung?
In: ZIP 2014, 1905–1909
Zitiert: Bork, ZIP 2014, 1905

*Ders.*

Ökonomische Analyse des Insolvenzanfechtungsrechts
In: Eger, Thomas (Hrsg.)/ Bigus, Jochen (Hrsg.)/ Ott, Claus (Hrsg.)/ von Wangenheim, Georg (Hrsg.), Internationalisierung des Rechts und seine ökonomische Analyse, Festschrift für Hans-Bernd Schäfer zum 65. Geburtstag, S. 593–603
Wiesbaden, 2008
Zitiert: Bork, FS H.-B. Schäfer, 593

*Ders.*

„Wenn der Hahn kräht auf dem Mist..." – Ändert sich etwas bei § 133 InsO?
In: Paulus, Christoph (Hrsg.)/ Wimmer-Ahmend, Angelika (Hrsg.), Festschrift für Dr. Klaus Wimmer, S. 98–116
Baden-Baden, 2017
Zitiert: Bork, FS Wimmer, 98

*Bork, Reinhard (Hrsg.)/ Hölzle, Gerrit (Hrsg.)*

Handbuch Insolvenzrecht
2. Auflage, Köln, 2019
Zitiert: Bork/ Hölzle/ *Bearbeiter*

*Bork, Reinhard (Hrsg.)/ Koschmieder, Kurt-Dieter (Hrsg.)*

Fachanwaltshandbuch Insolvenzrecht
Loseblattsammlung, 12. Ergänzungslieferung, Köln, Stand Mai 2011
Zitiert: Bork/ Koschmieder/ *Bearbeiter*

*Bork, Reinhard (Hrsg.)/ Schäfer, Carsten (Hrsg.)*

Kommentar zum GmbH-Gesetz
4. Auflage, Köln, 2019
Zitiert: GmbHG, Bork/ C. Schäfer/ *Bearbeiter*

*Borries, Christine/ Huber, Markus*

Anmerkung zu BGH, Urt. v. 19.09.2019 – IX ZR 148/18,
In: NZI 2020, 27–28
Zitiert: Borries/ Huber, NZI 2020, 27

*Borsch, Uwe/ Matzen, Klaus*

Vorsatzanfechtung – vorwärts in die Vergangenheit?
In: ZInsO 2018, 2685–2691
Zitiert: Borsch/ Matzen, ZInsO 2018, 2685

*Bräuer, Gregor*

Ausschluss der Insolvenzanfechtung bei Bargeschäften nach Maßgabe des § 142 InsO
Berlin, 2006
Zitiert: Bräuer

*Braun, Eberhard (Hrsg.)*

Insolvenzordnung
8. Auflage, München, 2020
Zitiert: Braun/ *Bearbeiter*

*Braun, Eberhard/ Uhlenbruck, Wilhelm*

Unternehmensinsolvenz, Grundlagen, Gestaltungsmöglichkeiten, Sanierung mit der Insolvenzordnung
Düsseldorf, 1997
Zitiert: Braun/ Uhlenbruck

*Bressler, Stefan*

Distressed M&A-Transaktionen nach der Insolvenzanfechtungsreform
In: NZG 2018, 321–326
Zitiert: Bressler, NZG 2018, 321

*Breutigam, Axel/ Tanz, Matthias*

Einzelprobleme des neuen Insolvenzanfechtungsrechts
In: ZIP 1998, 717–725
Zitiert: Breutigam/ Tanz, ZIP 1998, 717

*Brinkmann, Moritz/ Jacoby, Florian/ Thole, Christoph*

Überprüfung des Insolvenzanfechtungsrechts durch Bundesregierung ergibt: Es fehlt an Fiskusprivilegien!
In: ZIP 2015, 2001–2002
Zitiert: Brinkmann/ Jacoby/ Thole, ZIP 2015, 2001

*Brinkmann, Gerhard/ Luttmann, Maik*

Anfechtbarkeit von Zwangsvollstreckungsmaßnahmen trotz fehlender Schuldnerhandlung analog § 133 Abs. 1 InsO

In: ZInsO 2007, 565–569
Zitiert: Brinkmann/ Luttmann, ZInsO 2007, 565

*Bruckhoff, Holger-René*

Zur Anfechtung von Kontokorrentverrechnungen in der Insolvenz
In: NJW 2002, 3304–3306
Zitiert: Bruckhoff, NJW 2002, 3304

*Canaris, Claus-Wilhelm*

Aktuelle insolvenzrechtliche Probleme des Zahlungsverkehrs und des Effektenwesens
In: Uhlenbruck, Wilhelm (Hrsg.)/ Klasmeyer, Bernd (Hrsg.)/ Kübler, Bruno (Hrsg.), Einhundert Jahre Konkursordnung 1877–1977, Festschrift des Arbeitskreises für Insolvenz- und Schiedsgerichtswesen e. V. Köln zum einhundertjährigen Bestehen der Konkursordnung vom 10. Februar 1877, S. 73–109
Köln/ Berlin/ Bonn/ München, 1977
Zitiert: Canaris, FS KO, 73

*Commandeur, Anja/ Römer, Alexander*

Aktuelle Entwicklungen im Insolvenzrecht
In: NZG 2017, 776–779
Zitiert: Commandeur/ Römer, NZG 2017, 776

*Cosack, Konrad*

Das Anfechtungsrecht der Gläubiger eines zahlungsunfähigen Schuldners innerhalb und außerhalb des Konkurses nach deutschem Reichsrecht
Stuttgart, 1884
Zitiert: Cosack

*Cranshaw, Friedrich (Hrsg.)/ Hinkel, Lars (Hrsg.)*

Gläubigerkommentar Anfechtungsrecht, Praxiskommentar zum gesamten für Gläubiger relevanten Anfechtungsrecht nach AnfG, InsO und ausgewählten ausländischen Rechtsordnungen
2. Auflage, Heidelberg, 2015
Zitiert: GK, *Bearbeiter*

*Cranshaw, Friedrich (Hrsg.)/ Paulus, Christoph (Hrsg.)/ Michel, Nicole (Hrsg.)*

Bankenkommentar zum Insolvenzrecht, Praxiskommentar zu allen für das Kreditinstitut als Insolvenzgläubiger relevanten Vorschriften der Insolvenzordnung
Band 2 (§§ 120–359), 3. Auflage, Heidelberg, 2016
Zitiert: Cranshaw/ Paulus/ Michel/ *Bearbeiter*

*Dahl, Michael/ Schmitz, Daniel*

Das neue Insolvenzanfechtungsrecht
In: NJW 2017, 1505–1511
Zitiert: Dahl/ Schmitz, NJW 2017, 1505

*Dahl, Michael/ Schmitz, Daniel/ Taras, Raul*

Der aktuelle Stand der Reform des Insolvenzanfechtungsrechts
In: ZInsO 2016, 20–27
Zitiert: Dahl/ Schmitz/ Taras, ZInsO 2016, 20

*Eckardt, Diederich*

Kreditsicherung versus Insolvenzanfechtung, Zur Anfechtung globaler Kreditsicherheiten, dargestellt anhand des AGB-Pfandrechts der Banken
In: ZIP 1999, 1417–1426
Zitiert: Eckardt, ZIP 1999, 1417

*Ehmann, Erik*

Vorsatzanfechtung bei marktüblichen Austauschgeschäften nach der Reform der Insolvenzanfechtung – Erläuterung der verbleibenden Risiken und Vorschläge zur Anfechtungsprophylaxe
In: GWR 2018, 81–89
Zitiert: Ehmann, GWR 2018, 81

*Fawzy, Oliver/ Köchling, Marcel*

Die Reform der Vorsatzanfechtung, oder: die größte Baustelle des Insolvenzrechts
In: ZInsO 2014, 1073–1083
Zitiert: Fawzy/ Köchling, ZInsO 2014, 1073

*Fischer, Gero*

Gläubigerbenachteiligungsvorsatz bei kongruenter Deckung
In: NZI 2008, 588–594
Zitiert: Fischer, NZI 2008, 588

*Fischer, Thomas*

Strafgesetzbuch,
67. Auflage, München, 2020
Zitiert: StGB, Fischer

Flaig, Dominik

Regierungsentwurf eines Gesetzes zur Verbesserung der Rechtssicherheit bei Anfechtungen nach der Insolvenzordnung und nach dem Anfechtungsgesetz
In: GWR 2016, 71–74
Zitiert: Flaig, GWR 2016, 71

*Fleischer, Holger (Hrsg.)/ Goette, Wulf (Hrsg.)*
Münchener Kommentar zum Gesetz betreffend die Gesellschaften mit beschränkter Haftung
Band 3 (§§ 53–88), 3. Auflage, München, 2018
Zitiert: GmbHG, MüKo, *Bearbeiter*

*Foerste, Ulrich*
„Bargeschäftsähnliche Lage“ bei Vorsatzanfechtung – nunmehr Geschichte!
In: ZInsO 2018, 1034–1036
Zitiert: Foerste, ZInsO 2018, 1034

*Ders.*
Die Ausdehnung der Vorsatzanfechtung – ein rechtsstaatliches Problem
In: ZInsO 2013, 897–902
Zitiert: Foerste, ZInsO 2013, 897

*Ders.*
Die Vorsatzanfechtung (§ 133 InsO) – zum politischen Potential der Begriffsjurisprudenz
In: Richardi, Reinhard (Hrsg.)/ Wilhelm, Jan (Hrsg.)/ Lobinger, Thomas (Hrsg.), Festschrift für Eduard Picker zum 70. Geburtstag, S. 227–248
Tübingen, 2010
Zitiert: Foerste, FS Picker, 227

*Ders.*
Grenzen der Vorsatzanfechtung bei kongruenter Deckung
In: NZI 2006, 6–10
Zitiert: Foerste, NZI 2006, 6

*Ders.*
Reform der Vorsatzanfechtung im Jahre 2017 – § 3 AnfG
In: ZInsO 2019, 872–875
Zitiert: Foerste, ZInsO 2019, 872

*Ders.*
Schranken des § 133 Abs. 1 – Abs. 3 InsO kraft alter Rechtsprechung zum Benachteiligungsvorsatz
In: ZInsO 2019, 1778–1720
Zitiert: Foerste, ZInsO 2019, 1778

*Ders.*
Zum Ausschluss der Vorsatzanfechtung (§ 133 InsO) bei „bargeschäftsähnlicher Lage“
In: WM 2014, 1213–1217
Zitiert: Foerste, WM 2014, 1213

*Ders.*

Zwischenruf: Künftig Selektion der Bargeschäfte?
In: ZInsO 2015, 832–833
Zitiert: Foerste, ZInsO 2015, 832

*Fridgen, Alexander*

Die Rechtsfolgen der Insolvenzanfechtung, Vorsatzanfechtung unter dem Gesichtspunkt des Schadensersatzes
Hamburg, 2009
Zitiert: Fridgen

*Fridgen, Alexander (Hrsg.)/ Geiwitz, Arndt (Hrsg.)/ Göpfert, Burkard (Hrsg.)*

Beck'scher Online-Kommentar InsO
16. Edition, München, Stand 15.10.2019
Zitiert: BeckOK, *Bearbeiter*

Frind, Frank

Referentenentwurf Anfechtungsrecht: Vom Schein der Feinjustierung zur Steigerung der Rechtsunsicherheit
In: ZInsO 2015, 1001–1010
Zitiert: Frind, ZInsO 2015, 1001

*Ganter, Hans Gerhard*

Bargeschäfte (§ 142 InsO) von Dienstleistern
In: ZIP 2012, 2037–2045
Zitiert: Ganter, ZIP 2012, 2037

*Ders.*

Betrachtungen zum Verhältnis von Legislative und Judikative auf dem Gebiet des Insolvenzrechts
In: NZI 2018, 961–969
Zitiert: Ganter, NZI 2018, 961

*Ders.*

Der Regierungsentwurf vom 29. September 2015 zur „Anfechtungsreform" – Vom Regen in die Traufe –
In: Ganter, WM 2015, 2117–2122
Zitiert: Ganter, WM 2015, 2117

*Ders.*

Kraft Gesetzes anfechtungsfreie Vermögensbewegungen in den Fällen der §§ 110, 114 InsO?
In: Bork, Reinhard (Hrsg.)/ Godehard, Kayser (Hrsg.)/ Kebekus, Frank (Hrsg.), Festschrift für Bruno M. Kübler, S. 171–179
München, 2015
Zitiert: Ganter, FS Kübler, 171

*Ders.*

Neues zum Bargeschäft
In: ZIP 2019, 1141–1152
Zitiert: Ganter, ZIP 2019, 1141

*Ders.*

Vorsatzanfechtung nach fehlgeschlagener Sanierung
In: WM 2009, 1441–1452
Zitiert: Ganter, WM 2009, 1441

*Ders.*

Weiterentwicklung der Rechtsprechung zu § 133 InsO
In: WM 2014, 49–54
Zitiert: Ganter, WM 2014, 49

*Ders.*

Wiederbelebung des „Mühlen-Falls"?
In: NZI 2018, 585–588
Zitiert: Ganter, NZI 2018, 585

*Ders.*

Zwischenbilanz zur Insolvenzanfechtungsreform 2017
In: NZI 2019, 481–491
Zitiert: Ganter, NZI 2019, 481

*Gerhardt, Walter*

Gereimtes und Ungereimtes im Anfechtungsrecht der neuen Insolvenzordnung, Eine kritische Betrachtung
In: Pfeiffer, Gerd (Hrsg.)/ Kummer, Joachim (Hrsg.)/ Scheuch, Silke (Hrsg.), Festschrift für Hans Erich Brandner zum 70. Geburtstag, S. 605–619
Köln, 1996
Zitiert: Gerhardt, FS Brandner, 605

*Gehrlein, Markus (Hrsg.)/ Born, Manfred (Hrsg.)/ Simon, Stefan (Hrsg.)*

Gesetz betreffend die Gesellschaften mit beschränkter Haftung
4. Auflage, Köln, 2019
Zitiert: GmbHG, Gehrlein/ Born/ Simon/ *Bearbeiter*

*Graf-Schlicker, Marie Luise (Hrsg.)*

InsO, Kommentar zur Insolvenzordnung
5. Auflage, Köln, 2020
Zitiert: Graf-Schlicker/ *Bearbeiter*

*Grotebrune, Björn/ Rüppel, Philipp*

Anfechtbarkeit von Ratenzahlungen de lege lata und de lege ferenda – Vorsatzanfechtung von Ratenzahlungen stets gem. § 133 I InsO?
In: NZI 2015, 832–838
Zitiert: Grotebrune/Rüppell, NZI 2015, 832

*Grützmann, Paul*

Das Anfechtungsrecht der benachtheiligten Konkursgläubiger nach gemeinem Recht und nach der Reichs-Konkurs-Ordnung, unter theilweiser Berücksichtigung des Reichsgesetzes vom 21. Juli 1879
Leipzig, 1882
Zitiert: Grützmann

*Guski, Roman*

Rechtsprechung auf Irrwegen: Zur Funktion des § 133 Abs. 1 InsO – zugleich Anmerkung zu BGH, Urt. v. 20.11.2008 = WM 2009, 274 –
In: WM 2009, 1071–1073
Zitiert: Guski, WM 2009, 1071

*Ders.*

Sittenwidrigkeit und Gläubigerbenachteiligung, Zu den Schranken von Kreditsicherheiten unter Berücksichtigung gemeinschafts- und kollisionsrechtlicher Bezüge
Berlin, 2007
Zitiert: Guski

*Haarmeyer, Hans (Hrsg.)/ Huber, Michael (Hrsg.)/ Schmittmann, Jens (Hrsg.)*

Praxis der Insolvenzanfechtung
4. Auflage, Köln, 2020
Zitiert: Haarmeyer/ Huber/ Schmittmann/ *Bearbeiter*

*Haarmeyer, Hans/ Wutzke, Wolfgang/ Förster, Karsten*

Handbuch zur Insolvenzordnung, InsO/ EGInsO
3. Auflage, München, 2001
Zitiert: Haarmeyer/ Wutzke/ Förster

*Hacker, Maximilian*

Der nächste Schritt ist gemacht – Bundesregierung beschließt Reform des Anfechtungsrechts
In: NZI 2015, 873–877
Zitiert: Hacker, NZI 2015, 873

*Ders.*

Verabschiedung des Gesetzes zur Reform des Anfechtungsrechts
In: NZI 2017, 148–150
Zitiert: Hacker, NZI 2017, 148

Heil, Benedict/ Schmidt, Christian

Sanierungsberatung und Vorsatzanfechtung nach § 133 InsO n. F.
In: ZIP 2018, 714–719
Zitiert: Heil/ C. Schmidt, ZIP 2018, 714

*Henckel, Wolfram*

Zur Auslegung anfechtungsrechtlicher Normen
In: Schilken, Eberhard (Hrsg.)/ Kreft, Gerhart (Hrsg.)/ Wagner, Gerhard (Hrsg.)/ Eckardt, Diederich (Hrsg.), Festschrift für Walter Gerhardt, S. 361–378
Köln, 2004
Zitiert: Henckel, FS Gerhardt, 361

*Hess, Harald (Hrsg.)*

Insolvenzrecht, Großkommentar in zwei Bänden
Band 2 (§§ 129–359), 2. Auflage, Heidelberg, 2013
Zitiert: Hess

*Ders. (Hrsg.)*

Kölner Kommentar zur Insolvenzordnung
Band 1 (§§ 1–55), Köln, 2016
Zitiert: KK, *Bearbeiter*

*Ders. (Hrsg.)*

Kölner Kommentar zur Insolvenzordnung
Band 3 (§§ 129–216), Köln, 2017
Zitiert: KK, *Bearbeiter*

*Hess, Harald/ Weis, Michaela*

Anfechtungsrecht: Kommentar der §§ 129–147 InsO, §§ 1–20 AnfG 1999
2. Auflage, Heidelberg, 1999
Zitiert: Hess/ Weis

*Hiebert, Olaf*

Insolvenzanfechtung: Der Begriff der Unlauterkeit im Sinne des § 142 InsO n. F., Wider den Versuch, den Willen des Gesetzgebers zu umgehen – zugleich Erwiderung auf Pape, ZInsO 2018, 296 ff.; Neuberger, ZInsO 2018, 1242 ff.; Sämisch/ Deichgräber, ZInsO 2018, 773 ff.
In: ZInsO 2018, 1657–1662
Zitiert: Hiebert, ZInsO 2018, 1657

*Hiebert, Olaf*

Insolvenzanfechtung nach § 133 Abs. 1 InsO – zur bargeschäftsähnlichen Lage als Beweisanzeichen sowie dem verlängerten und erweiterten Eigentumsvorbehalt, Anmerkung zu BGH, Urt. v. 12.2.2015 – IX ZR 180/12, ZInsO 2015, 628

In: ZInsO 2015, 621–624
Zitiert: Hiebert, ZInsO 2015, 621

*Hirte, Heribert*

Reform des Anfechtungsrechts
In: ZInsO 2017, 427–429
Zitiert: Hirte, ZInsO 2017, 427

*Hoyer, Hans*

Zu den Anfechtungstatbeständen des § 31 Abs 1 Z 2 KO
In: ÖJZ 1982, 376–387
Zitiert: Hoyer, ÖJZ 1982, 376

*Huber, Michael*

Auf der Hochebene des Anfechtungsrechts
In: ZIP 2020, 15–18
Zitiert: Huber, ZIP 2020, 15

*Ders.*

Die neuen Wege des IX. Zivilsenats des BGH in der Vorsatzanfechtung gem. § 133 Abs. 1 InsO
In: ZIP 2018, 519–523
Zitiert: Huber, ZIP 2018, 519

*Ders.*

Rechtsdurchsetzung mittels Gläubigeranfechtung nach dem Anfechtungsgesetz – Teil 2: Vorsatzanfechtung nach neuem § 3 AnfG
In: DZWiR 2019, 501–515
Zitiert: Huber, DZWiR 2019, 501

*Ders.*

Referentenentwurf eines Gesetzes zur Verbesserung der Rechtssicherheit bei Anfechtungen nach der Insolvenzordnung und dem Anfechtungsgesetz
In: ZInsO 2015, 713–721
Zitiert: Huber, ZInsO 2015, 713

*Ders.*

Regierungsentwurf eines Gesetzes zur Verbesserung der Rechtssicherheit bei Anfechtungen nach der Insolvenzordnung und nach dem Anfechtungsgesetz
In: ZInsO 2015, 2297–2304
Zitiert: Huber, ZInsO 2015, 2297

*Ders.*

Schon fehlgeschlagener Versuch eines Gesetzes zur Anpassung des Rechts der Insolvenzanfechtung?
In: ZIP 2007, 501–509
Zitiert: Huber, ZIP 2007, 501

*Jacobi, Christoph Alexander/ Böhme, Benjamin*

Praxistest zu den geplanten Änderungen des Anfechtungsrechts gemäß Referentenentwurf des BMJV v. 16.3.2015
In: ZInsO 2015, 721–724
Zitiert: Jacobi/ Böhme, ZInsO 2015, 721

*Jacoby, Florian*

Die Anfechtbarkeit von Deckungen durch Zwangsvollstreckung und auf Grund von Zwangsvollstreckungsdruck
In: KTS 2005, 371–401
Zitiert: Jacoby, KTS 2005, 371

*Ders.*

Zur Bedeutung des § 133 InsO im System der Insolvenzanfechtungsgründe
In: KTS 2009, 3–25
Zitiert: Jacoby, KTS 2009, 3

*Jaeger, Ernst (Begr. zur KO)/ Henckel, Wolfram (Hrsg.)/ Gerhardt, Walter (Hrsg.)*

Insolvenzordnung, Großkommentar
Band 4 (§§ 129–147), 1. Auflage, Berlin, 2008
Zitiert: Jaeger/ *Bearbeiter*

*Jaeger, Ernst (Begr.)*

Konkursordnung, mit Einführungsgesetzen
Band 1 (§§ 1–70), 8. Auflage, Berlin, 1958
Zitiert: KO, Jaeger/ *Bearbeiter*, 8. Auflage

*Ders. (Begr.)*

Konkursordnung, Großkommentar
(§§ 1–42), 9. Auflage, Berlin, 1997
Zitiert: KO, Jaeger/ *Bearbeiter*

*Ders.*

Wie sichert der Anwalt seine Ausgleichsvergütung?
In: JW 1915, 1253–1255
Zitiert: Jaeger, JW 1915, 1253

*Jäger, Georg*

Der Überbrückungskredit im Lichte des Entwurfs der Richtlinie über präventive Restrukturierungsmaßnahmen
In: WM 2018, 9–14
Zitiert: Jäger, WM 2018, 9

*Jensen, Thore*

Grundfragen des Rechts der Gläubiger- und Insolvenzanfechtung, Unter besonderer Berücksichtigung der Anfechtbarkeit von Unterlassungen
Hamburg, 2008
Zitiert: Jensen

*Karrasch, Nadine*

Der Weg in die Reform der Insolvenzanfechtung: Eine Auseinandersetzung mit der Kritik an der Vorsatzanfechtung nach § 133 Abs. 1 InsO a. F.
Diss. Berlin, 2017
Zitiert: Karrasch

*Kayser, Godehard*

Der Rechtsgedanke des Bargeschäfts – Ein Beitrag zu den Grenzen des Anwendungsbereichs des § 142 InsO –
In: Ganter, Gerhard (Hrsg.)/ Gottwald, Peter (Hrsg.)/ Lwowski, Hans-Jürgen (Hrsg.), Haftung und Insolvenz: Festschrift für Gero Fischer zum 65. Geburtstag, S. 267–284
München, 2008
Zitiert: Kayser, FS Fischer, 267

*Ders.*

Die Entkräftung der die Insolvenzanfechtung begründenden Vermutungen und Indizien
In: WM 2013, 293–301
Zitiert: Kayser, WM 2013, 293

*Ders.*

Konsequenzen des neuen Anfechtungsrechts für die Rechtsprechung des BGH – Viel Lärm um nichts?
In: ZIP 2018, 1153–1161
Zitiert: Kayser, ZIP 2018, 1153

*Kayser, Godehard (Hrsg.)/ Thole, Christoph (Hrsg.)*

Insolvenzordnung, Heidelberger Kommentar
9. Auflage, Heidelberg, 2018
Zitiert: HK, *Bearbeiter*

*Kilger, Joachim/ Schmidt, Karsten (Hrsg.)/ Böhle-Stamschräder, Alois (Begr.)*

Insolvenzgesetze: KO/ VglO/ GesO
17. Auflage, München, 1997
Zitiert: Kilger/ K. Schimdt

*Kindler, Peter/ Bitzer, Fabian*

Die Reform der Insolvenzanfechtung
In: NZI 2017, 369–377
Zitiert: Kindler/ Bitzer, NZI 2017, 369

*Kirchhof, Hans-Peter*

Die Ziele des Insolvenzverfahrens in der Rechtsprechung des Bundesgerichtshofs
In: Schilken, Eberhard (Hrsg.)/ Kreft, Gerhart (Hrsg.)/ Wagner, Gerhard (Hrsg.)/ Eckardt, Diederich (Hrsg.), Festschrift für Walter Gerhardt, S. 443–456
Köln, 2004
Zitiert: Kirchhof, FS Gerhardt, 443

Ders.

Fraudulös, betrüglich, unlauter – Versuche zur Einschränkung des Vorsatzbegriffs im Sinne von § 133 InsO
In: Ganter, Gerhard (Hrsg.)/ Gottwald, Peter (Hrsg.)/ Lwowski, Hans-Jürgen (Hrsg.), Haftung und Insolvenz: Festschrift für Gero Fischer zum 65. Geburtstag, S. 285–295
München, 2008
Zitiert: Kirchhof, FS Fischer, 285

*Ders.*

Münchener Kommentar zum Anfechtungsgesetz
München, 2012
Zitiert: AnfG, MüKo

*Ders.*

Vorsatzanfechtung nach § 3 des Anfechtungsgesetzes im Vergleich mit § 133 der Insolvenzordnung
In: Berger, Christian (Hrsg.)/ Godehard, Kayser (Hrsg.)/ Pannen, Klaus (Hrsg.), Sanierung, Insolvenz, Berufsrecht der Rechtsanwälte und Notare, Festschrift für Hans Gerhard Ganter zum 65. Geburtstag, S. 237–246
München, 2010
Zitiert: Kirchhof, FS Ganter, 237

*Klinck, Fabian*

Die Grundlagen der besonderen Insolvenzanfechtung, Gläubiger- und Vertrauensschutz im Übergang vom Prioritäts- zum Gleichbehandlungsgrundsatz

Berlin/ Boston, 2011
Zitiert: Klinck

*Ders.*

Reform des Insolvenzanfechtungsrechts – Mehr Rechtssicherheit im Geschäftsverkehr mit insolvenzbedrohten Unternehmen?
In: DB 2016, 634–642
Zitiert: Klinck, DB 2016, 634

*König, Bernhard*

Die Anfechtung nach der Konkursordnung
2. Auflage, Wien, 1993
Zitiert: König

*Köper, Roman/ Pfoser, Florian*

Vorsatzanfechtung nach § 133 Abs. 1 InsO bei Ratenzahlungsvereinbarungen und ihre Folgen für Handelsunternehmen
In: ZInsO 2014, 2341–2349
Zitiert: Köper/ Pfoser, ZInsO 2014, 2341

Koss, Rüdinger Christian

Zur Wirkung der Insolvenzanfechtung nach der Insolvenzrechtsreform
Berlin, 2001
Zitiert: Koss

*Koza, Axel*

Ist § 133 Abs. 1 InsO bei kongruenter Deckung einzuschränken?
In: DZWiR 2009, 404–407
Zitiert: Koza, DZWiR 2009, 404

*Koziol, Helmut*

Der Begriff des „nachteiligen Rechtsgeschäfts" in § 31 Abs. 1 Z 2 KO
In: JBl 1982, 57–68
Zitiert: Koziol, JBl 1982, 57

*Kreft, Gerhart*

Zum Verhältnis von Judikative und Legislative am Beispiel des Insolvenzrechts
In: KTS 2004, 205–228
Zitiert: Kreft, KTS 2004, 205

*Kübler, Bruno (Hrsg.)/ Prütting, Hanns (Hrsg.)/ Bork, Reinhard (Hrsg.)*

InsO – Kommentar zur Insolvenzordnung
Band I, Loseblattsammlung, 82. Ergänzungslieferung, Köln, Stand Oktober 2019
Zitiert: K/ P/ B/ *Bearbeiter*

*Kübler, Bruno (Hrsg.)/ Prütting, Hanns (Hrsg.)/ Bork, Reinhard (Hrsg.)*

InsO – Kommentar zur Insolvenzordnung
Band III, Loseblattsammlung, 82. Ergänzungslieferung, Köln, Stand Oktober 2019
Zitiert: K/ P/ B/ *Bearbeiter*

*Kuhn, Georg/ Uhlenbruck, Wilhelm/ Mentzel, Franz (Begr.)*

Konkursordnung, 11. Auflage, München, 1994
Zitiert: KO, Kuhn/ Uhlenbruck/ *Bearbeiter*

*Kummer, Joachim/ Schäfer, Berthold/ Wagner, Eberhard*

Insolvenzanfechtung, Fallgruppenkommentar
3. Auflage, Köln, 2017
Zitiert: Kummer/ B. Schäfer/ Wagner/ *Bearbeiter*

*Lind, Thorsten Patric*

Zur Auslegung von § 133 InsO, insbesondere im System der Anfechtungstatbestände
Bristol/ Berlin, 2006
Zitiert: Lind

*Ludwig, Eckehard*

Ein Plädoyer für den Status quo des § 133 InsO oder: Geteiltes Leid ist halbes Leid
In: ZInsO 2014, 1729–1733
Zitiert: Ludwig, ZInsO 2014, 1729

*Lütcke, Niklas*

Vorsatzanfechtung – Andeutung einer Kurskorrektur durch den BGH?
In: ZInsO 2013, 1984–1992
Zitiert: Lütcke, ZInsO 2013, 1984

*Lwowski, Hans-Jürgen/ Wunderlich, Nils-Christian*

Aktuelle Probleme des insolvenzrechtlichen Bargeschäfts
In: WM 2004, 1511–1518
Zitiert: Lwowski/ Wunderlich, WM 2004, 1511

*Dies.*

Neues zum Bargeschäft, Zugleich Anmerkung zu BGH, Urt. v. 19.7.2002 – IX ZR 480/00. ZInsO 2002, 876 = WM 2002, 1808
In: Gerhardt, Walter (Hrsg.)/ Haarmeyer, Hans (Hrsg.)/ Kreft, Gerhart (Hrsg.), Insolvenzrecht im Wandel der Zeit, Festschrift für Hans-Peter Kirchhof zum 65. Geburtstag, S. 301–319
Bonn, 2003
Zitiert: Lwowski/ Wunderlich, FS Kirchhof, 301

*Maier, Klaus*

-/+ Die neue Beweisvermutung des § 133 Abs. 3 Satz 2 InsO (RegE v. 29.9.2015): unpräzise, unrealistisch und untauglich!
In: ZInsO 2015, 2262–2266
Zitiert: Maier, ZInsO 2015, 2262

*Marwyk, Markus*

Vorsatzanfechtung der Beraterhonorare bei gescheiterter Sanierung – Zahlungsunfähigkeit, gegenläufige Indizien und Bargeschäft
In: ZInsO 2018, 1352–1356
Zitiert: Marwyk, ZInsO 2018, 1352

*Medicus, Dieter (Begr.)/ Petersen, Jens*

Bürgerliches Rechts, Eine nach Anspruchsgrundlage geordnete Darstellung zur Examensvorbereitung
27. Auflage, München, 2019
Zitiert: Medicus

*Michalski, Lutz/ Heidinger, Andreas (Hrsg.)/ Leible, Stefan (Hrsg.)/ Schmidt, Jessica (Hrsg.)*

Kommentar zum Gesetz betreffend die Gesellschaften mit beschränkter Haftung
Band 2 (§§ 35–88), 3. Auflage, München, 2017
Zitiert: GmbHG, Michalski/ Heidinger/ Leible/ J. Schmidt/ *Bearbeiter*

*Möhlenkamp, Andreas*

Insolvenzanfechtung – Neues für die (steuerrechtliche) Beratungspraxis und für Honoraransprüche in Krisenmandaten
In: DStR 2017, 987–993
Zitiert: Möhlenkamp, DStR 2017, 987

*Mohrbutter, Harro (Hrsg.)/ Ringstmeier, Andreas (Hrsg.)*

Handbuch der Insolvenzverwaltung
9. Auflage, Köln, 2015
Zitiert: Mohrbutter/ Ringstmeier/ *Bearbeiter*

*Musielak, Hans-Joachim (Hrsg.)/ Voit, Wolfgang (Hrsg.)*

Zivilprozessordnung
16. Auflage, München, 2019
Zitiert: ZPO, Musielak/ Voit/ *Bearbeiter*

*Nerlich, Jörg/ Römermann, Volker*

Insolvenzordnung
Loseblattsammlung, 39. Ergänzungslieferung, München, Stand Juli 2019
Zitiert: Nerlich/Römermann/ *Bearbeiter*

*Neuberger, Jürgen*

Vorsatzanfechtung und Fortbestehensprognose: Wann wächst zusammen, was zusammengehört?
In: ZInsO 2018, 1242–1249
Zitiert: Neuberger, ZInsO 2018, 1242

*von Oppen, Andreas*

Inkrafttreten der Reform der Insolvenzanfechtung am 5.4.2017
In: WM 2017, 926–927
Zitiert: v. Oppen, WM 2017, 926

*Palandt, Otto (Begr.)*

Bürgerliches Gesetzbuch mit Nebengesetzen
79. Auflage, 2020, München
Zitiert: Palandt, *Bearbeiter*

*Pape, Gerhard*

Aktuelles Insolvenzrecht im Jahr 2017 – Übersicht über die Rechtsprechung des Bundesgerichtshofs zur Insolvenzordnung im vergangenen Jahr (Teil 2)
In: ZInsO 2018, 745–761
Zitiert: Pape, ZInsO 2018, 745

*Ders.*

Aktuelles Insolvenzrecht im Jahr 2018 – Übersicht über die Rechtsprechung des BGH zur InsO im vergangenen Jahr (Teil 1)
In: ZInsO 2019, 349–367
Zitiert: Pape, ZInsO 2019, 349

*Ders.*

Anfechtungsrecht 2017 – Abschied von der Insolvenzrechtsreform auf Raten
In: ZInsO 2018, 296–306
Zitiert: Pape, ZInsO 2018, 296

*Paschen, Lutz*

Reform der Vorsatzanfechtung – Die Wirtschaft bleibt bei der Forderung nach einer gesetzgeberischen Korrektur
In: ZInsO 2014, 2485–2487
Zitiert: Paschen, ZInsO 2014, 2485

*Paulus, Christoph*

Ein Spannungsfeld in der Praxis: Sanierung und Insolvenzanfechtung
In: BB 2001, 425–430
Zitiert: Paulus, BB 2001, 425

*Ders.*

Zur Auslegung anfechtungsrechtlicher Vorschriften
In: Ganter, Gerhard (Hrsg.)/ Gottwald, Peter (Hrsg.)/ Lwowski, Hans-Jürgen (Hrsg.), Haftung und Insolvenz: Festschrift für Gero Fischer zum 65. Geburtstag, S. 445–458
München, 2008
Zitiert: Paulus, FS Fischer, 445

*Pickartz, Jakob*

Zur Vorsatzanfechtung nach § 133 Abs. 1 InsO
Berlin, 2018
Zitiert: Pickartz

*Raschke, Thorsten*

Funktion und Abgrenzung des Bargeschäftstatbestandes in § 142 InsO
Diss. Hamburg, 1998/1999
Zitiert: Raschke

*Rattunde, Rolf (Hrsg.)/ Smid, Stefan (Hrsg.)/ Zeuner, Mark (Hrsg.)*

Insolvenzordnung
Band 1 (§§ 1–147 InsO), 4. Auflage, Stuttgart, 2019
Zitiert: Rattunde/ Smid/ Zeuner/ *Bearbeiter*

*Reiners, Stephan*

Referentenentwurf Anfechtungsrecht: derzeit keine Rechtsunsicherheit?, Anmerkung zu Frind, ZInsO 105, 1001
In: ZInsO 2015, 1192–1193
Zitiert: Reiners, ZInsO 2015, 1192

*Reischl, Klaus*

Insolvenzrecht
4. Auflage, Heidelberg, 2016
Zitiert: Reischl

*Rodi, Daniel*

Das Merkmal der Schuldnerhandlung nach § 133 Abs. 1 InsO in der Zwangsvollstreckung
In: KTS 2019, 307–350
Zitiert: Rodi, KTS 2019, 307

*Roth, Dominic*

Insolvenzanfechtungsrechtliche Privilegierungen von Sanierungsbemühungen
Marburg, 2015
Zitiert: D. Roth

*Roth, Hans-Peter*

Die aktuelle Reform der Insolvenzanfechtung – wichtige Änderungen der Anfechtungstatbestände –
In: DZWiR 2016, 113–117
Zitiert: H.-P. Roth, DZWiR 2016, 113

*Rowedder, Heinz (Begr.)/ Schmidt-Leithoff, Christian (Hrsg.)*

Gesetz betreffend die Gesellschaften mit beschränkter Haftung
6. Auflage, München, 2017
Zitiert: GmbHG, Rowedder/ Schmidt-Leithoff/ *Bearbeiter*

*Säcker, Franz Jürgen (Hrsg.)/ Rixecker, Roland (Hrsg.)/ Oetker, Hartmut (Hrsg.)/ Limperg, Bettina (Hrsg.)*

Münchener Kommentar zum Bürgerlichen Gesetzbuch, Schuldrecht Allgemeiner Teil I
Band 2 (§§ 241–310), 8. Auflage, München, 2019
Zitiert: BGB, MüKo, *Bearbeiter*

*Dies.*

Münchener Kommentar zum Bürgerlichen Gesetzbuch, Schuldrecht Besonderer Teil I
Band 4 (§§ 433–534), 8. Auflage, München, 2019
Zitiert: BGB, MüKo, *Bearbeiter*

*Sämisch, Henning/ Deichgräber, Sebastian*

Von der (Un-) Lauterkeit des „Weiterwirtschaftens" trotz erkannter Zahlungsunfähigkeit und Verlustträchtigkeit des eigenen Unternehmens
In: ZInsO 2018, 773–776
Zitiert: Sämisch/ Deichgräber, ZInsO 2018, 773

Schäfer, Berthold

Insolvenzanfechtung in der Praxis
Bonn, 2016
Zitiert: B. Schäfer

*Schmidt, Andreas (Hrsg.)*

Hamburger Kommentar zum Insolvenzrecht
7. Auflage, Köln, 2019
Zitiert: HambK, *Bearbeiter*

*Schmidt, Karsten*

Das Insolvenzrisiko der Banken zwischen ökonomischer Vernunft und Rechtssicherheit – Bemerkungen zu einem Zielkonflikt in der bankrechtlichen Judikatur –
In: WM 1983, 490–495
Zitiert: K. Schmidt, WM 1983, 490

*Ders. (Hrsg.)*

Insolvenzordnung
19. Auflage, München, 2016
Zitiert: K. Schmidt/ *Bearbeiter*

*Schmidt, Nikolaus/ Gundlach, Ulf*

Blick ins Insolvenzrecht
In: DStR 2018, 1442–1446
Zitiert: N. Schmidt/ Gundlach, DStR 2018, 1442

*Schoppmeyer, Heinrich*

§ 133 Abs. 1 InsO versus §§ 130, 131 InsO: Ist die Deckungsanfechtung nur ein Unterfall der Vorsatzanfechtung?
In: ZIP 2009, 600–609
Zitiert: Schoppmeyer, ZIP 2009, 600

*Ders.*

Besondere und allgemeine Insolvenzanfechtung am Beispiel der Anfechtung von Zwangsvollstreckungen
In: NZI 2005, 185–195
Zitiert: Schoppmeyer, NZI 2005, 185

*Ders.*

Rechtssystematische Überlegungen zum Insolvenzanfechtungsrecht nach der Reform – 11 Thesen und eine Schlussfolgerung – Teil I
In: WM 2018, 301–308
Zitiert: Schoppmeyer, WM 2018, 301

*Ders.*

Rechtssystematische Überlegungen zum Insolvenzanfechtungsrecht nach der Reform – 11 Thesen und eine Schlussfolgerung – Teil II
In: WM 2018, 353–360
Zitiert: Schoppmeyer, WM 2018, 353

*Schubert, Stephan*

Der Gläubigerbenachteiligungsvorsatz des vorleistenden, erkannt zahlungsunfähigen Schuldners bei fehlender bargeschäftsähnlicher Lage, Zugleich Besprechung von BGH, NZI 2019, 812
In: NZI 2019, 790–793
Zitiert: Schubert, NZI 2019, 790

*Schulte-Kaubrügger, Christoph/ Bograkos, Charalambos/ Joos, Johannes*

Das Tatbestandsmerkmal der Kenntnis von der Unrentabilität beim Anfechtungsgegner innerhalb eines bargeschäftsähnlichen Leistungsaustauschs/ Zur Würdigung des Anmahnens noch nicht fälliger Verbindlichkeiten unter Androhung eines Lieferstopps, Eine Anmerkung zum Urteil

des Kammergerichts vom 7.12.2018 – 14 U 132/17, nicht rechtskräftig (Nichtzulassungsbeschwerde unter dem Aktenzeichen IX ZR 11/19)
In: ZInsO 2019, 817–826
Zitiert: Schulte-Kaubrügger/ Bograkos/ Joos, ZInsO 2019, 817

*Schwartz, Daniel*

Der subjektive Tatbestand der Vorsatzanfechtung nach § 133 InsO, Bestandsanalyse und Entwicklungsmöglichkeiten
Frankfurt a. M., 2013
Zitiert: Schwartz

*Stefanink, Richard*

Vorsatzanfechtung von Rechtsanwalts- und Steuerberaterhonoraren bei der Beratung von Unternehmen in der Krise
In: ZIP 2019, 1557–1563
Zitiert: Stefanink, ZIP 2019, 1557

*Steffek, Felix*

Präventionsdefizite im Insolvenzanfechtungsrecht, Zugleich ein Plädoyer für die Einführung einer Geschäftsleiter-Disqualifizierung nach englischen Vorbild
In: ZRP 2007, 228–230
Zitiert: Steffek, ZRP 2007, 228

*Stiller, Jörn*

Insolvenzanfechtung gegenüber Schuldnerberatern nach § 133 Abs. 1 InsO bei Bezahlung aus unpfändbaren Mitteln und bei bargeschäftsähnlicher Lage, Zugleich Anmerkung zu AG Charlottenburg, Urt. v. 8.1.2015 – 105 C 194/14 (rkr.), ZInsO 2015, 752
In: ZInsO 2015, 825–831
Zitiert: Stiller, ZInsO 2015, 825

*Stürner, Rolf (Hrsg.)/ Eidenmüller, Horst (Hrsg.)/ Schoppmeyer, Heinrich (Hrsg.)*

Münchener Kommentar zur Insolvenzordnung
Band 1 (§§ 1–79), 4. Auflage, München, 2019
Zitiert: MüKo, *Bearbeiter*

*Stürner, Rolf (Hrsg.)/ Eidenmüller, Horst (Hrsg.)/ Schoppmeyer, Heinrich (Hrsg.)*

Münchener Kommentar zur Insolvenzordnung
Band 2 (§§ 80–216), 4. Auflage, München, 2019
Zitiert: MüKo, *Bearbeiter*

*Taras, Raul*

Die Reform des Insolvenzanfechtungsrechts
In: NJW-Spezial 2017, 405–406
Zitiert: Taras, NJW-Spezial 2017, 405

*Thole, Christoph*

Das Reformgesetz zur Insolvenzanfechtung
In: ZIP 2017, 401–410
Zitiert: Thole, ZIP 2017, 401

*Ders.*

Die tatbestandlichen Wertungen der Gläubigeranfechtung
In: ZZP 121 (2008), 67–93
Zitiert: Thole, ZZP 121 (2008), 67

*Ders.*

Die Vorsatzanfechtung als Instrument des Gläubigerschutzes – Bestandsaufnahme und Entwicklungsperspektiven nach »Inspire Art« –
In: KTS 2007, 293–335
Zitiert: Thole, KTS 2007, 293

*Ders.*

Gläubigerbenachteiligung bei Zahlungen aus geduldeter Kontoüberziehung
In: NZI 2009, 800–802
Zitiert: Thole, NZI 2009, 800

*Ders.*

Gläubigerbenachteiligung und Gläubigerbegünstigung unter § 826 BGB – zur Dritthaftung von Kreditgebern wegen sittenwidrigen Verhaltens
In: WM 2010, 685–692
Zitiert: Thole, WM 2010, 685

*Ders.*

Gläubigerschutz durch Insolvenzrecht, Anfechtung und verwandte Regelungsinstrumente in der Unternehmensinsolvenz
Tübingen, 2010
Zitiert: Thole

*Thomas, Heinz (Begr.)/ Putzo, Hans (Begr.)*

Zivilprozessordnung
40. Auflage, München, 2019
Zitiert: Thomas/ Putzo/ *Bearbeiter*

*Tolani, Madeleine*

Insolvenzanfechtung gegenüber Dienstleistern mit besonderem Augenmerk auf die Auswirkungen des reformierten Bargeschäftsprivilegs gem. § 142 InsO
In: ZIP 2018, 1997–2008
Zitiert: Tolani, ZIP 2018, 1997

*Trams, Kai*

Ausufernder Anwendungsbereich der Vorsatzanfechtung?
In: NJW-Spezial 2014, 597–598
Zitiert: Trams, NJW-Spezial 2014, 597

*Uhlenbruck, Wilhelm/ Hirte, Heribert (Hrsg.)/ Vallender, Heinz (Hrsg.)*

Insolvenzordnung
Band 1, 15. Auflage, München, 2019
Zitiert: Uhlenbruck/ *Bearbeiter*

*Wessels, Peter*

Unternehmenskauf im Vorfeld der Verkäuferinsolvenz
In: ZIP 2004, 1237–1247
Zitiert: Wessels, ZIP 2004, 1237

*Freiherr von Wiedersperg, Axel*

Die besondere Anfechtung in der Insolvenz
Frankfurt a. M., 2001
Zitiert: F. v. Widersperg

*Willemsen, Reinhard/ Kühn, Christiane*

Gesetz zur Verbesserung der Rechtssicherheit bei Anfechtungen – Ende gut alles gut?
In: BB 2017, 649–652
Zitiert: Willemsen/ Kühn, BB 2017, 649

*Dies.*

Referentenentwurf zur Verbesserung der Rechtssicherheit bei Anfechtungen – Baumängel statt Baufortschritt
In: BB 2015, 1474–1484
Zitiert: Willemsen/ Kühn, BB 2015, 1474

*Dies.*

Regierungsentwurf zur Anfechtung – ein versteckter Segen für den Fiskus
In: Willemsen/ Kühn, BB 2015, 3011–3016
Zitiert: Willemsen/ Kühn, BB 2015, 3011

*Wimmer, Klaus*

Das Gesetz zur Verbesserung der Rechtssicherheit bei Anfechtungen nach der Insolvenzordnung und nach dem Anfechtungsgesetz
In: jurisPR-InsR 5/2017 Anm. 1
Zitiert: Wimmer, jurisPR-InsR 5/2017 Anm. 1

*Ders.*

Der Gesetzesentwurf der Bundesregierung zur Verbesserung der Rechtssicherheit bei Anfechtungen

In: jurisPR-InsR 1/2016 Anm. 1
Zitiert: Wimmer, jurisPR-InsR 1/2016 Anm. 1

*Ders. (Hrsg.)*

Frankfurter Kommentar zur Insolvenzordnung
9. Auflage, Köln, 2018
Zitiert: FK, *Bearbeiter*

*Wimmer, Klaus (Hrsg.)/ Dauernheim, Jörg (Hrsg.)/ Wagner, Martin (Hrsg.)/ Gietl, Josef (Hrsg.)*

Handbuch des Fachanwalts Insolvenzrecht
8. Auflage, Köln, 2018
Zitiert: W/ D/ W/ G/ *Bearbeiter*

*Wischemeyer, Markus*

Die Insolvenzanfechtung der Rückführung debitorischer Konten durch Einstellung von Gutschriften in der Krise
Aachen, 2002
Zitiert: Wischemeyer

*Würdinger, Markus*

Das neue Recht bei Anfechtungen nach der Insolvenzordnung und dem Anfechtungsgesetz – Bestandsaufnahme, Analyse und Kritik
In: jM 2018, 272–278
Zitiert: Würdinger, jM 2017, 272

*Ders.*

Reform und Rechtssicherheit im Recht der Insolvenzanfechtung
In: KTS 2015, 315–337
Zitiert: Würdinger, KTS 2015, 315

*Zeeck, Sebastian*

Das Internationale Anfechtungsrecht in der Insolvenz, Die Anknüpfung der Insolvenzanfechtung
Tübingen, 2003
Zitiert: Zeeck

*Zerrath, Stefan*

Die vorsätzliche Benachteiligung gemäß § 133 InsO gegenüber einem Kreditinstitut als Anfechtungsgegner
Frankfurt a. M., 2015
Zitiert: Zerrath

*Zeuner, Mark*

Die Anfechtung in der Insolvenz
2. Auflage, München, 2007
Zitiert: Zeuner

*Zivkovic, Frane*

Die reformierte Vorsatzanfechtung. Es darf „vermutet" werden.
In: ZVI 2017, 369–377
Zitiert: Zivkovic, ZVI 2017, 369

*Zöller, Richard (Begr.)*

Zivilprozessordnung
33. Auflage, Köln, 2020
Zitiert: ZPO, Zöller/ *Bearbeiter*

# A. Einleitung

Nicht jeder im Wirtschaftsverkehr Agierende wird (dauerhaft) erfolgreich sein. Es ist nicht unüblich, dass ein Schuldner früher oder später außerstande ist, seine fälligen Schulden vollständig zu bedienen, oder sich eine solche Lage andeutet, ohne dass dies mit seinem wirtschaftlichen Geschick zusammenhängen muss. Ebenso kommt es vor, dass das Vermögen des Schuldners nicht mehr seine bestehenden Verbindlichkeiten deckt. Die so definierte (drohende) Zahlungsunfähigkeit beziehungsweise Überschuldung stellen Insolvenzeröffnungsgründe nach den §§ 17–19 InsO dar, wobei eine Überschuldung lediglich bei juristischen Personen einen Eröffnungsgrund darstellt. Liegt ein Eröffnungsgrund vor, sind der Schuldner und gegebenenfalls die Gläubiger dazu berechtigt, einen Antrag auf Eröffnung eines Insolvenzverfahrens vor dem zuständigen Insolvenzgericht zu stellen. Ist der Schuldner eine juristische Person, ist dessen Vertretungsorgan unter Umständen zur Antragstellung verpflichtet, je nachdem, ob es sich um eine juristische Person mit oder ohne Rechtspersönlichkeit handelt, vgl. § 15 und § 15a InsO.

## I. Inhalt und Ziel des Insolvenzverfahrens

Wird das Insolvenzverfahren eröffnet, gilt der in § 804 Abs. 3 ZPO zum Ausdruck kommende Prioritätsgrundsatz des Zwangsvollstreckungsverfahrens nicht mehr, und der Wettlauf der Gläubiger um das Vermögen des Insolvenzschuldners (race to the assets) endet. Kommt eine Sanierung des schuldnerischen Unternehmens nicht in Betracht, wird dieses liquidiert. Im Rahmen des Insolvenzverfahrens sollen alle Gläubiger gemeinschaftlich und gleichmäßig befriedigt werden[1]. Dies kommt bereits in § 1 InsO als Ziel des Insolvenzverfahrens zum Aus-

1 Bork, Insolvenzrecht, Rn. 1; MüKo, *Stürner*, Einleitung Rn. 1.

druck. Zwar spricht § 1 S. 1 InsO lediglich von einer gemeinschaftlichen Befriedigung, der Gleichbehandlungsgrundsatz liegt ihm jedoch zugrunde[2]. Die gleichmäßige Gläubigerbefriedigung, auch par condicio creditorum[3], ist höchste Maxime des Insolvenzverfahrens[4]. Grund für dessen Geltung ist, dass das Vermögen des Schuldners nicht mehr zur Deckung der Forderungen aller Gläubiger ausreicht, sodass die Anwendung des Prioritätsgrundsatzes zu ungerechten und verfassungsrechtlich bedenklichen Ergebnissen führen würde[5]. Das Prinzip der Gesamtvollstreckung soll verhindern, dass sich einzelne in Wissen und Mitteln überlegene oder von einer persönlichen Nähe zum Schuldner profitierende (Groß-)Gläubiger selbst Befriedigung aus dem begrenzten Schuldnervermögen auf Kosten der anderen Gläubiger verschaffen[6]. Denn während die zuerst vollstreckenden Gläubiger vollständig Befriedigung erlangen, können die übrigen ihre Forderungen bestenfalls nur noch teilweise befriedigen[7]. Reicht das Vermögen des Schuldners nicht mehr zur Deckung aller Verbindlichkeiten, wird deshalb der „Schutz der Gläubigergesamtheit" höher gewichtet, als der Schutz einzelner Gläubiger[8].

Das Insolvenzverfahren dient damit einem gerechten Interessenausgleich unter den Gläubigern. Die gerechte Verteilung des verbliebenen Schuldnervermögens wird durch verschiedene Insolvenzrechtsmechanismen, wie beispielsweise die §§ 80 ff. InsO, gewährleistet, die den Zugriff der Gläubiger wie auch des Schuldners auf dessen Vermögen kontrollieren und stark beschränken. Diese Mechanismen (insbesondere die §§ 80 ff. InsO) greifen jedoch erst ab Eröffnung des Insolvenzverfahrens. Die gleichmäßige Befriedigung wäre jedoch gefährdet, könnten die Gläubiger auch kurze Zeit vor der Insolvenzantragstellung beziehungsweise – bei Ausbleiben von Sicherungsmaßnahmen nach § 21 InsO – vor der Verfahrenseröffnung noch uneingeschränkt auf das Vermögen des Schuldners zugreifen[9], respektive der Schuldner un-

2 Bork, ZIP 2014, 797, 798.
3 MüKo, *Stürner*, Einleitung Rn. 62.
4 MüKo, *Stürner*, § 1 Rn. 1.
5 Karrasch, S. 5; MüKo, *Stürner*, Einleitung Rn. 77.
6 Vgl. Klinck, S. 33 f.; Karrasch, S. 5; Lind, S. 22.
7 Lind, S. 22.
8 BGH, ZIP 2005, 494, 496; BGH, ZIP 2002, 1159, 1160 zu §§ 130–132 InsO.
9 Vgl. auch F. v. Wiedersperg, S. 48.

eingeschränkt über seine Vermögenswerte verfügen und diese beiseiteschaffen, verschleudern oder zu Gunsten einzelner Gläubiger verwenden.

## II. Masseschutz durch Insolvenzanfechtung

Dem Ziel, die Insolvenzmasse und damit die Gläubigergesamtheit (rückwirkend) auch im Vorfeld des Insolvenzverfahrens zu schützen, dient das Institut der Insolvenzanfechtung[10]. Dieses ermöglicht dem Insolvenzverwalter, einzelne Gläubiger begünstigende, jedoch die übrigen Gläubiger benachteiligende Rechtshandlungen rückgängig zu machen[11]. Eine Anfechtungsmöglichkeit ist erforderlich, da wegen des Antragserfordernisses und der Antragsprüfung durch das Gericht ein nicht unerheblicher Zeitraum zwischen dem Eintritt der materiellen Insolvenz und der Eröffnung des Insolvenzverfahrens liegen kann[12]. Dabei kommt verzögernd hinzu, dass der Schuldner den Antrag in der Regel möglichst spät stellen wird und dem Gläubiger, wenn dieser überhaupt antragsberechtigt ist, die nötigen Informationen für eine frühere Antragstellung fehlen[13]. Überdies trägt der Gläubiger nach § 23 Abs. 1 S. 1 GKG die Verfahrenskosten, wenn er den Antrag stellt, sodass er die Antragstellung bei Zweifeln an der Massezulänglichkeit gut bedenken wird. Die Vorverlagerung der Gleichbehandlung durch die Insolvenzanfechtung ist ferner notwendig, da es dem Gläubiger oft aus einem weiteren Grund an Motivation fehlt, einen Insolvenzantrag zu stellen. Geht nämlich der Gläubiger davon aus, sich erfolgreicher durch Einzelzwangsvollstreckung befriedigen zu können, wird er im Wege der Einzelzwangsvollstreckung selbst auf das Vermögen zuzugreifen und nicht die Gesamtvollstreckung einleiten. Die Anfechtung

10 Haarmeyer/ Wutzke/ Förster, Kap. 5 Rn. 307 mwN; Reischl, Rn. 569; W/ D/ W/ G/ *Dauernheim*, Kap. 7 Rn. 1.

11 Commandeur/ Römer, NZG 2017, 776, 777; HK, *Thole*, § 129 Rn. 1; s. auch B. Schäfer, Rn. 1.

12 Schoppmeyer, WM 2018, 301, 303.

13 Ebda.

verhindert damit auch, dass der Gleichbehandlungsgrundsatz durch die Gläubiger unterlaufen wird[14].

Die benannten Verzögerungen im Vorfeld der Insolvenzeröffnung bedeuten die Gefahr einer weiteren Minderung der ohnehin meist nicht ausreichenden Masse, bevor die Sicherungsmechanismen des Insolvenzverfahrens greifen können. Um die Gläubigergleichbehandlung bereits ab Zahlungsunfähigkeit durchzusetzen, muss die Masse also schon vor Insolvenzeröffnung geschützt werden, indem die Wirkungen der Insolvenzeröffnung vorverlagert werden[15]. Dies gewährleistet die Insolvenzanfechtung, indem sie die Masse „rückwirkend gegen Aushöhlungen im Vorfeld" des Insolvenzverfahrens sichert[16].

Eine der wichtigsten Funktionen der Insolvenzanfechtung in ihrer Gesamtheit ist somit die Durchsetzung der Gläubigergleichbehandlung[17]. Im Rahmen der einzelnen Anfechtungsgründe (insbesondere der Vorsatzanfechtung des § 133 InsO) können jedoch auch andere Zwecke im Vordergrund stehen.

## III. Die Einschränkung durch § 142 InsO

Die Insolvenzanfechtung steht aufgrund ihrer Rückwirkung und der einschneidenden Rechtsfolge (insbesondere für die Privatautonomie und die Eigentumsrechte) in Konflikt mit dem Vertrauen der Anfechtungsgegner auf den Bestand der von ihnen getätigten Rechtsgeschäfte. Die durch die Insolvenzanfechtung geschützten Interessen der Gläubigergesamtheit müssen deshalb mit den Interessen der Anfechtungsgegner in einen schonenden Ausgleich gebracht werden[18]. Das gesamte Insolvenzanfechtungsrecht stellt daher ein vielschichtiges System dar, das dem Ausgleich der Interessen aller Beteiligten dient[19].

---

14 Bork, FS H.-B. Schäfer, 593, 596.

15 Schoppmeyer, WM 2018, 301, 303; vgl. auch Rattunde/ Smid/ Zeuner/ *Zeuner*, § 129 Rn. 1; Klinck, S. 33.

16 Reischl Rn. 569; vgl. auch BT-Drucks. 12/2443, S. 156.

17 BGH, ZIP 2013, 131 Rn. 18; BGH, ZIP 2012, 1038 Rn. 35; BGH, ZIP 2011, 683 Rn. 12.

18 Fawzy/ Köchling, ZInsO 2014, 1073, 1073.

19 Schoppmeyer, WM 2018, 301, 301; Thole, ZZP 121 (2008), 67, 92; vgl. auch F. v. Wiedersperg, S. 53.

Die Insolvenzanfechtung ist vor diesem Hintergrund nicht uneingeschränkt möglich. Neben den die einzelnen Anfechtungsgründe jeweils begrenzenden Tatbestandsvoraussetzungen unterliegt die Anfechtung teilweise der Einschränkung des Bargeschäftsprivilegs des § 142 InsO als Ausprägung des ständigen Ausgleichs der widerstreitenden Interessen aller Beteiligten. Ein Bargeschäft liegt nach § 142 InsO vor, wenn für die Leistung des Schuldners unmittelbar eine gleichwertige Gegenleistung in das Schuldnervermögen gelangt.

Einer der prominentesten Gründe des Bargeschäftsprivilegs ist es, die Handlungsfähigkeit des Schuldners in der Krise zu erhalten[20]. Denn wären alle – auch die wertäquivalenten – vom Schuldner getätigten Geschäfte anfechtbar, könnte dieser in der Krise kaum mehr am Geschäftsverkehr teilnehmen[21]. Aus diesem Grund bestimmt § 142 InsO, dass eine Anfechtung grundsätzlich nur noch als Vorsatzanfechtung nach § 133 InsO möglich ist, wenn unmittelbar eine gleichwertige Gegenleistung in das Schuldnervermögen gelangt – so zumindest der Gesetzeswortlaut vor der Reform des § 142 InsO durch das Gesetz zur Verbesserung der Rechtssicherheit bei Anfechtungen nach der InsO und nach dem AnfG vom 29.03.2017[22].

## IV. Problemaufriss

Das Bargeschäftsprivileg fand nach § 142 InsO a. F. ausdrücklich keine Anwendung im Fall einer Vorsatzanfechtung nach § 133 InsO. Die erwähnte Reform erweiterte die Insolvenzfestigkeit von Bargeschäften jedoch auch auf die Vorsatzanfechtung[23] und lässt eine Anfechtung nach § 133 InsO nur noch zu, wenn der andere Teil erkannt hat, dass der Schuldner unlauter handelte, vgl. § 142 Abs. 1 InsO n. F.

---

20 Stellvertretend nur Andres/ Leithaus/ Dahl/ *Leithaus*, § 142 Rn. 2; s. auch im Folgenden.

21 KK, *Mohr*, § 142 Rn. 3; Uhlenbruck/ *Borries/ Hirte*, § 142 Rn. 2; MüKo, *Kirchhof/ Piekenbrock*, § 142 Rn. 2 mwN; Würdinger, KTS 2015, 315, 326; s. auch im Folgenden.

22 BGBl. 2017 I, S. 654; in Kraft getreten am 05.04.2017 (im Folgenden: Reformgesetz).

23 Andres/ Leithaus/ Dahl/ *Leithaus*, § 142 Rn. 2; Würdinger, jM 2017, 272, 275.

Anlass der Gesetzesänderung war, dass die Handhabung des Anfechtungsrechts durch die Rechtsprechung seitens Wirtschaft und Literatur in der Kritik stand. Die Reformbefürworter warfen der Rechtsprechung vor, das Anfechtungsrecht – insbesondere im Bereich der Vorsatzanfechtung[24] – zu sehr ausdifferenziert zu haben[25], was zu erheblichen Rechtsunsicherheiten führe[26] und den Wirtschaftsverkehr behindere[27]. Der Gesetzgeber versuchte diesen Vorwürfen unter anderem durch die Änderungen in § 142 InsO zu begegnen. Bei der Einführung des Merkmals der erkannten Unlauterkeit versäumte der Gesetzgeber es jedoch, diesen Begriff zu definieren, und beschränkte sich darauf, die Unlauterkeit im Rahmen seiner Gesetzesbegründung zu umschreiben und Einzelfälle als unlauter beziehungsweise nicht unlauter zu bezeichnen. Der Begriff der Unlauterkeit und dessen Auswirkungen auf die Rechtslage sind daher noch unklar. Rechtssicherheit, wie sie vom Gesetzgeber schon im Titel des Reformgesetzes versprochen wurde, wird jedoch erst herrschen, wenn der Begriff umfassend ausgelegt ist und sich eine gefestigte Rechtsprechung zu seiner Bedeutung und seinen Grenzen etabliert hat.

## V. Untersuchungsgegenstand

Anliegen der vorliegenden Untersuchung ist es, einen Beitrag zum Verständnis des Unlauterkeitsbegriffs zu leisten. Der Regelungszweck des Rechtsbegriffs soll erhellt und anhand dessen die Unlauterkeit ausgelegt werden. Ebenfalls soll insbesondere die Stellung des Bargeschäftsprivilegs im Gesamtkontext des Anfechtungsrechts zur Auslegung herangezogen werden.

Für eine erfolgreiche Auslegung der Unlauterkeit ist es unerlässlich, den Kontext, in dem der Begriff steht, zu beleuchten. Aus diesem Grund wird zunächst der Sinn und Zweck des Bargeschäftsprivilegs

24 Forderungspapier, S. 1; vgl. auch Pape ZInsO, 2018, 296, 297; Paschen, ZInsO 2014, 2485, 2485.

25 Bork, ZIP 2008, 1041, 1049; Forderungspapier, S. 1; Wimmer, jurisPR-InsR 5/2017 Anm. 1, S. 1.

26 Forderungspapier, S. 4; vgl. auch BT-Drucks. 18/7054, S. 10 ff.

27 Vgl. Ehmann, GWR 2018, 81, 81; Paschen, ZInsO 2014, 2485, 2486.

herausgearbeitet (unter B) und ein kurzer Blick auf dessen Tatbestand geworfen (unter C). Vor dem Hintergrund einer teleologischen Auslegung ist es ebenso wichtig, den Beweggrund des Gesetzgebers zur Gesetzesänderung zu untersuchen (unter D). Nach einer Darstellung der wichtigsten Änderungen durch die Reform (unter E) erfolgen schließlich eine Auslegung des Unlauterkeitsbegriffs und eine Stellungnahme dazu, welche Auswirkungen die Gesetzesänderung auf das sogenannte Institut der bargeschäftsähnlichen Lage hat (unter F). Am Ende der Untersuchung fasst ein Fazit die Ergebnisse zusammen und präsentiert ein mögliches Verständnis der Unlauterkeit anhand der gewonnenen Erkenntnisse (unter G).

# B. Der Sinn und Zweck des Bargeschäftsprivilegs

## I. Einführende Bemerkungen zum Bargeschäftsprivileg

Das in § 142 InsO kodifizierte Bargeschäftsprivileg begünstigt „den Austausch wirtschaftlich gleichwertiger Leistungen bis zur Grenze vorsätzlicher Benachteiligung im Sinne des § 133 InsO"[28], indem es bestimmte Rechtshandlungen der Anfechtung durch den Insolvenzverwalter entzieht. Liegen die Tatbestandsvoraussetzungen des § 142 InsO vor, ist die Rechtshandlung nur noch anfechtbar, wenn die Voraussetzungen des § 133 Abs. 1–3 InsO erfüllt sind und der Anfechtungsgegner erkannt hat, dass der Schuldner unlauter handelte.

Da der Unlauterkeitsbegriff im Bargeschäftsprivileg des § 142 InsO eingeführt wurde, muss auch ein Blick auf die ratio legis des Bargeschäftsprivilegs geworfen werden. Rechtshandlungen, die nicht dem Ziel des Bargeschäftsprivilegs entsprechen, sind als unlauter zu qualifizieren und ihnen ist der Schutz zu versagen.

Bei der Frage nach dem Sinn und Zweck des Bargeschäftsprivilegs scheiden sich jedoch die Geister. Bereits zu Zeiten der KO gab es mehrere umstrittene Begründungsansätze, die teilweise weiterhin in Literatur und Rechtsprechung vertreten werden und zum Teil auch in die Gesetzesbegründung zur ursprünglichen Fassung des § 142 InsO Eingang gefunden haben. Ein Teil der zur KO vertretenen Ansätze hat jedoch im Zuge der Einführung der InsO seine Berechtigung verloren.

---

28 Kummer/ B. Schäfer/ Wagner/ *Wagner*, § 142 Rn. O4.

## II. Die einzelnen Ansätze

### 1. Erhalt der Handlungsfähigkeit

Der wohl am weitesten verbreitete Begründungsansatz zum Bargeschäftsprivileg ist, dass es die Handlungsfähigkeit des Schuldners in der Krise bewahren soll.

#### a. Darstellung

Das Bargeschäftsprivileg statuiert eine Ausnahme zur Anfechtbarkeit von Rechtshandlungen des Schuldners[29] und schützt damit den Schuldner wie den Gläubiger vor den weitreichenden Folgen der Anfechtung. Andernfalls müsste der Anfechtungsgegner nach § 143 Abs. 1 S. 1 InsO der Masse alles zurückgewähren, was durch die angefochtene Rechtshandlung aus dem Vermögen des Schuldners veräußert, weggegeben oder aufgegeben wurde. Zwar würde die Forderung des Anfechtungsgegners dadurch nach § 144 Abs. 1 InsO wieder aufleben, doch wenn die Gegenleistung nicht mehr unterscheidbar in der Masse vorhanden oder die Masse nicht mehr bereichert ist (vgl. § 144 Abs. 1 S. 1 InsO), fällt die Forderung in den Rang einer Insolvenzforderung[30]. In der Folge muss der Anfechtungsgegner seine Forderung gemäß § 174 InsO beim Insolvenzverwalter zur Tabelle anmelden und wird nur quotal befriedigt[31]. Da die Quote meist im unteren einstelligen Prozentbereich liegt[32], kann die Anfechtung gravierende Folgen für den Gläubiger haben und diesen sogar selbst in die Insolvenz treiben.

Zu den Folgen einer Anfechtung für die Gläubiger kommt noch die Ungewissheit deren Eintritts hinzu. Der Anfechtungsgegner wird

---

29 BAG, ZIP 2014, 91 Rn. 38; BeckOK, *Schoon*, § 142 Rn. 5; Haarmeyer/ Huber/ Schmittmann/ *van Rossum*, § 142 Rn. 1; K. Schmidt/ *Ganter/ Weinland*, § 142 Rn. 7; MüKo, *Kirchhof/ Piekenbrock*, § 142 Rn. 3; GK, *Bruhn*, § 142 InsO Rn. 5, 11; Uhlenbruck/ *Borries/ Hirte*, § 142 Rn. 3.

30 HambK, *Rogge/ Leptien*, § 144 Rn. 5, 24.

31 Reischl, Rn. 737.

32 Vgl. Pressemitteilung Nr. 113 vom 28.03.2018 vom Statistischen Bundesamt, https://www.destatis.de/DE/Presse/Pressemitteilungen/2018/03/PD18_113_52431.html#Fussnote1, zuletzt aufgerufen am 07.04.2020.

bei Vertragsschluss kaum beurteilen können, ob die Anfechtungsvoraussetzungen im konkreten Fall tatsächlich vorliegen, sodass er das Ob und Wann einer Rückgewährpflicht nicht einschätzen und das Anfechtungsrisiko nur schwer einpreisen kann. Gerade wenn die Leistungen bei Bargeschäften unmittelbar ausgetauscht werden, macht sich der Gläubiger in der Regel keine Gedanken um die wirtschaftliche Verfassung des Schuldners, sodass ihn die Folgen einer Anfechtung unerwartet treffen.

Könnten Geschäfte nicht anfechtungsfest nach § 142 InsO geschlossen werden, müssten Geschäftspartner befürchten, dass jedes Geschäft mit einem sich in der Krise befindenden Schuldner unter den Voraussetzungen der §§ 129 ff. InsO angefochten würde und sie nur quotale Befriedigung erlangten[33]. Damit hinge jedoch die Rückgewährpflicht bei jedem Vertragsschluss mit einem kriselnden Schuldner wie ein Damoklesschwert[34] über dessen Geschäftspartnern, das jederzeit durch Eröffnung des Insolvenzverfahrens[35] auf die Gläubiger herabzufallen drohen würde. Ungewissheiten in Bezug auf solch einschneidende Folgen stellen für potentielle Geschäftspartner ein erhebliches wirtschaftliches Risiko dar, das es aus kaufmännischer Perspektive zu vermeiden gilt.

Potentielle Geschäftspartner sähen deshalb sicherheitshalber gänzlich davon ab, mit Schuldnern zu kontrahieren, die sich in der Krise befinden oder auch nur Anzeichen einer Krise vermuten lassen, um dem anfechtungsbedingten Ausfallrisiko zu entgehen[36]. Das Bargeschäftsprivileg schützt somit das Vertrauen der Geschäftspartner, insbesondere der vorleistenden[37], darauf, die Gegenleistung des Schuld-

---

33 Kayser, FS G. Fischer, 267, 269.

34 Von einem Damoklesschwert sprechen auch Bork/ Hölzle/ *Zenker*, Kap. 10 Rn. 1; Paulus, BB 2001, 425, 426; Pickartz, S. 70.

35 Der Rückgewähranspruch entsteht mit Insolvenzeröffnung, vgl. BGH, ZIP 2013, 1533, 1537 Rn. 30; Bork, Insolvenzrecht, Rn. 272 mwN; B. Schäfer, Rn. 510; Uhlenbruck/ *Borries/ Hirte*, § 143 Rn. 3.

36 BeckOK, *Schoon*, § 142 Rn. 1; Graf-Schlicker/ *Huber*, § 142 Rn. 1; Klinck, S. 382; Lwowski/ Wunderlich, WM 2004, 1511, 1511 f.; Neuberger, ZInsO 2018, 1242, 1247.

37 BGH, ZIP 2017, 1619 Rn. 14; Altmeppen, ZIP 2015, 949, 950 f.

ners nicht zur Masse zurückgewähren zu müssen[38], damit Gläubiger weiterhin bereit sind, mit dem Schuldner zu kontrahieren und damit dessen Handlungsfähigkeit aufrecht zu erhalten. Aus Sicht des Schuldners wurde bereits zur KO vertreten, dass der Schuldner vom Verkehr ausgeschlossen[39] und „vielleicht der größten Not preisgegeben" würde[40]. Der Schuldner könne seinen Betrieb nicht weiterführen, was keinesfalls dem Sinn und Zweck des Gesetzes entspreche[41]. Auch der Gesetzgeber der InsO hat sich die Wahrung der Handlungsfähigkeit des Schuldners als Grund für das Bargeschäftsprivileg zu eigen gemacht[42]. Daneben ist diese Begründung auch in der Literatur weiterhin prominent[43], die meist auf die erwähnte Gesetzesbegründung zur InsO rekurriert[44] – nicht selten unter Verwendung deren identischen Wortlautes[45]. Auch der BGH sieht den Sinn des Privilegs unter anderem darin, dem Schuldner seine Handlungsfähigkeit zu bewahren, und nimmt in seiner jüngeren Rechtsprechung teilweise auf diese Formulierung Bezug[46].

---

38 BGH, ZIP 2017, 1619 Rn. 14; Altmeppen, ZIP 2015, 949, 950 f.; K/ P/ B/ *Bartels*, § 142 Rn. 10; Neuberger, ZInsO 2018, 1242, 1247; Wischemeyer, Insolvenzanfechtung, S. 61.

39 BGH, ZIP 1993, 1653, 1654; Jaeger, JW 1915, 1253, 1253; s. auch BGH, ZIP 2003, 488, 493; KO, Jaeger/ *Henckel*, § 30 Rn. 8, 110.

40 KO, Jaeger/ *Lent*, 8. Auflage, § 30 Rn. 37.

41 KO, Jaeger/ *Henckel*, § 30 Rn. 8; KO, Kuhn/ Uhlenbruck/ *Uhlenbruck*, § 30 Rn. 23 mwN.

42 BT-Drucks. 12/2443, S. 167 zu § 161.

43 Vgl. Ahrens/ Gehrlein/ Ringstmeier/ *Gehrlein*, § 142 Rn. 1; Andres/ Leithaus/ Dahl/ *Leithaus*, § 142 Rn. 2; BeckOK, *Schoon*, § 142 Rn. 1; Bork/ Hölzle/ *Zenker*, Kap. 10 Rn. 42; Bork/ Koschmieder/ *Zenker*, Rn. 9.43; Hess/ Weis, § 142 Rn. 2; Hiebert, ZInsO 2018, 1657, 1660; K/ P/ B/ *Bartels*, § 142 Rn. 8; Kayser, FS G. Fischer, 267, 269; Klinck, S. 369 f., 382; Lwowski/ Wunderlich, WM 2004, 1511, 1511; Neuberger, ZInsO 2018, 1242, 1247.

44 Bork, FS Kirchhof, 57, 67; Cranshaw/ Paulus/ Michel/ *Michel*, § 142 Rn. 3; Uhlenbruck/ *Borries/ Hirte*, § 142 Rn. 2; Zeeck, S. 83; Zeuner, Rn. 50.

45 Bruckhoff, NJW 2002, 3304, 3305; Dahl/ Schmitz, NJW 2017, 1505, 1509; KK, *Mohr*, § 142 Rn. 3; Lwowski/ Wunderlich, FS Kirchhof, 301, 301; Mohrbutter/ Ringstmeier/ *Glatt*, Kap. 9 Rn. 55; MüKo, *Kirchhof/ Piekenbrock*, § 142 Rn. 2; Sämisch/ Deichgräber, ZInsO 2018, 773, 774; Würdinger, KTS 2015, 315, 326.

46 BGH, ZIP 2019, 666 Rn. 53; BGH, ZIP 2014, 1491 Rn. 9; BGH, ZIP 2010, 2009 Rn. 24; BGH, ZIP 2006, 1261 Rn. 30; BGH, ZIP 2002, 812, 815; vgl. auch BAG, ZInsO 2015, 344 Rn. 21; BAG, ZIP 2011, 2366 Rn. 18.

Nach Teilen der Literatur[47] und der Rechtsprechung[48] steht dagegen nicht der Erhalt der Handlungsfähigkeit des Schuldners im Vordergrund, sondern es wird der potentielle Anfechtungsgegner in seinem Vertrauen auf den Erhalt der Schuldnerleistung geschützt. Zwar beschreibt allein die für den Anfechtungsgegner positive Rechtsfolge des Bargeschäfts noch nicht zwingend auch dessen Telos, sondern kann auch lediglich einen Rechtsreflex darstellen[49], doch ist der Gläubigerschutz eng mit dem Schuldnerschutz verbunden. Es sind keine Gründe ersichtlich, weshalb das Bargeschäftsprivileg nicht mehrere Interessen schützen kann, insbesondere wenn sie ineinander verschlungen sind. Um die Handlungsfähigkeit des Schuldners zu gewährleisten, müssen potentielle Gläubiger genug Vertrauen auf die Anfechtungsfestigkeit der Rechtshandlung haben, damit sie mit dem Schuldner kontrahieren[50]. Der Schutz der potentiellen Anfechtungsgegner muss somit wenigstens ein notwendiges Zwischenziel des Bargeschäftsprivilegs sein, da diese ohne den Schutz ihrer Interessen kein Vertrauen entwickeln und keine Geschäfte mit dem Schuldner führen würden. Die Änderungen an § 142 InsO durch die Reform lassen den Willen des Gesetzgebers erkennen, den Schutz der Anfechtungsgegner noch zu akzentuieren. So verhält es sich insbesondere, wenn die Gesetzesbegründung das Reformziel formuliert, durch § 142 Abs. 2 InsO die Rechtssicherheit für Arbeitnehmer zu erhöhen, die sich einer Insolvenzanfechtung ausgesetzt sehen[51].

### b. Anknüpfende und weiterführende Ansätze

Im Kontext der Handlungsfähigkeit steht auch, dass ohne das Bargeschäftsprivileg eine Unternehmenssanierung erschwert würde[52], da der Schuldner auch für Geschäfte, die der Sanierung dienen, keine Ge-

47 Altmeppen, ZIP 2015, 949, 950 f.; K/ P/ B/ *Bartels*, § 142 Rn. 10; Hiebert, ZInsO 2018, 1657, 1660 spricht von einem reflexartigen Schutz des Gläubigers.

48 Vgl. BGH, ZIP 2017, 1619 Rn. 14.

49 Ganter, ZIP 2019, 1141, 1142.

50 Ganter, ZIP 2019, 1141, 1143.

51 Ganter, ZIP 2019, 1141, 1143; K/ P/ B/ *Bartels*, § 142 Rn. 10.

52 Vgl. auch Bork/ Hölzle/ *Zenker*, Kap. 10 Rn. 42; Bork/ Koschmieder/ *Zenker*, Rn. 9.43; FK, *Dauernheim/ Blank*, § 142 Rn. 1; Würdinger, KTS 2015, 315, 326.

schäftspartner mehr finden könnte[53]. Das Bargeschäftsprivileg sichert somit auch die nach § 1 S. 1 InsO als Ziel der InsO erklärte[54] Unternehmenssanierung. Dies geschieht nicht nur, indem es dem Schuldner ermöglicht wird, neue Geschäftsbeziehungen aufzunehmen, sondern auch dadurch, dass bereits laufende Geschäftsbeziehungen geschützt werden. Bestünde eine uneingeschränkte Anfechtbarkeit, müssten beispielsweise Kreditinstitute bereits bei ersten Anzeichen für eine Zahlungsunfähigkeit ihrer Schuldner die Kredite kündigen, um sich vor dem Anfechtungsrisiko zu schützen, wodurch dem Schuldner die Möglichkeit genommen würde, weiter zu wirtschaften und die Insolvenz noch abzuwenden[55].

Da auch Geschäfte des vorläufigen Insolvenzverwalters unter Umständen der Anfechtung unterfallen[56], würde die dargestellte Schwierigkeit, ohne Bargeschäftsprivileg Vertragspartner zu finden, auch dessen Handlungsfähigkeit stark beschneiden, was die Sanierung ebenfalls erschweren würde[57] – jedenfalls, solange der Insolvenzverwalter nicht nach § 22 Abs. 2 InsO die Befugnis hat, Masseverbindlichkeiten zu begründen[58]. Der Sinn der Einsetzung eines vorläufigen Insolvenzverwalters, die Sicherung des Schuldnervermögens[59], würde völlig konterkariert.

Das Bargeschäftsprivileg stellt deshalb (potentiellen) Geschäftspartnern ein Mittel zur Verfügung, ihr Geschäft der Anfechtung zu entziehen, indem es anhand der Voraussetzungen des § 142 InsO anfechtungsfest gestaltet werden kann. Dem Schuldner bleibt dadurch in der Krise die Möglichkeit erhalten, neue Rechtsgeschäfte zu tätigen und bereits laufende Geschäftsverbindungen zu erhalten und somit

53 BeckOK, *Schoon*, § 142 Rn. 1; Hiebert, ZInsO 2018, 1657, 1660; s. auch Neuberger, ZInsO 2018, 1242, 1247.
54 HambK, *A. Schmidt*, § 1 Rn. 38; Kirchhof, FS Gerhardt, 443, 443; Möhlenkamp, DStR 2017, 987, 989 f.
55 Kirchhof, FS Gerhardt, 443, 453 f.
56 BGH, ZIP 2014, 584 Rn. 11; BGH, ZIP 2003, 810, 811; Uhlenbruck/ *Borries/ Hirte*, § 129 Rn. 140 ff.
57 Kirchhof, FS Gerhardt, 443, 454; FK, *Dauernheim/ Blank*, § 142 Rn. 1.
58 Vgl. Kirchhof, FS Gerhardt, 443, 454.
59 HambK, *Schröder*, § 21 Rn. 1, 3, 30, § 22 Rn. 1; vgl. auch schon den Wortlaut von § 22 Abs. 1 S. 2 Nr. 1 Nr. 2 für den starken vorläufigen Insolvenzverwalter.

das Unternehmen fortzuführen[60], um auf eine Sanierung hinzuwirken und einer Insolvenz zu entgehen[61] oder auch nur die Masse zu erhalten.

### c. Diskussion des Begründungsansatzes

Der auf den Erhalt der Handlungsfähigkeit abstellende Ansatz bleibt nicht unwidersprochen, auch wenn die Kritik im Ergebnis nicht überzeugt.

#### aa. Erklärbarkeit aller Tatbestandsvoraussetzungen

Mitunter wird dem Ansatz vorgeworfen, das Tatbestandsmerkmal der Unmittelbarkeit nicht erklären zu können[62], also warum § 142 InsO nur Zug-um-Zug-Leistungen von der Anfechtbarkeit ausnimmt, nicht jedoch Leistungen außerhalb des Unmittelbarkeitszeitraums[63]. Grundlage dieses Arguments ist, dass ein Interesse an der Wahrung der Handlungsfähigkeit des Schuldners ebenso besteht, wenn zwischen Leistung und Gegenleistung ein größerer zeitlicher Abstand liegt.

Diese Kritik geht jedoch fehl. Das Institut des Bargeschäftsprivilegs kann durchaus auf Tatbestandsvoraussetzungen zurückgreifen, die das Normziel unter gewisse Bedingungen stellen und das Institut in seiner Anwendung begrenzen. Bei dem Bargeschäftsprivileg handelt es sich um das Ergebnis einer Abwägung zwischen den Interessen der Gläubigergemeinschaft, des Geschäftspartners und des Schuldners[64], wobei die Abwägung anhand wertender Elemente erfolgt[65]. Der Vorwurf fehlender Erklärbarkeit aller Tatbestandsmerkmale verkennt, dass auch die Interessen der anderen Beteiligten berücksichtigt werden müssen. Dies geschieht über die Tatbestandsvoraussetzungen, die sicherstellen, dass den Interessen des Schuldners und des Geschäftspartners an der Anfechtungsfestigkeit nur dann der Vorrang vor denen der

60 Cranshaw/ Paulus/ Michel/ *Michel*, § 142 Rn. 3.
61 Kirchhof, FS Gerhardt, 443, 454.
62 Bräuer, S. 35 f.
63 Raschke, S. 89.
64 Vgl. Paulus, FS G. Fischer, 445, 453; Lwowski/ Wunderlich, WM 2004, 1511, 1512 sehen das Interesse aller drei Parteien involviert.
65 Kayser, FS G. Fischer, 267, 269.

Gläubigergesamtheit gewährt wird, wenn erstere auch tatsächlich schutzwürdiger sind. Die Tatbestandsvoraussetzungen stellen somit die Grenze zu solchen Fallgestaltungen dar, in denen die Interessen der Gläubigergesamtheit überwiegen und eine Privilegierung des Bargeschäfts ausscheiden muss.

Liegt beispielsweise ein zu langer Zeitraum zwischen Leistung und Gegenleistung, darf der Vertragspartner nicht mehr so einfach darauf vertrauen, die Leistung des Schuldners behalten zu dürfen. Dann wird der Gläubiger nämlich zum Kreditgeber, der bewusst das kreditimmanente Ausfallrisiko übernimmt und sich daher auch mit den wirtschaftlichen Verhältnissen des Schuldners auseinandersetzen muss. Das insolvenzbedingte Ausfallrisiko ist dann gerade Teil des Geschäfts[66]. Aus diesem Grund grenzt das Merkmal der Unmittelbarkeit das als weniger schützenswert erachtete Kreditgeschäft vom Bargeschäftsprivileg ab[67]. Auch die Tatsache, dass eine Anfechtung nach § 133 InsO weiterhin möglich ist, rührt daher, dass sich bei vorsätzlicher Benachteiligung die Interessengewichtung aufgrund der geringen Schutzwürdigkeit der Vertragspartner verschiebt[68].

Es ist festzuhalten, dass die Tatbestandsmerkmale den Sinn des Bargeschäftsprivilegs nicht vollumfänglich erklären oder verkörpern müssen[69], da sie nicht notwendigerweise zwingende Voraussetzung zur Wahrung der Handlungsfähigkeit sind, sondern teilweise dazu dienen, den Anwendungsbereich des Bargeschäftsprivilegs vor dem Hintergrund der Interessen anderer einzuschränken und somit einen gerechten Ausgleich zwischen allen von der Insolvenz betroffenen Parteien zu schaffen.

#### bb. Sicherung der Existenz durch Pfändungsfreigrenzen

Ebenfalls bezweifelt wird die zur Begründung des Bargeschäftsprivilegs angeführte Befürchtung, der Schuldner wäre ohne Bestehen des Bargeschäftsprivilegs nicht mehr in der Lage, lebensnotwendige Ge-

66 Paulus, FS G. Fischer, 445, 453.
67 K/ P/ B/ *Ehricke*, § 142 Rn. 13 mwN in 81. Ergänzungslieferung.
68 Vgl. auch Bräuer, S. 103.
69 Vgl. Kummer/ B. Schäfer/ Wagner/ *Wagner*, § 142 Rn. O4 in Fn. 24.

schäfte zu tätigen, und in der Folge „der größten Not preisgegeben“[70] oder, dramatischer ausgedrückt, „dem Verhungern oder philanthropischer Freigebigkeit“ überlassen[71]. Die Befürchtung sei unbegründet, da lebensnotwendige Geschäfte schon nach dem Zweck der besonderen Insolvenzanfechtung nicht anfechtbar seien[72] beziehungsweise in der Regel schon im Rahmen des pfändungsfreien Vermögens und somit außerhalb des Insolvenzbeschlags erfolgten[73]. Jedenfalls scheitere eine Anfechtung schon mangels Kenntnis der Zahlungsunfähigkeit auf Seiten des Vertragspartners[74].

Das Argument, die Pfändungsfreigrenzen sorgen für genügend Schutz der Handlungsfähigkeit, überzeugt jedoch nicht. Zum einen greift es schon nicht in der Unternehmens-, sondern allenfalls in der Privatinsolvenz. Zum anderen wird verkannt, dass es dem Geschäftspartner gar nicht darauf ankommt, ob das Geschäft tatsächlich oberhalb der Pfändungsfreigrenze liegt und damit anfechtbar ist, wenn er erwägt, einen Vertrag mit dem Schuldner zu schließen. Der Gläubiger wird in der Regel gar nicht erst eine Prüfung anstrengen, ob dem Schuldner Zahlungsunfähigkeit droht, da er weder die Mittel noch das Interesse haben wird, dieser Frage nachzugehen[75]. Ein potentieller Geschäftspartner weiß regelmäßig auch nicht, welche Geschäfte oberhalb der Freigrenzen liegen und anfechtbar wären[76]. Bei Anzeichen einer Krise des Schuldners wird dem wirtschaftlich denkenden Gläubiger bereits die Möglichkeit genügen, dass gewisse Geschäfte der Anfechtbarkeit unterliegen, um von Vertragsverhandlungen beziehungsweise einem Vertragsschluss gänzlich abzusehen[77]. In der Regel dürfte es auch deutlich kosteneffektiver und risikoärmer sein, sich einen anderen Vertragspartner zu suchen, als eine nur zu einer Risikobewertung

70 KO, Jaeger/ *Lent*, 8. Auflage, § 30 Rn. 37.

71 Hoyer, ÖJZ 1982, 376, 384; in diese Richtung auch König, Rn. 286; Koziol, JBl 1982, 57, 58.

72 Raschke, S. 89 f.

73 Bräuer, S. 37; König, Rn. 286 mwN; Raschke, S. 90.

74 König, Rn. 286.

75 Klinck, S. 382.

76 Hoyer, ÖJZ 1982, 376, 384.

77 Klinck, S. 382; Lwowski/ Wunderlich, WM 2004, 1511, 1511 f.; Neuberger, ZInsO 2018, 1242, 1247; vgl. auch Kirchhof, FS Gerhardt, 443, 453.

führende Prüfung vorzunehmen, ob das beabsichtigte Geschäft im Insolvenzfall tatsächlich anfechtbar wäre.

Ferner soll das Bargeschäftsprivileg nicht nur essentielle, unterhalb der Pfändungsfreigrenze liegende Geschäfte schützen, sondern vor dem Hintergrund einer Unternehmenssanierung auch verkehrsübliche Umsatzgeschäfte von der Anfechtung ausnehmen[78]. Diese liegen jedoch nicht zwingend unterhalb der Pfändungsfreigrenze, sodass auch diese Geschäfte gerade des Schutzes durch das Bargeschäftsprivileg bedürfen.

Auch das Argument, Bargeschäfte seien schon mangels Kenntnis des Anfechtungsgegners von der Zahlungsunfähigkeit nicht anfechtbar[79], überzeugt nicht. Das Fehlen dieser Kenntnis stellt allenfalls den Regelfall dar. Die Handlungsfähigkeit des Schuldners soll jedoch auch dann bewahrt werden, wenn der Vertragspartner positive Kenntnis von der Zahlungsunfähigkeit hat.

### cc. Begriffsweite des Bargeschäfts

Ferner wird kritisiert, die Vertreter der auf die Handlungsfähigkeit abstellenden Ansicht legten ein zu enges Verständnis des Bargeschäfts zugrunde[80]. Die teilweise geäußerte Befürchtung, der Schuldner gerate bei Nichtbestehen des Anfechtungsprivilegs in eine Notlage[81], wird nicht geteilt, da diese Sichtweise nur die für den Schuldner essentiellen Geschäfte des täglichen Lebens erfasse, nicht aber die in der Praxis tatsächlich relevanten Fälle des Bargeschäftsprivilegs[82]. Ferner sei die Begründung, dass der Schuldner nicht einmal mehr essentielle Bargeschäfte des täglichen Lebens wie beispielsweise Lebensmitteleinkäufe abschließen könne[83], lediglich auf natürliche Personen als Insolvenzschuldner zugeschnitten und könne nicht für juristische Personen gelten[84].

78 BGH, ZIP 2003, 488, 493; BGH, ZIP 1993, 1653, 1654; Zeeck, S. 83 mwN.
79 König, Rn. 286, s. o.
80 Bräuer, S. 36 f.
81 KO, Jaeger/ *Lent*, 8. Auflage, § 30 Rn. 37; Jaeger, JW 1915, 1253, 1253.
82 Bräuer, S. 36 f.
83 So vor allem KO, Jaeger/ *Lent*, 8. Auflage, § 30 Rn. 37.
84 Bräuer, S. 37; Raschke, S. 89.

Jedoch erweist sich auch der Vorwurf eines zu engen Verständnisses als unberechtigt. Die Tatsache, dass mit dem Argument, eine Notlage zu verhindern, nur ein Teil des Anwendungsbereichs des Bargeschäftsprivilegs thematisiert wird, bedeutet nicht, dass dieses Privileg nicht einen darüber hinausgehenden Anwendungsbereich haben kann und auch weitere, insbesondere die in der Praxis relevanten Fallgruppen erfasst. Zwar bezieht sich die Notlage lediglich auf natürliche Personen, die auf die Wahrung der Handlungsfähigkeit des Schuldners abstellende Ansicht kann jedoch mit anderen Argumenten wie der Wahrung der Sanierungsmöglichkeit für Unternehmen untermauert werden. Ferner ist eine eindeutige Differenzierung zwischen natürlichen und juristischen Personen im Anfechtungsrecht schon nicht angelegt[85].

### dd. Druckmittel

Teilweise wird ein mit dem Bargeschäftsprivileg erreichter Schutz der Handlungsfähigkeit des Schuldners allgemein als unerwünscht erachtet. Die Folge einer uneingeschränkten Anfechtbarkeit, dass der Schuldner keine Geschäftspartner finde, wird teilweise gar nicht erst als Problem angesehen, das es zu korrigieren gilt. Vielmehr führe dies zu dem begrüßenswerten Ergebnis, dass Druck auf den Schuldner aufgebaut und dieser motiviert werde, das Insolvenzverfahren frühzeitig zu eröffnen, was letztlich eines der Ziele des Gesetzgebers der InsO sei[86].

Zwar ist zuzustimmen, dass eine frühe Antragstellung erwünscht ist und durch eine drohende Handlungsunfähigkeit gefördert wird. Da die Gläubiger vorsichtshalber bereits bei Anzeichen für eine „schlechte wirtschaftliche Verfassung“ von einem Vertragsschluss absähen, würde die Handlungsunfähigkeit jedoch bereits weit im Vorfeld der Zahlungsunfähigkeit eintreten und eine Sanierung außerhalb eines Insolvenzverfahrens behindern[87]. Das Bargeschäftsprivileg sichert somit schon präventiv die Handlungsfähigkeit, bevor überhaupt Zahlungs-

85 Hoyer, ÖJZ 1982, 376, 384.
86 Bräuer, S. 36; König, Rn. 286; Raschke, S. 90 f.
87 Klinck, S. 382.

unfähigkeit eintritt[88]. Darüber hinaus stellt ein Druckmittel über den „Umweg des Anfechtungsrisikos“ den deutlich umständlicheren Weg dar, eine Antragstellung zu bewirken[89], könnte der Gesetzgeber sie doch auch durch eine Verschärfung der Antragspflichten und Sanktionen in § 15a InsO unmittelbar fordern. Auch dies spricht für den Willen des Gesetzgebers, das Bargeschäftsprivileg nicht zugunsten eines Druckmittels einzuschränken.

Zudem hat der Gesetzgeber bei Einführung der InsO ausdrücklich im Zusammenhang mit der erstmaligen Kodifizierung des Bargeschäftsprivilegs auf die Sicherung der Handlungsfreiheit des Schuldners im Vorfeld der Insolvenz abgestellt[90]. Folglich hat der Gesetzgeber dem Schutz der Handlungsfähigkeit Vorrang gegenüber einem Druckmittel in Richtung auf eine frühzeitige Insolvenzantragstellung gewährt.

#### d. Zusammenfassung

Der Ansatz, das Bargeschäftsprivileg verfolge den Zweck, die Handlungsfähigkeit des Schuldners in der Krise zu bewahren, überzeugt und ist trotz der genannten Gegenargumente nicht widerlegt.

### 2. Fehlende Gläubigerbenachteiligung

Ein anderer Begründungsversuch zum Bargeschäftsprivileg knüpft an die allgemeine Anfechtungsvoraussetzung der Gläubigerbenachteiligung an. Grund für das Bargeschäftsprivileg sei das Fehlen einer Gläubigerbenachteiligung bei bargeschäftlichen Leistungsaustauschen[91].

88 Vgl. Klinck, S. 382.
89 Hoyer, ÖJZ 1982, 376, 384.
90 BT-Drucks 12/2443, S. 167 zu § 161.
91 Altmeppen, ZIP 2015, 949, 950; Braun/ *Riggert*, § 142 Rn. 2; KO, Kuhn/ Uhlenbruck/ *Uhlenbruck*, § 30 Rn. 23; Lwowski/ Wunderlich, WM 2004, 1511, 1511; Zeuner, Rn. 50.

### a. Das Anfechtungserfordernis der Gläubigerbenachteiligung

Die Insolvenzanfechtung setzt gemäß § 129 Abs. 1 InsO neben einer Rechtshandlung vor Verfahrenseröffnung voraus, dass eine Gläubigerbenachteiligung vorliegt. Dies war bereits bei der actio pauliana des römischen Rechts[92] und auch bei der Konkursanfechtung der KO[93], den Vorgängern der heutigen Vorsatzanfechtung, anerkannte Voraussetzung. Eine Gläubigerbenachteiligung ist gegeben, „wenn die Rechtshandlung entweder die Schuldenmasse vermehrt oder die Aktivmasse verkürzt und dadurch den Zugriff auf das Schuldnervermögen vereitelt, erschwert oder verzögert hat, sich somit die Befriedigungsmöglichkeiten der Insolvenzgläubiger ohne die Handlung bei wirtschaftlicher Betrachtungsweise günstiger gestaltet hätten"[94].

Unterschieden wird dabei zwischen mittelbarer und unmittelbarer Gläubigerbenachteiligung, wobei letztere nur dann gegeben sein muss, wenn das Gesetz sie ausdrücklich fordert[95]. „Unmittelbar ist eine Benachteiligung, die ohne Hinzukommen späterer Umstände schon mit der Vornahme der angefochtenen Rechtshandlung selbst eintritt"[96]. Eine mittelbare Gläubigerbenachteiligung liegt hingegen vor, wenn die Befriedigungsmöglichkeit der Gläubiger erst „durch das Hinzutreten weiterer Umstände beeinträchtigt wurde"[97].

### b. Gesetzesbegründung

Der Gesetzgeber äußert sich in der Gesetzesbegründung zwar zur Gläubigerbenachteiligung, leitet das Bestehen des Bargeschäftsprivilegs jedoch nicht aus deren Fehlen ab. Eine unmittelbare Gläubigerbenachteiligung liege nicht vor, wenn der Schuldner eine seiner Leistung gleichwertige Gegenleistung im Sinne des Bargeschäfts erhalte[98]. Er

92 K. Schmidt, WM 1983, 490, 493.
93 BGH, ZIP 1982, 856, 857; RGZ 60, 107, 109; KO, Kuhn/ Uhlenbruck/ *Uhlenbruck*, § 29 Rn. 19.
94 BGH, ZIP 2018, 1794 Rn. 15; BGH, ZIP 2016, 426 Rn. 24; BGH, ZIP 2012, 1183 Rn. 21; BGH, WM 2011, 2293 Rn. 6; BGH, ZIP 2009, 1674 Rn. 25; vgl. auch BGH, ZIP 2008, 2183 Rn. 26.
95 HambK, *Rogge/ Leptien*, § 129 Rn. 81.
96 BGH, ZIP 2016, 1491 Rn. 17; BGH, ZIP 2007, 2084 Rn. 9.
97 BGH, ZIP 2012, 1183 Rn. 22; BGH, ZIP 1994, 40, 41; HK, *Thole*, § 129 Rn. 63.
98 BT-Drucks. 12/2443, S. 167 zu § 161.

fügt jedoch zu Recht hinzu, dass dies nicht der Grund für den Ausschluss der Anfechtung sein kann, da eine unmittelbare Gläubigerbenachteiligung nicht zwingende Voraussetzung eines jeden Anfechtungstatbestandes ist[99]. Eine unmittelbare Gläubigerbenachteiligung wird expressis verbis nur von den §§ 132 Abs. 1; 133 Abs. 4 InsO gefordert[100]. Insbesondere die §§ 130; 131; 132 Abs. 2; 133 Abs. 1 InsO lassen jedoch auch eine mittelbare Gläubigerbenachteiligung genügen[101], sodass das Fehlen einer unmittelbaren Gläubigerbenachteiligung bei Bargeschäften nicht zwingend die Anfechtung ausschließt.

Der Gesetzgeber hält eine Gläubigerbenachteiligung auch bei einer gleichwertigen Leistung für möglich, was sich daraus ergibt, dass die in der schuldnerischen Leistung liegende Gläubigerbenachteiligung aufgrund einer ausgleichenden Gegenleistung durch den Gläubiger außer Betracht bleiben soll[102]. Eine Benachteiligung kann jedoch nur dann unberücksichtigt bleiben, wenn sie überhaupt vorliegt. Eine Anfechtung muss also grundsätzlich möglich sein. Ferner bezeichnet der Gesetzgeber das Bargeschäftsprivileg schon als „Ausnahmeregelung“[103]. Diese Formulierungen verdeutlichen, dass der Gesetzgeber die Gläubigerbenachteiligung und die Anfechtbarkeit im Grundsatz auch bei Bargeschäften für gegeben ansieht und sie erst in einem zweiten Schritt ausnahmsweise für unbeachtlich erklärt[104].

#### c. Literatur und Rechtsprechung

Unter Verweis auf die Gesetzesbegründung vertritt auch ein Teil der Fachöffentlichkeit, dass eine Gläubigerbenachteiligung außer Betracht bleiben müsse[105]. Im Einklang mit dem Gesetzgeber solle eine Gläubi-

---

99 Ebda.

100 HambK, *Rogge/ Leptien*, § 129 Rn. 81.

101 Ahrens/ Gehrlein/ Ringstmeier/ *Gehrlein*, § 142 Rn. 1; Braun/ *de Bra*, § 129 Rn. 26, § 133 Rn. 10; Cranshaw/ Paulus/ Michel/ *Michel*, § 142 Rn. 2; Graf-Schlicker/ *Huber*, § 129 Rn. 23; HambK, *Rogge/ Leptien*, § 133 Rn. 2.

102 BT-Drucks. 12/2443, S. 167 zu § 161.

103 BT-Drucks. 12/2443, S. 167 zu § 161; so auch KK, *Mohr*, § 142 Rn. 1 mVa Ganter, ZIP 2012, 2037, 2037.

104 In diese Richtung auch Wischemeyer, S. 63.

105 BeckOK, *Schoon*, § 142 Rn. 2; Bräuer, S. 27 f.; Bruckhoff, NJW 2002, 3304, 3305; Dahl/ Schmitz, NJW 2017, 1505, 1509; Uhlenbruck/ *Borries/ Hirte*, § 142 Rn. 3.

gerbenachteiligung also grundsätzlich vorliegen. Einige Stimmen weichen hiervon ab und begründen das Bargeschäftsprivileg damit, dass es aufgrund der dem Schuldner zukommenden Gegenleistung beim bargeschäftlichen Leistungsaustausch an einer Gläubigerbenachteiligung fehle[106]. Auch in der älteren Rechtsprechung des BGH wird vertreten, dass eine Gläubigerbenachteiligung gar nicht erst vorliege, wenn im Rahmen eines Bargeschäfts eine gleichwertige Gegenleistung in das Vermögen des Schuldners gelange[107]. In Literatur[108] und Rechtsprechung[109] wurde in diesem Zusammenhang der von Karsten Schmidt entwickelte[110] Begriff der Vermögensumschichtung übernommen. Nach diesem findet lediglich eine Umschichtung von Vermögenswerten statt, welche bei einer saldierenden Betrachtung nicht die Masse verringert und in der Konsequenz eine Gläubigerbenachteiligung ausscheiden lässt[111]. Der Begriff umschreibt jedoch lediglich, dass sich das Schuldnervermögen beim Austausch gleichwertiger Leistungen im Saldo nicht unmittelbar schmälert[112].

#### d. Würdigung

Da der Gesetzgeber von einer grundsätzlich vorliegenden Gläubigerbenachteiligung ausgeht, kann er schon nicht annehmen, dass eine fehlende Gläubigerbenachteiligung den Grund für das Bargeschäftsprivileg darstellt. Der Gesetzgeber beschreibt also nicht den Zweck, sondern nur die Rechtsfolge des § 142 InsO[113]. Die abweichende Ansicht, dass es an einer Gläubigerbenachteiligung fehlt, ist abzulehnen.

---

106 Altmeppen, ZIP 2015, 949, 950; Braun/ *Riggert*, § 142 Rn. 2; KO, Kuhn/ Uhlenbruck/ *Uhlenbruck*, § 30 Rn. 23; Lwowski/ Wunderlich, WM 2004, 1511, 1511; Zeuner, Rn. 50.

107 BGH, ZIP 2005, 992, 994; BGH, ZIP 1993, 271, 273; BGH, ZIP 1980, 518, 519; BGH, WM 1978, 133, 135; BGH, WM 1977, 254, 255.

108 Bräuer, S. 27; Kummer/ B. Schäfer/ Wagner/ *Wagner*, § 142 Rn. O4; Zeuner, Rn. 50; trotz Annahme einer mittelbaren Gläubigerbenachteiligung auch Uhlenbruck/ *Borries/ Hirte*, § 142 Rn. 3.

109 BGH, ZIP 2010, 2009 Rn. 24; BGH, ZIP 2005, 1243, 1245; BGH, ZIP 1993, 1653, 1654.

110 Klinck, S. 373 in Fn. 24 mVa K. Schmidt, WM 1983, 493.

111 K. Schmidt, WM 1983, 490, 493.

112 Klinck, S. 380.

113 Auch Wischemeyer, S. 63 sieht hierin nur einen „Reflex“ des § 142 InsO.

### aa. Unrichtigkeit der Prämisse

Bei der Argumentation zur fehlenden Gläubigerbenachteiligung wird häufig nicht der entscheidende Punkt herausgestellt, dass dies nur auf die unmittelbare Gläubigerbenachteiligung zutrifft, deren Fehlen jedoch nicht genügt, um die Anfechtung einer mittelbaren Gläubigerbenachteiligung nach § 130 InsO auszuschließen.

Die unmittelbare Gläubigerbenachteiligung beurteilt sich ausschließlich danach, ob eine gleichwertige Gegenleistung in das Schuldnervermögen gelangt, sodass diese bei Bargeschäften, die eine gleichwertige Gegenleistung gerade voraussetzen, per definitionem ausscheidet[114].

Eine mittelbare Gläubigerbenachteiligung ist bei Bargeschäften hingegen möglich, da sich die Begriffe der mittelbaren Gläubigerbenachteiligung und der Gleichwertigkeit nicht zwingend ausschließen. Nach dem Austausch gleichwertiger Leistungen können weitere Umstände hinzutreten, die eine mittelbare Gläubigerbenachteiligung begründen. So führt ein erschwerter Zugriff auf die Gegenleistung des Anfechtungsgegners zwar nach obiger Definition zu einer mittelbaren Gläubigerbenachteiligung, jedoch nicht notwendigerweise zu einer Ungleichwertigkeit[115].

### bb. Systematik der §§ 129 ff. InsO

Gegen die Annahme, das Fehlen einer Gläubigerbenachteiligung sei Grund für das Bargeschäftsprivileg, spricht auch die systematische Eingliederung des § 142 InsO im Anfechtungsrecht. Läge bei Bargeschäften keine Gläubigerbenachteiligung vor, würde die Anfechtung bereits an den allgemeinen Anfechtungsvoraussetzungen des § 129 Abs. 1 InsO scheitern, sodass § 142 InsO gar nicht erst zur Anwendung käme[116]. § 142 InsO wäre mithin im Regelungsgefüge des Insolvenzanfechtungsrechts entweder falsch platziert oder gar obsolet[117]. Da auch

---

114 HambK, *Rogge/ Leptien*, § 142 Rn. 1, 22.

115 HambK, *Rogge/ Leptien*, § 142 Rn. 15; Nerlich/ Römermann/ *Nerlich*, § 142 Rn. 6 mwN.

116 Bräuer, S. 25; Eckardt, ZIP 1999, 1417, 1422; Ganter, ZIP 2012, 2037, 2037; K. Schmidt/ *Ganter/ Weinland*, § 142 Rn. 4; Kayser, FS G. Fischer, 267, 270.

117 Klinck, S. 379; Raschke, S. 86; Wischemeyer, S. 62.

beim Bargeschäft eine mittelbare Gläubigerbenachteiligung vorliegen kann, hat § 142 InsO jedoch einen eigenständigen Regelungscharakter[118].

### cc. Verweis auf § 133 InsO

Ein weiteres Argument ergibt sich daraus, dass § 142 InsO eine Anfechtung nach § 133 InsO weiterhin zulässt. § 133 InsO setzt jedoch wenigstens eine mittelbare Gläubigerbenachteiligung voraus[119], sodass der Verweis in § 142 InsO auf § 133 InsO unsinnig wäre, wenn bei einem Bargeschäft grundsätzlich keine Gläubigerbenachteiligung vorläge[120]. Resultat wäre das paradoxe Ergebnis, dass bei Vorliegen der Voraussetzungen der Verweisungsnorm die Voraussetzungen der Norm, auf die verwiesen wird, zwingend nicht erfüllt wären. § 133 InsO wäre dann nicht anwendbar, obwohl er nach § 142 Abs. 1 InsO gerade Anwendung finden soll[121].

### e. Zusammenfassung

Die vorangehende Darstellung zeigt, dass bei Bargeschäften lediglich eine unmittelbare Gläubigerbenachteiligung zwingend ausscheidet, was jedoch nicht genügt, um den Ausschluss der Anfechtung nach § 130 InsO zu erklären, da die Kongruenzanfechtung auch bei mittelbarer Gläubigerbenachteiligung möglich ist. Auf eine fehlende Gläubigerbenachteiligung kann deshalb nicht zur Begründung des Bargeschäftsprivilegs abgestellt werden. Aus der Gesetzesbegründung und der Gesetzessystematik ergibt sich im Gegenteil, dass eine Gläubigerbenachteiligung für die Anwendung des Bargeschäftsprivilegs zwingend erforderlich ist.

Die Anwendbarkeit des § 142 InsO von einer fehlenden Gläubigerbenachteiligung abhängig zu machen, schränkte ferner dessen Anwendungsbereich über Gebühr ein. Denn aufgrund des weiten Begriffs der

118 Raschke, S. 128 spricht insoweit von einer rechtshindernden Einwendung.
119 Braun/ *de Bra*, § 133 Rn. 10 mwN; HambK, *Rogge/ Leptien*, § 133 Rn. 2.
120 Vgl. Bräuer, S. 25; s. auch Raschke, S. 86.
121 Klinck, S. 379.

Gläubigerbenachteiligung und dessen wirtschaftlicher Beurteilung[122] ist die Wahrscheinlichkeit, dass der Wert einer zur Masse gelangten Leistung erhalten bleibt, sehr gering, sodass es nur selten an einer Gläubigerbenachteiligung fehlt. § 142 InsO wäre dann nur in diesen seltenen Fällen anwendbar und darüber hinaus obsolet, da nach § 129 InsO ohnehin keine Anfechtung möglich wäre.

### 3. Weitere Begründungsansätze

Zwar existieren noch weitere Begründungsansätze als die bereits behandelten, auf diese wird im Rahmen der Gesetzesbegründung jedoch kein und in der neueren Rechtsprechung und Literatur kaum Bezug genommen. Der Vollständigkeit halber sollen die bekannteren unter ihnen dennoch nicht unerwähnt bleiben.

#### a. Fehlende Insolvenzgläubigereigenschaft

Zur KO wurde vertreten, dass sich die Privilegierung von Bargeschäften daraus ergebe, dass ein Bargeschäftspartner schon gar kein Konkurs- beziehungsweise (der neueren Terminologie angepasst) Insolvenzgläubiger sei[123].

Denn § 23 KO beziehungsweise § 30 KO nach müsse die Forderung des Gläubigers bereits vor der anzufechtenden Handlung bestanden haben, was jedoch nicht der Fall sei, wenn die Leistungen gleichzeitig erfolgten beziehungsweise die Leistung gegen die Gegenleistung gewährt werde[124]. Eine „Konkursgläubigerschaft" entstehe somit nicht bei Zug-um-Zug-Leistungen, da die Forderung dann bereits bei Entstehung befriedigt werde[125] (sogenannte Handgeschäfte[126]) und nicht erst danach, wie von § 23 KO respektive § 30 KO gefordert.

Die Ansicht, die das Bargeschäftsprivileg mit einer fehlenden Insolvenzgläubigereigenschaft begründet, kann jedoch nicht überzeugen.

---

122 Braun/ *de Bra*, § 129 Rn. 25; Braun/ Uhlenbruck, S. 357.

123 RGZ 136, 152, 158 mwN; RGZ 100, 62, 64.

124 RGZ 29, 77, 78.

125 RGZ 136, 152, 158 mwN; RGZ 100, 62, 64.

126 Medicus, Rn. 38; BGB, MüKo, *Westermann*, Vor. § 433 Rn. 7.

Denn das Bargeschäft fordert weder ein Geschäft über eine Ware noch stellt es solch enge Anforderungen an die Unmittelbarkeit, wie sie an das Handgeschäft gestellt werden[127]. Eine gewisse Dauer zwischen den Leistungen steht der Unmittelbarkeit im Sinne des Bargeschäftsprivilegs nicht entgegen[128]. Gefordert ist lediglich ein enger zeitlicher Zusammenhang und kein zeitliches Zusammenfallen[129]. An die Unmittelbarkeit werden mithin deutlich laxere Anforderungen gestellt als an das Handgeschäft, sodass nicht jedes Bargeschäft im Sinne des Bargeschäftsprivilegs auch ein Handgeschäft darstellt. Eine Gläubigerstellung ist demnach auch beim Bargeschäft möglich, wenn es nicht gleichzeitig die strengeren Anforderungen des Handgeschäfts erfüllt.

Obgleich der Ansatz noch in weiterer Hinsicht kritisiert wird[130], beraubt jedenfalls die Kodifizierung des Bargeschäftsprivilegs in § 142 InsO die Argumentation jeglicher Grundlage[131]. Nach dem Willen des Gesetzgebers sind Bargeschäfte ausnahmsweise nicht anfechtbar[132]. Dann muss die Anfechtbarkeit nach den §§ 130; 131 InsO jedoch grundsätzlich gegeben sein. Diese Normen sehen eine Anfechtung ausdrücklich gegenüber einer Person vor, die Insolvenzgläubiger wäre, wenn es nicht zu der Deckungshandlung gekommen wäre, sodass die Existenz eines Insolvenzgläubigers für die Anwendung des § 142 InsO gerade Voraussetzung ist und an die Abwesenheit dieser Eigenschaft mithin e contrario nicht mehr angeknüpft werden kann[133]. Fehlte die Insolvenzgläubigereigenschaft bei Bargeschäften, ergäbe sich deren Unanfechtbarkeit bereits aus den Voraussetzungen der §§ 130; 131 InsO, sodass es der Ausnahme des § 142 InsO gar nicht mehr bedürfte[134]. Der Fall einer fehlenden Insolvenzgläubigereigenschaft schließt eine Anfechtung somit bereits tatbestandlich aus und setzt damit früher als die Ausnahmevorschrift des Bargeschäftsprivilegs an[135]. Das

127 Klinck, S. 374 f.
128 BT-Drucks. 12/2443, S. 167 zu § 161.
129 BGH, ZIP 2014, 1491 Rn. 15; BGH, ZIP 2002, 812, 814; MüKo, *Kirchhof/ Piekenbrock*, § 142 Rn. 26; s. auch BT-Drucks. 12/2443, S. 167 zu § 161.
130 Vgl. nur Bräuer, S. 16 ff.
131 Bräuer, S. 20.
132 BT-Drucks. 12/2443, S. 167 zu § 161.
133 Bräuer, S. 20 f.
134 Raschke, S. 83.
135 Wischemeyer, S. 64; vgl. auch Eckardt, ZIP 1999, 1417, 1423.

Fehlen der Insolvenzgläubigereigenschaft kann nicht den Grund für das Bestehen des § 142 InsO darstellen und ist deshalb strikt vom Bargeschäft zu trennen[136].

### b. Umkehrschluss aus § 30 Nr. 1 Var. 1 KO

Ein weiterer Ansatz aus der Zeit der KO begründete das Bargeschäftsprivileg damit, dass es die anfechtungsfeste Erfüllbarkeit von unanfechtbar geschlossenen Verträgen als Ausnahme der grundsätzlich weiterhin möglichen Deckungsanfechtung nach § 30 Nr. 1 Var. 2 KO wahre[137]. § 30 Nr. 1 Var. 1 KO würde andernfalls nur noch Schenkungen an den Schuldner schützen, die ohnehin nicht angefochten würden[138]. Potentielle Gläubiger würden dann nicht mehr mit dem Schuldner kontrahieren[139].

Neben weiteren Kritikpunkten[140] entspricht die Ansicht jedenfalls seit der Kodifizierung des Bargeschäftsprivilegs in § 142 InsO nicht mehr dem heutigen Verständnis des Bargeschäftsprivilegs. Durch den Wortlaut „Leistung" wird gerade auf die Verfügungen abgestellt, sodass es eines Umkehrschlusses zu der Unanfechtbarkeit des Kausalgeschäfts nicht mehr bedarf[141].

### c. Gläubigergleichbehandlung

Ein anderer Ansatz stellt zur Begründung des Bestehens der Bargeschäftsausnahme auf den Gläubigergleichbehandlungsgrundsatz (par condicio creditorum) ab. Ausgangspunkt der Ansicht ist, dass dieser Grundsatz nicht verletzt sei und deshalb eine Ausnahme von den diesen Grundsatz durchsetzenden Vorschriften der besonderen Anfechtung erforderlich sei[142]. Die Argumentationsmuster decken sich dabei

136 Wischemeyer, S. 63 f.
137 BGH, ZIP 1993, 1653, 1654; Cosack, S. 172 f.; s. auch Lwowski/ Wunderlich, FS Kirchhof, 301 304 mwN; Wessels, ZIP 2004, 1237, 1245 zur InsO.
138 Grützmann, S. 171.
139 Cosack, S. 173.
140 Vgl. Bräuer, S. 31 ff.
141 Bräuer, S. 33 f.
142 Bräuer, S. 37 ff.

größtenteils mit den bereits dargestellten Begründungsansätzen[143], da beispielweise auf ein Fehlen der Insolvenzgläubigereigenschaft[144] oder auf § 30 KO[145] abgestellt wird.

Die auf eine fehlende Verletzung des Gläubigergleichbehandlungsgrundsatzes abstellende Ansicht überzeugt nicht. Zum einen schützt § 133 InsO, auf den das Bargeschäftsprivileg seit der Reform ebenfalls Anwendung findet, nicht die Gläubigergleichbehandlung[146], sodass die mögliche Unanfechtbarkeit bei Bargeschäften nicht mit einer ausnahmsweise fehlenden Verletzung des Gläubigergleichbehandlungsgrundsatzes begründet werden kann.

Des Weiteren ist eine Verletzung des Gläubigergleichbehandlungsgrundsatzes bei Bargeschäften durchaus möglich. Ist der Geschäftspartner und Anfechtungsgegner nämlich selber Gläubiger, was bei § 130 InsO zwingend der Fall und bei § 133 InsO möglicher Fall ist, wird er den übrigen Gläubigern gegenüber bessergestellt, wenn er durch die Schuldnerleistung volle Befriedigung erhält.

Doch auch, wenn der Anfechtungsgegner nicht Gläubiger ist, werden die Gläubiger nicht zwingend gleichmäßig benachteiligt mit der Folge, dass eine Ungleichbehandlung ausschiede. Der Schuldner wird nämlich in der Regel nicht rechtsgrundlos, sondern aufgrund einer ihn treffenden Verpflichtung an einen Dritten leisten. Der Gläubiger, dessen Anspruch durch Leistung an den Dritten erfüllt wird, wird dann auch gegenüber den anderen Gläubigern bessergestellt.

## III. Resümee

Die Literatur hat seit Entwicklung des Bargeschäftsprivilegs durch die Rechtsprechung eine Fülle an Begründungsansätzen geliefert, obgleich die meisten von ihnen nicht überzeugen. Jedenfalls mit Kodifizierung des Privilegs in § 142 InsO entsprechen viele Ansätze nicht mehr dem

143 So auch Bräuer, S. 38.

144 Jensen, S. 260 f., 273; vgl. auch KO, Jaeger/ *Lent*, 8. Auflage, § 30 Rn. 37.

145 Canaris, FS KO, 73, 82 f.

146 S. nur HK, *Thole*, § 133 Rn. 3; Uhlenbruck/ *Borries/ Hirte* § 133 Rn. 3 und im Folgenden.

gesetzgeberischen Willen und Stand der InsO[147] und sind damit nur noch von rechtshistorischem Interesse.

Der Grund des Bargeschäftsprivilegs lässt sich in der auf ökonomische und wertende Aspekte gestützten Ansicht finden, dass es die Handlungsfähigkeit des Schuldners in der Krise sichert[148]. Die sich aus einer ausnahmslosen Anfechtbarkeit ergebenden Folgen für die an der Insolvenz Beteiligten wären aus wirtschaftlicher Sicht unvernünftig und unerwünscht[149], da die andernfalls eintretende Handlungsunfähigkeit insbesondere eine Sanierung erschwere und damit auch nicht den Interessen der Gläubiger entspräche. Das Bargeschäftsprivileg schützt deshalb das Vertrauen der Geschäftspartner auf die Anfechtungsfestigkeit gewisser Geschäfte, sodass diese weiterhin mit dem Schuldner kontrahieren. Der Schutz der Handlungsfähigkeit des Schuldners wird dabei erst durch den der Gläubigerinteressen ermöglicht, sodass letzterer als (jedenfalls mittelbares) Ziel des Bargeschäftsprivilegs unter dem Stichwort der „Multifunktionalität“[150] anzuerkennen ist[151].

Die Grenzen der Interessengewichtung, deren Ausfluss § 142 InsO ist, werden durch die Tatbestandsvoraussetzungen und die weiterhin mögliche Anfechtung nach § 133 InsO gesetzt.

147 Bräuer, S. 40.
148 Wischemeyer, S. 63.
149 FK, *Dauernheim/ Blank*, § 142 Rn. 1.
150 Kummer/ B. Schäfer/ Wagner/ *Wagner*, § 142 Rn. O4a.
151 Auch Eckardt, ZIP 1999, 1417, 1422 spricht sich für eine Kombination mehrerer Begründungsansätze aus.

# C. Tatbestand und Rechtsfolge des § 142 Abs. 1 InsO

Aufgrund der Wirkung des Bargeschäftsprivilegs auf den Anfechtungsanspruch entscheidet es über die Möglichkeit, die Masse weiter anzureichern, sodass dessen Eingreifen für alle am Insolvenzverfahren Beteiligten von erheblicher Relevanz ist. Die Tatbestandsvoraussetzungen sollen daher im Folgenden kurz dargestellt werden. Da die Voraussetzungen der alten Fassung des § 142 InsO weiterhin unverändert bestehen und lediglich Voraussetzungen hinzugefügt wurden, wird im Folgenden allein auf die neue Fassung abgestellt.

## I. Leistungsaustausch

Zunächst muss für § 142 Abs. 1 InsO ein tatsächlicher Leistungsaustausch zwischen Schuldner und Anfechtungsgegner stattgefunden haben[152]. Leistung ist dabei als vermögensmindernde Rechtshandlung zu verstehen, sodass vor allem Verfügungen (freilich nur aus dem haftenden Vermögen des Schuldners[153]) erfasst sind, während die Gegenleistung das schuldnerische Vermögen gemehrt haben muss[154]. Die Anfechtung einer unentgeltlichen Leistung nach § 134 InsO ist deshalb mangels Austauschs von § 142 InsO schon nicht erfasst[155].

Maßgeblich ist, dass den Leistungen im Wirtschaftsverkehr ein Wert beigemessen wird[156] und die Gegenleistung in das Schuldnerver-

---

152 Lwowski/ Wunderlich, WM 2004, 1511, 1512.

153 MüKo, *Kirchhof/ Piekenbrock*, § 142 Rn. 5.

154 K/ P/ B/ *Bartels*, § 142 Rn. 42 mwN; MüKo, Kirchhof/ Piekenbrock, § 142 Rn. 6.

155 Lwowski/ Wunderlich, WM 2004, 1511, 1512; MüKo, *Kirchhof/ Piekenbrock*, § 142 Rn. 5.

156 HambK, *Rogge/ Leptien*, § 142 Rn. 2.

mögen einfließt[157]. Letzteres ergibt sich schon aus dem Wortlaut des § 142 Abs. 1 InsO[158]. Aus diesem Grund erfüllen beispielsweise eine Aufrechnung mit einer Gegenforderung, die bereits vor der Hauptforderung des Schuldners bestand[159], oder das bloße Stehenlassen einer Forderung[160] nicht die Voraussetzungen des Bargeschäftsprivilegs, da dem Vermögen des Schuldners keine Aktiva zufließen[161].

### 1. Erfordernis einer Zugriffsmöglichkeit auf die Gegenleistung

Wie bereits festgestellt, muss eine Gegenleistung in das Schuldnervermögen geflossen sein. Eine andere Frage ist jedoch, ob die Gegenleistung auch in das im Fall der Insolvenz haftende Vermögen geflossen sein muss. Dies ist jedenfalls nicht notwendig, wenn die Schuldnerleistung nicht aus dem haftenden Vermögen erfolgt, da die Masse dann auch nicht verringert wird. Eine Anfechtung scheidet dann von vornherein mangels Gläubigerbenachteiligung aus[162]. Problematisch ist jedoch der Fall, dass der Schuldner eine Leistung aus der potentiellen Masse erbringt, die Gegenleistung jedoch nicht dem Zugriff der Gläubigergesamtheit unterliegt. Dies ist insbesondere bei pfändungsfreien Gegenständen der Fall.

Hierzu wird vertreten, dass die Gegenleistung nicht dem potentiellen Zugriff unterliegen muss[163]. Forderte man nämlich die Möglichkeit, auf die Gegenleistung zuzugreifen, wären Gläubiger, die unpfändbare Gegenstände an den Schuldner liefern, schlechter gestellt, da ihre Leistungen dann nicht unter das Bargeschäftsprivileg fielen[164]. In der

157 BGH, ZIP 2010, 2009 Rn. 30; BGH, ZIP 2010, 682 Rn. 36 mwN; HambK, *Rogge/ Leptien*, § 142 Rn. 2; HK, *Thole*, § 142 Rn. 3; K/ P/ B/ *Bartels*, § 142 Rn. 42; MüKo, *Kirchhof/ Piekenbrock*, § 142 Rn. 6.

158 Raschke, S. 99.

159 BGH, ZIP 2010, 682 Rn. 36 mwN.

160 BGH, ZIP 2009, 1122 Rn. 12; BGH, ZIP 2008, 183 Rn. 41.

161 Ebda.

162 HambK, *Rogge/ Leptien*, § 129 Rn. 45.

163 BK, *Haas*, § 142 Rn. 13; Braun/ *Riggert*, § 142 Rn. 9; HambK, *Rogge/ Leptien*, § 142 Rn. 2; K/ P/ B/ *Bartels*, § 142 Rn. 43 mwN; Uhlenbruck/ *Borries/ Hirte*, § 142 Rn. 25.

164 Braun/ *Riggert*, § 142 Rn. 9; K/ P/ B/ *Bartels*, § 142 Rn. 43; HambK, *Rogge/ Leptien*, § 142 Rn. 2; Uhlenbruck/ *Borries/ Hirte*, § 142 Rn. 25.

Folge könnte sich der Schuldner keine essentiellen Leistungen mehr verschaffen[165].

Vor dem Hintergrund der ratio des Bargeschäftsprivilegs, lebensnotwendige Geschäfte weiter tätigen zu können, muss sich der Schuldner pfändungsfreie Leistungen weiterhin verschaffen können. Geschäfte, die § 142 InsO zu schützen beabsichtigt, müssen tatbestandlich auch erfasst sein. Dem Missbrauch ist dabei durch die weiterhin mögliche Vorsatzanfechtung bei erkannter Unlauterkeit eine Grenze gesetzt. Der Erwerb pfändungsfreier Güter und Dienstleistungen muss ferner möglich sein, da in Extremfällen andernfalls der Sozialstaat eingreifen müsste, was das Insolvenzrisiko zumindest teilweise auch auf völlig unbeteiligte Steuerzahler abwälzen würde, die jedoch im Gegensatz zu den Gläubigern nicht das Insolvenzrisiko übernommen haben.

Ein weiteres Thema ist, ob Gegenleistungen, die in das haftende Vermögen fallen, nur dann vom Bargeschäftsprivileg erfasst sind, wenn sie im haftenden Schuldnervermögen bei Insolvenzeröffnung noch vorhanden sind.

Arbeits- und Dienstleistungen, bei denen die Gegenleistung nicht direkt verwendet werden kann, sollen dabei grundsätzlich vom Bargeschäftsprivileg erfasst sein[166]. Hierbei stellt sich das Problem jedoch auch nur bedingt, da durch Arbeitsleistungen gerade der Haftungsmasse zugute kommendes Vermögen generiert wird und auch Dienstleistungen wie beispielsweise Beratungsleistungen alternativ anfallende Kosten gegebenenfalls entfallen lassen[167]. Gegenleistungen in dieser Form kommen dem Schuldnervermögen daher regelmäßig mittelbar zugute[168].

Außerhalb von Arbeits- und Dienstleistungen wird vertreten, dass die Gegenleistung nicht im Vermögen des Schuldners erhalten bleiben muss[169]. Hierfür sprechen erneut Sinn und Zweck des Bargeschäftsprivilegs. Da das Bargeschäft die Handlungsfähigkeit wahren soll, damit

---

165 K/ P/ B/ *Bartels*, § 142 Rn. 43.

166 BGH, ZIP 2008, 232 Rn. 20; HambK, *Rogge/ Leptien*, § 142 Rn. 2.

167 Ganter, ZIP 2019, 1141, 1144.

168 Ganter, WM 2015, 2117, 2120.

169 BK, *Haas*, § 142 Rn. 11; HambK, *Rogge/ Leptien*, § 142 Rn. 2; K/ P/ B/ *Bartels*, § 142 Rn. 46; Möhlenkamp, DStR 2017, 987, 990; MüKo, *Kirchhof/ Piekenbrock*, § 142 Rn. 6; Uhlenbruck/ *Borries/ Hirte*, § 142 Rn. 15.

der Schuldner Geschäfte tätigen kann, die der Unternehmenssanierung dienen oder die Sanierungsmöglichkeit bewahren, muss der Schuldner mit der Gegenleistung auch arbeiten und diese verbrauchen können. Dürfte der Schuldner zwar Rohstoffe einkaufen, diese jedoch nicht verarbeiten oder verbrauchen, wäre der Schutz des Einkaufs selbst sinnlos. Jedenfalls solange die Gegenleistung dem Zwecke des Bargeschäftsprivilegs entsprechend verbraucht wird, ist sie vom Bargeschäftsprivileg erfasst.

Doch auch für den Fall, dass die Gegenleistung für einen anderen als für einen vom Bargeschäftsprivileg umfassten Zweck verwendet wird, muss das Bargeschäftsprivileg greifen können. Hierfür streitet der Vertrauensschutz des Geschäftspartners. Die Anfechtbarkeit kann grundsätzlich nicht davon abhängen, wie der Schuldner mit der Gegenleistung weiter verfährt, da dies für den Geschäftspartner nicht immer erkennbar ist und die Entscheidung über die weitere Verfahrensweise oftmals erst nach Durchführung des Bargeschäfts getroffen wird. Die Unanfechtbarkeit eines Bargeschäfts kann nach seiner Durchführung nicht durch ein anschließendes Verhalten des Schuldners rückwirkend entfallen, auf das der Gläubiger keinen Einfluss hat und das er oftmals nicht einmal zu erkennen vermag. Dies würde ein solches Risiko für den Geschäftspartner bedeuten, dass er nicht mehr mit dem Schuldner kontrahieren würde und damit das Ziel des Bargeschäftsprivilegs nicht mehr erreicht werden könnte. Fälle, in denen die Schutzwürdigkeit des Anfechtungsgegners und des Schuldners anders zu beurteilen sind und eine Anfechtung geboten erscheint, sind über die Unlauterkeit zu lösen und nicht über die Voraussetzungen des Bargeschäfts.

Ferner kann die Gesetzesbegründung zur Reform herangezogen werden, nach welcher ein konkreter Nutzen der Gegenleistung nicht mehr notwendig sein soll[170]. Auch wenn sich dieser Hinweis wohl auf die Rechtsprechung zum „Mühlen-Fall“[171] bezieht, hat er doch zwingend zur Folge, dass Gegenleistungen, die keinen Nutzen mehr für die Gläubiger haben, weil sie nicht mehr in der Masse fortbestehen, trotzdem vom Bargeschäft erfasst werden.

170 Vgl. auch Ganter, WM 2015, 2117, 2120 mVa Begr. RegE, S. 19; s. jetzt BT-Drucks. 18/7054, S. 19.

171 BGH, ZIP 2015, 585–589; vgl. hierzu unter D. III. 2. a. bb.

### 2. Zwischenergebnis

Auch pfändungsfreie Gegenstände, die nicht in die haftende Masse geleistet werden, können unter das Bargeschäftsprivileg fallen, wenn die übrigen Tatbestandsmerkmale erfüllt sind. Gegenleistungen, die in das haftende Vermögen fallen, sind auch dann privilegiert, wenn sie bei Verfahrenseröffnung nicht mehr in der Haftungsmasse vorhanden sind.

## II. Verknüpfung von Leistung und Gegenleistung

Aus dem Wortlaut des § 142 InsO, wonach die schuldnerische Leistung für die Gegenleistung gewährt werden muss, wird das Erfordernis einer (vertraglichen) Verknüpfung der beiden Leistungen durch Parteivereinbarung abgelesen[172]. Gefordert wird mehr als ein rein „wirtschaftlicher Zusammenhang“[173] oder bloße Kausalität[174] zwischen Leistung und Gegenleistung. Die geforderte Verknüpfung liege mangels Parteivereinbarung beispielsweise nicht bei der Abführung von Lohnsteuer[175] oder bei der Zahlung von Sozialversicherungsbeiträgen[176] durch den Arbeitgeber vor. Das Erfordernis einer Verknüpfung der Leistungen begründet der BGH damit, dass solche Geschäfte, die nicht dem Stand ihrer Vereinbarung vor Erbringung der ersten Leistung entsprechend durchgeführt werden, nicht zu privilegieren seien[177].

Mit Hinweis auf das Erfordernis einer Verknüpfung von Leistung und Gegenleistung durch Parteivereinbarungen nimmt ein Großteil

---

172 BGH, ZIP 2016, 279 Rn. 21; BGH, ZIP 2014, 1491 Rn. 10; BGH, ZIP 1993, 1653, 1655; Braun/ *Riggert*, § 142 Rn. 14; HambK, *Rogge/ Leptien*, § 142 Rn. 3; HK, *Thole*, § 142 Rn. 4; Lwowski/ Wunderlich, WM 2004, 1511, 1512; MüKo, *Kirchhof/ Piekenbrock*, § 142 Rn. 7; so auch BT-Drucks. 12/2443, S. 167 zu § 161; a. A. K/ P/ B/ *Bartels*, § 142 Rn. 49.

173 BGH, ZIP 2010, 682 Rn. 30; HK, *Thole*, § 142 Rn. 3; MüKo, *Kirchhof/ Piekenbrock*, 142 Rn. 7.

174 HambK, *Rogge/ Leptien*, § 142 Rn. 3; MüKo, *Kirchhof/ Piekenbrock*, 142 Rn. 7.

175 BGH, ZIP 2004, 513, 517.

176 BGH, ZIP 2006, 290 Rn. 17.

177 BGH, ZIP 2003, 488, 493; BGH, ZIP 1993, 1653, 1655.

von Lehre und Rechtsprechung inkongruente Deckungen aus dem Anwendungsbereich des Bargeschäftsprivilegs heraus[178]. Diese Begrenzung ist zwar nicht unumstritten[179] und wurde in der Rechtsprechung zur KO[180] anfänglich noch anders gesehen; der BGH gab die Rechtsprechung zur KO mit Urteil vom 30.09.1993 jedoch auf[181]. Mitunter wird die Unanwendbarkeit des Bargeschäftsprivilegs auf inkongruente Deckungen mit dem Zweck des Bargeschäftsprivilegs begründet, welches lediglich darauf ziele, den Schuldner nicht vollständig vom Verkehr auszuschließen, was jedoch auch dann erreicht werde, wenn der Schuldner nur kongruente Geschäfte führen könne[182].

Eine Begrenzung auf kongruente Deckungen ist jedoch schwerlich mit der Gesetzesbegründung zu § 142 InsO zu vereinbaren, nach welcher Bargeschäfte entsprechend der Rechtslage zur KO weder der Kongruenz- noch der Inkongruenzanfechtung unterliegen sollen[183], und ergibt sich nicht aus dem Wortlaut[184]. Auch Sinn und Zweck des Bargeschäftsprivilegs sprechen dafür, inkongruente Deckungen ebenfalls vom Privileg zu erfassen und von der Anfechtung auszunehmen. Die übrigen Voraussetzungen des § 142 InsO gewährleisten genügend Schutz für die Gläubigergesamtheit. Zudem führt eine Leistungsänderung nicht zwingend dazu, dass die Schutzbedürftigkeit einer der Bargeschäftsparteien entfällt oder die Gläubigergesamtheit schlechter steht. Ferner bezieht sich der Wortlaut „für die" des § 142 InsO gerade

178 BGH, ZIP 2011, 438 Rn. 18; BGH, ZIP 2007, 1162 Rn. 10; BGH, ZIP 1993, 1653, 1656; vgl. auch BGH, ZIP 2006, 1261 Rn. 28; BK, *Haas*, § 142 Rn. 17; Braun/ *Riggert*, § 142 Rn. 14; HK, *Thole*, § 142 Rn. 13; K. Schmidt/ *Ganter/ Weinland*, § 142 Rn. 23; Kayser, FS G. Fischer, 267, 272; Mohrbutter/ Ringstmeier/ *Glatt*, Kap. 9 Rn. 62; Nerlich/ Römermann/ *Nerlich*, § 142 Rn. 10; W/ D/ W/ G/ *Dauernheim*, Kap. 7 Rn. 68; F. v. Wiedersperg, S. 100; ohne Hinweis auf den Wortlaut auch Huber, ZIP 2020, 15, 16.

179 Vgl. Bork, FS Kirchhof, 57, 67; GK, *Bruhn*, § 142 Rn. 32 ff.; Jaeger/ *Henckel*, § 142 Rn. 8; Kummer/ B. Schäfer/ Wagner/ *Wagner*, § 142 Rn. O13, O67 f.; K/ P/ B/ *Bartels*, § 142 Rn. 65; Lwowski/ Wunderlich, FS Kirchhof, 301, 304 ff.; MüKo, *Kirchhof/ Piekenbrock*, § 142 Rn. 12; Paulus, FS G. Fischer, 445, 454.

180 BGH, ZIP 1992, 778, 778; BGH, ZIP 1980, 518, 519; BGH, WM 1978, 133, 135.

181 BGH, ZIP 1993, 1653, 1656; s. auch Lwowski/ Wunderlich, WM 2004, 1511, 1512.

182 Kayser, FS G. Fischer, 267, 272.

183 BT-Drucks. 12/2443, S. 167 zu § 161; auch MüKo, *Kirchhof/ Piekenbrock*, § 142 Rn. 12; GK, *Bruhn*, § 142 Rn. 32 heben dies hervor.

184 Jaeger/ *Henckel*, § 142 Rn. 8.

auf die Gegenleistung und nicht auf den Vertragsschluss. Die Formulierung bringt demnach mehr den Gedanken des do ut des-Prinzips zum Ausdruck als den der Kongruenz. Die nachträgliche Änderung einer Leistung hebt nicht das synallagmatische Verhältnis („für die") von Leistung und Gegenleistung auf.

Zuletzt soll der Schuldner nicht völlig vom Geschäftsverkehr ausgeschlossen werden, damit er das Unternehmen vorerst fortführen kann. Dazu können jedoch auch inkongruente Geschäfte erforderlich sein, sodass unter Verweis auf den Zweck des Bargeschäftsprivilegs nicht pauschal inkongruente Deckungen von dessen Anwendungsbereich ausgenommen werden können.

## III. Gleichwertigkeit

Dem Wortlaut deutlich leichter zu entnehmen ist das Erfordernis der Gleichwertigkeit von Leistung und Gegenleistung. Maßgeblich ist, dass beim Schuldner nur eine Umschichtung des Vermögens stattfindet[185]. Die Anwendung des Bargeschäftsprivilegs auf unentgeltliche Geschäfte scheitert mithin auch am Erfordernis der Gleichwertigkeit[186]. Gleichwertigkeit ist dabei nicht mit Gleichartigkeit zu verwechseln, die nicht von § 142 Abs. 1 InsO gefordert wird[187]. Deshalb kommt es auch nicht darauf an, ob auf die Gegenleistung weniger gut zugegriffen oder sie weniger gut verwertet werden kann[188]. Andernfalls stünde in vielen Fällen schon die Gläubigerbenachteiligung der Gleichwertigkeit entgegen, wodurch der Anwendungsbereich des Bargeschäftsprivilegs deutlich verkürzt würde.

Die Gleichwertigkeit bemisst sich unter Berücksichtigung aller Einzelfallumstände objektiv anhand wirtschaftlicher Maßstäbe[189], wobei leichte wertmäßige Varianzen der Gleichwertigkeit nicht entgegen-

185 BGH, ZIP 1993, 1653, 1654; HK, *Thole*, § 142 Rn. 6; MüKo, *Kirchhof/ Piekenbrock*, § 142 Rn. 13; Wessels, ZIP 2004, 1237, 1245.

186 BK, Haas § 142 Rn. 11.

187 Braun/ *Riggert*, § 142 Rn. 3; Lwowski/ Wunderlich, WM 2004, 1511, 1513.

188 Braun/ *Riggert*, § 142 Rn. 3; HK, *Thole*, § 142 Rn. 6; Lwowski/ Wunderlich, WM 2004, 1511, 1513.

189 Braun/ *Riggert*, § 142 Rn. 3; HambK, *Rogge/ Leptien*, § 142 Rn. 15 mwN; Lwowski/ Wunderlich, WM 2004, 1511, 1513.

stehen[190]. Mittelbare Vorteile des Schuldners sind dabei außer Betracht zu lassen[191]. Unter Berücksichtigung des Telos des § 142 InsO ist mangels Verringerung des Vermögens des Schuldners auch dann von Gleichwertigkeit auszugehen, wenn der Wert der Gegenleistung des Anfechtungsgegners den der Leistung des Schuldners übersteigt[192].

## IV. Unmittelbarkeit

Die Gegenleistung muss darüber hinaus unmittelbar in das Vermögen des Schuldners gelangt sein, womit ein zeitlich naher Zusammenhang der Leistungen gemeint ist[193]. Während das Reichsgericht anfangs noch eine Zug-um-Zug-Leistung voraussetzte[194], fordert der BGH vor dem Hintergrund der Handlungsfähigkeit des Schuldners nur noch einen engen zeitlichen Zusammenhang[195] und erachtet einen geringen zeitlichen Abstand als unschädlich[196]. Dies entspricht auch in der Literatur der heute herrschenden Meinung[197] und zumindest bei Arbeitslohnzahlungen auch dem Willen des Gesetzgebers, vgl. § 142 Abs. 2 S. 1 InsO.

Eine allgemeingültige Definition oder zeitliche Grenze besteht zwar nicht, maßgeblich ist jedoch, ob die Grenze vom Bargeschäft zum

190 Braun/ *Riggert*, § 142 Rn. 3; HambK, *Rogge/ Leptien*, § 142 Rn. 15; MüKo, *Kirchhof/ Piekenbrock*, 142 Rn. 13.

191 Lwowski/ Wunderlich, WM 2004, 1511, 1513 mwN.

192 BGH, ZIP 2014, 1491 Rn. 13; HambK, *Rogge/ Leptien*, § 142 Rn. 14; HK, *Thole*, § 142 Rn. 6; Lwowski/ Wunderlich, WM 2004, 1511, 1513; MüKo, *Kirchhof/ Piekenbrock*, § 142 Rn. 13.

193 Braun/ *Riggert*, § 142 Rn. 18; Gerhardt, FS Brandner, 605, 611; Wessels, ZIP 2004, 1237, 1245.

194 Vgl. RGZ 100, 62, 64.

195 BGH, ZIP 2014, 1491 Rn. 15; BGH, ZIP 2007, 1469 Rn. 51; BGH, ZIP 2006, 1261 Rn. 31; BGH, ZIP 2002, 812, 814; auf 2–3 Wochen abstellend auch BGH, ZIP 1993, 1653, 1653; BGH, ZIP 1980, 518, 519; BGH, WM 1959, 28, 29.

196 BGH, ZIP 1992, 778, 778; BGH, WM 1978, 133, 135.

197 Hess, § 142 Rn. 3, 11; Hess/ Weis, § 142 Rn. 8; HK, *Thole*, § 142 Rn. 7; K/ P/ B/ *Bartels*, § 142 Rn. 97; Lwowski/ Wunderlich, WM 2004, 1511, 1514; MüKo, *Kirchhof/ Piekenbrock*, § 142 Rn. 26; Würdinger, KTS 2015, 315, 326 f.; so auch BT-Drucks. 12/2443, S. 167 zu § 161.

Kreditgeschäft übertreten ist[198], wobei die Höchstgrenze teilweise nach dem Rechtsgedanken des § 286 Abs. 3 BGB bei 30 Tagen angesetzt wird[199]. Die Bewertung erfolgt wertungsabhängig[200] und anhand der Anschauungen und Gepflogenheiten im Verkehr[201], wie § 142 Abs. 2 S. 1 InsO nun ebenfalls klarstellt. Dabei ist beispielsweise zu berücksichtigen, um welche Art von Gütern es sich handelt oder ob Handelsbräuche bestehen[202].

Welche der beiden Seiten vorleistet, ist grundsätzlich unerheblich[203]. Allerdings ist bei Bemessung der zulässigen Zeitspanne zu beachten, dass großzügigere zeitliche Anforderungen zu stellen sind, wenn der Schuldner vorleistet, als wenn der Vertragspartner vorleistet, da der Vertragspartner nur im zweiten Fall als Insolvenzgläubiger dem Gläubigergleichbehandlungsgrundsatz unterliegt[204].

Wird die im Einzelfall zulässige zeitliche Grenze durch Verzögerungen überschritten, ist maßgeblich, wer dies zu verantworten hat[205]. Verzögerungen durch Dritte, wie beispielsweise das Grundbuchamt, lassen die Unmittelbarkeit nicht entfallen[206].

Für Arbeitsentgelt sind in § 142 Abs. 2 S. 2, 3 InsO mit der Reform Sonderregeln eingeführt worden. Nach § 142 Abs. 2 S. 2 ist ein enger zeitlicher Zusammenhang im Sinne der Unmittelbarkeit noch bei bis zu drei Monaten gegeben. § 142 Abs. 2 S. 3 setzt die Gewährung von Arbeitsentgelt durch den Schuldner der Gewährung durch einen Drit-

198 Braun/ *Riggert* § 142 Rn. 18; HambK, *Rogge/ Leptien*, § 142 Rn. 8; Hess, § 142 Rn. 12; Lwowski/ Wunderlich, WM 2004, 1511, 1514; MüKo, *Kirchhof/ Piekenbrock*, § 142 Rn. 27; Thole, ZIP 2017, 401, 408; s. auch BT-Drucks 12/2443, S. 167 zu § 161.

199 BGH, ZIP 2007, 1469 Rn. 51; BGH, ZIP 2006, 1261 Rn. 35; Braun/ *Riggert*, § 142 Rn. 18; HambK, *Rogge/ Leptien*, § 142 Rn. 8; HK, *Thole*, § 142 Rn. 7; Tolani, ZIP 2018, 1997, 2001; Würdinger, KTS 2015, 315, 327.

200 Thole, ZIP 2017, 401, 408.

201 BGH, ZIP 2014, 1491 Rn. 15; BGH, ZIP 2006, 1261 Rn. 31.

202 K/ P/ B/ *Bartels*, § 142 Rn. 105.

203 Bork, FS Kirchhof, 57, 66; Braun/ *Riggert*, § 142 Rn. 18; HK, *Thole*, § 142 Rn. 3; B. Schäfer, Rn. 177.

204 Gerhardt, FS Brandner, 605, 611.

205 Lwowski/ Wunderlich, FS Kirchhof, 301, 308 ff.; Lwowski/ Wunderlich, WM 2004, 1511, 1515.

206 BGH, WM 1955, 404, 406 f.; BGH, WM 1977, 254, 255; HambK, *Rogge/ Leptien*, § 142 Rn. 9; Hess, § 142 Rn. 11; Lwowski/ Wunderlich, FS Kirchhof, 301, 309; Lwowski/ Wunderlich, WM 2004, 1511, 1515.

ten im Sinne des § 267 BGB gleich, wenn für den Arbeitnehmer nicht erkennbar war, dass ein Dritter die Leistung bewirkt hat. Mit § 142 Abs. 2 ist die Rechtsprechung des BAG zur Unmittelbarkeit nun Gesetz geworden[207] und damit die uneinheitliche Beurteilung der Anfechtung von Arbeitsentgelten durch BGH und BAG nun zugunsten des BAG entschieden[208].

## V. Rechtsfolge

Sind alle obigen Tatbestandsvoraussetzungen erfüllt, greift die Rechtsfolge des § 142 Abs. 1 InsO. Eine Anfechtung ist dann nur noch nach § 133 Abs. 1–3 InsO möglich, wenn der Anfechtungsgegner erkannt hat, dass der Schuldner unlauter gehandelt hat[209]. Im Falle einer Anfechtung nach § 133 Abs. 1–3 InsO normiert § 142 Abs. 1 InsO also keinen generellen Ausschluss der Anfechtung, sondern schafft eine Hürde für die Anfechtbarkeit.

207 Hacker, NZI 2017, 148, 150; HambK, *Rogge/ Leptien*, § 142 Rn. 6; HK, *Thole*, § 142 Rn. 9.

208 Braun/ *Riggert*, § 142 Rn. 21.

209 Auch BeckOK, Schoon, § 142 Rn. 22; Kummer/ B. Schäfer/ Wagner/ *Wagner*, § 142 Rn. O124 ff.; MüKo, *Kirchhof/ Piekenbrock*, § 142 Rn. 36 verorten die Unlauterkeit in der Rechtsfolge.

# D. Der Grund für die Reform des Anfechtungsrechts

## I. Kritik an der Anfechtungspraxis

Um eine Auslegung des neu eingeführten Unlauterkeitsbegriffs möglichst nah am gesetzgeberischen Willen zu gewährleisten, ist es unerlässlich, den Anlass und Zweck der Gesetzesänderung zu untersuchen, mit welcher der Begriff in § 142 Abs. 1 InsO eingeführt wurde.

Grund für die Gesetzesänderung war, dass die Handhabung des Anfechtungsrechts in der Wirtschaft und der Literatur als zu anfechtungsfreundlich wahrgenommen wurde[210]. Die Rechtsprechung hatte nach Ansicht ihrer Kritiker das Anfechtungsrecht zu sehr ausdifferenziert[211]. Dies führe zu einer Ausuferung der Anfechtungspraxis wie auch zu erheblichen Rechtsunsicherheiten und Beeinträchtigungen im Rechtsverkehr[212]. Es wurde beklagt, dass das weite Anfechtungsrecht Unternehmen verunsichere und so milliardenschwere Folgen bei der Vergabe von Krediten verursache[213]. Im Mittelpunkt der Kritik stand, dass die Rechtsprechung mit ihrer Ausdehnung der Vorsatzanfechtung die Anfechtung von Deckungshandlungen nach den §§ 130; 131 InsO überlagere und § 133 InsO so zu einem „Generaltatbestand" verkehre[214]. Zu den Hauptkritikern der Rechtsprechung zählten der Bundesverband der Deutschen Industrie (BDI) und der Zentralverband des Deutschen Handwerks (ZDH), die der Rechtsprechung in einem gemeinsamen Positionspapier eine inflationäre und zu weit gehende

---

210 Borsch/ Matzen, ZInsO 2685, 2689; Willemsen/ Kühn, BB 2015, 3011, 3011 f.

211 Bork, ZIP 2008, 1041, 1049; Wimmer, jurisPR-InsR 5/2017 Anm. 1, S. 1.

212 Forderungspapier, S. 1, 4; s. auch Foerste, WM 2014, 1213, 1213; Kummer/ B. Schäfer/ Wagner/ *Wagner*, § 142 Rn. O16a; Wimmer, jurisPR-InsR 5/2017 Anm. 1, S. 1; BT-Drucks 18/7054, ab S. 10.

213 Paschen, ZInsO 2014, 2485, 2486.

214 Ehmann, GWR 2018, 81, 81; nach Paulus, FS G. Fischer, 445, 458 mache § 133 InsO die übrigen Anfechtungstatbestände überflüssig.

Handhabung des § 133 InsO attestierten[215]. Die Reformbefürworter sprachen sich deshalb für eine Eindämmung der Rechtsprechung des IX. Zivilsenates des BGH zur Insolvenzanfechtung aus[216].

### 1. Vorwürfe in Bezug auf die Vorsatzanfechtung

In der Kritik der Wirtschaft stand insbesondere die Vorsatzanfechtung nach § 133 InsO[217]. Die Anwürfe richteten sich konkret gegen die von der Rechtsprechung entwickelten Beweisanzeichen, welche die Beweisführung im Rahmen der subjektiven Anfechtungsvoraussetzungen erleichtern sollten[218]. Besonderer Kritik waren die Beweisanzeichen zur Kenntnisvermutung in § 133 Abs. 1 S. 2 InsO ausgesetzt[219]. Als Grund für die weite Anfechtungspraxis wurde der zu offene Wortlaut, ebenso wie die „Aneinanderreihung subjektiver Merkmale" und das Zurückgreifen auf „Beweisanzeichen und Anknüpfungstatsachen" benannt[220]. Durch seine extensive Handhabung des § 133 InsO greife der BGH in das rechtspolitisch austarierte Verhältnis von Masse- und Verkehrsschutz ein[221]. Darüber hinaus wurde dem einer Vorsatzanfechtung entgegenstehenden Institut der bargeschäftsähnlichen Lage vorgeworfen, systemwidrig zu sein[222]. Ziel der Kritiker war es, eine Einschränkung der Vorsatzanfechtung zu erreichen, indem deren Voraussetzungen geändert[223] und das Bargeschäftsprivileg des § 142 InsO auf die Vorsatzanfechtung erstreckt wird[224].

215 Positionspapier, ZInsO 2013, 2312, 2312.
216 Bork, ZIP 2008, 1041, 1045.
217 V. Oppen, WM 2017, 926, 926.
218 Maier, ZInsO 2015, 2262, 2262 f.; Positionspapier, ZInsO 2013, 2312, 2312.
219 Forderungspapier, S. 4.
220 Positionspapier, ZInsO 2013, 2312, 2312.
221 Foerste, FS Picker, 227, 232.
222 Foerste, FS Picker, 227, 246 f.; Foerste, ZInsO 2013, 897, 900.
223 Forderungspapier, S. 1, 3, 6.
224 Forderungspapier, S. 7.

### 2. Reaktion des Gesetzgebers

Der Gesetzgeber versuchte, den Forderungen der Kritiker der Anfechtungspraxis jedenfalls zum Teil durch das Reformgesetz nachzukommen. Mit dem Ziel, die Rechtssicherheit zu verbessern, unterwarf der Gesetzgeber das Insolvenzanfechtungsrecht mehreren Änderungen[225]. Dadurch sollten die Vorsatzanfechtung vorhersehbarer gestaltet und die Gläubigerinteressen stärker berücksichtigt werden[226]. Der Gesetzgeber hat die Vorwürfe an die Rechtsprechungspraxis nicht vollständig im Rahmen des § 133 InsO aufgegriffen, sondern insbesondere durch Aufnahme der Regelung in § 142 Abs. 1 InsO berücksichtigt, dass eine Anfechtung nach § 133 Abs. 1–3 InsO nur noch bei erkannter Unlauterkeit möglich ist. Daher scheint ein vertiefter Blick auf § 133 InsO und dessen Handhabung unausweichlich, um den Unlauterkeitsbegriff auszulegen.

## II. Die Vorsatzanfechtung

§ 133 Abs. 1 S. 1 InsO, der keine Änderungen durch die Reform erfahren hat, bestimmt, dass eine Rechtshandlung anfechtbar ist, die der Schuldner in den letzten zehn Jahren vor dem Antrag auf Eröffnung des Insolvenzverfahrens oder nach diesem Antrag mit dem Vorsatz, seine Gläubiger zu benachteiligen, vorgenommen hat, wenn der andere Teil zur Zeit der Handlung den Vorsatz des Schuldners kannte.

### 1. Tatbestand

Wie jeder Anfechtungstatbestand setzt § 133 Abs. 1 S. 1 InsO nach § 129 Abs. 1 InsO objektiv zunächst eine die Insolvenzgläubiger benachteiligende Rechtshandlung vor Eröffnung des Insolvenzverfahrens voraus. § 133 Abs. 1 S. 1 InsO spezifiziert die Voraussetzungen insofern, als eine Rechtshandlung des Insolvenzschuldners vorliegen muss,

225 BT-Drucks. 18/7054, S. 1.
226 BT-Drucks. 18/7054, S. 1 f.

die nicht länger als 10 Jahre zurückliegen darf. Seit der Reform ist dieser Zeitraum nach § 133 Abs. 2 InsO n. F. bei Deckungshandlungen auf vier Jahre verkürzt.

Die Gläubigerbenachteiligung kann bei § 133 Abs. 1 InsO auch mittelbar eintreten. Dies ergibt sich e contrario aus den anderen Anfechtungsvorschriften (s. o.) und daraus, dass auch unter den Voraussetzungen des § 142 InsO, der eine unmittelbare Gläubigerbenachteiligung durch das Gleichwertigkeitserfordernis ausschließt, eine Anfechtung nach § 133 InsO weiterhin möglich ist[227].

In subjektiver Hinsicht setzt die Vorsatzanfechtung zum einen Gläubigerbenachteiligungsvorsatz des Schuldners und zum anderen Kenntnis des Anfechtungsgegners davon zur Zeit der Rechtshandlung voraus. Im Falle eines entgeltlichen Vertrages mit einer nahestehenden Person ist der maßgebliche Zeitpunkt für die Kenntnis des Anfechtungsgegners nach § 133 Abs. 4 S. 2 InsO der Vertragsschluss. Für den Gläubigerbenachteiligungsvorsatz genügt (entsprechend dem Vorsatz im Strafrecht[228]) bereits dolus eventualis, wenn der Schuldner die Gläubigerbenachteiligung also billigend in Kauf nimmt[229]. Das einst vom BGH aufgestellte Erfordernis einer Unlauterkeit wird von diesem nicht mehr gefordert[230].

## 2. Gesetzliche Beweislastverteilung

Von den Tatbestandsanforderungen zu trennen ist zum einen die Beweislast, also die Frage danach, wer die Voraussetzungen im Prozess zu beweisen hat (dazu sogleich), und zum anderen, welche Anforderungen überhaupt an den Beweis gestellt werden (dazu unter III.)[231].

Im Zivilprozess und damit auch im insolvenzrechtlichen Anfechtungsprozess gilt der Grundsatz, dass jede Partei die für sie günstigen

227 Jacoby, KTS 2009, 3, 9.

228 Jacoby, KTS 2009, 3, 10.

229 BGH, ZIP 2003, 1506, 1509; Braun/ *de Bra*, § 133 Rn. 11 mwN; bereits zur Absichtsanfechtung der KO auch BGH, ZIP 1998, 830, 835.

230 BGH, ZIP 2003, 1799, 1800; für Kritik vgl. nur Foerste, NZI 2006, 6, 8.

231 S. auch Thole, KTS 2007, 293, 301.

Tatsachen beweisen muss[232] – der Anspruchsteller also die den Anspruch begründenden Voraussetzungen[233]. Den Insolvenzverwalter trifft demnach die Beweislast für die Voraussetzungen der Anfechtungsklage[234] und somit insbesondere für den subjektiven Tatbestand.

Die Beweisführung wird durch die Vermutungsregel des § 133 Abs. 1 S. 2 InsO erleichtert. Die Kenntnis des Anfechtungsgegners vom Gläubigerbenachteiligungsvorsatz wird vermutet, wenn der Anfechtungsgegner wusste, dass die Zahlungsunfähigkeit des Schuldners drohte und die Handlung die Gläubiger benachteiligte. Bei einer kongruenten Deckungshandlung tritt nach § 133 Abs. 3 S. 1 InsO n. F. anstelle der drohenden nun die eingetretene Zahlungsunfähigkeit. Dabei wird nach § 133 Abs. 3 S. 2 InsO n. F. bei Zahlungserleichterungen vermutet, dass der Anfechtungsgegner zur Zeit der Handlung keine Kenntnis von der Zahlungsunfähigkeit hatte.

Auch die gesetzliche Vermutung des § 17 Abs. 2 S. 2 InsO erleichtert den Beweis in Verbindung mit weiteren vom BGH entwickelten Beweiserleichterungen.

Handelt es sich bei dem Anfechtungsgegner um eine nahestehende Person im Sinne des § 138 InsO, regelt § 133 Abs. 4 S. 2 InsO unter den dortigen Voraussetzungen ferner eine Beweislastumkehr zu Lasten des nahen Angehörigen.

## III. Die Handhabung der subjektiven Voraussetzungen durch die Rechtsprechung

Die Handhabung der subjektiven Voraussetzungen des § 133 Abs. 1 S. 1 InsO durch den BGH ist durch einen verstärkten Gebrauch von Vermutungsregeln geprägt, die der BGH entwickelt hat, um die subjektiven Voraussetzungen der Vorsatzanfechtung herzuleiten[235]. Daneben hat der BGH auch Gegenvermutungen gegen den Gläubigerbe-

232 Thomas/ Putzo/ *Seiler*, Vor. § 284 Rn. 23.

233 ZPO, Musielak/ Voit/ *Foerste*, § 286 Rn. 35; ZPO, Zöller/ *Greger*, Vor. § 284 Rn. 17a.

234 HambK, *Rogge/ Leptien*, § 133 Rn. 35; HK, *Thole*, § 133 Rn. 18; MüKo, *Kayser/ Freudenberg*, § 133 Rn. 22.

235 Kayser, WM 2013, 293, 293.

nachteiligungsvorsatz entwickelt. Dieses vom BGH entwickelte System modifiziert der Gesetzgeber nunmehr durch das neu eingeführte Unlauterkeitsmerkmal.

### 1. Anfechtungsfreundliche Vermutungen und Indizien im subjektiven Tatbestand

Der BGH greift im Rahmen seiner Vermutungen auf objektive Umstände als Indizien zurück, welche die Beweisanforderungen für den Insolvenzverwalter herabsetzen. In seiner neueren Rechtsprechung stellt der BGH vermehrt klar, dass die Indizien und Vermutungsregeln nicht schematisch angewandt werden dürfen, sondern es auf eine Gesamtabwägung ankommt.[236]

#### a. Grund für die Vermutungen

Das Erfordernis gewisser Beweiserleichterungen im Anfechtungsrecht ergibt sich daraus, dass der Nachweis subjektiver Tatbestandsmerkmale für den beweispflichtigen Insolvenzverwalter[237] äußerst schwierig ist[238]. Denn subjektive Merkmale sind einem Beweis überhaupt nur bedingt zugänglich und in der Regel nur aus dem Wissen um objektive Umstände abzuleiten[239].

Im Rahmen des § 133 Abs. 1 S. 1 InsO ergeben sich insbesondere hinsichtlich des Gläubigerbenachteiligungsvorsatzes besondere Beweisschwierigkeiten für den Insolvenzverwalter. Dies liegt daran, dass eine Gläubigerbenachteiligung üblicherweise nicht Leitmotiv des Schuldners ist, sondern (wenn überhaupt) nur als notwendige Konsequenz des eigentlichen Motives, beispielsweise der Wahrung eines gu-

236 BGH, ZIP 2013, 2368 Rn. 7; BGH, ZIP 2010, 841 Rn. 18; BGH, ZIP 2009, 1966 Rn. 8.

237 HambK, *Rogge/ Leptien*, § 133 Rn. 35; HK, *Thole*, § 133 Rn. 18; MüKo, *Kayser/ Freudenberg*, § 133 Rn. 22 (s. o.).

238 Bork, ZIP 2004, 1684, 1688; vgl. auch Karrasch, S. 26.

239 BGH, WM 2010, 1756 Rn. 9; BGH, ZIP 2009, 1966 Rn. 8; Bartels, KTS 2016, 301, 311; s. auch G. Fischer, NZI 2008, 588, 592; Uhlenbruck/ *Borries/ Hirte*, § 133 Rn. 60.

ten Rufes, erkannt und in Kauf genommen wird[240]. Damit wäre jedoch lediglich das kognitive Element des Vorsatzes, nicht jedoch das voluntative belegt. Für die Darlegung der voluntativen Komponente bleibt dem Insolvenzverwalter nichts anderes übrig, als sie „mittelbar aus objektiven Tatsachen" herzuleiten[241]. Weiß der Schuldner, dass seine Handlung die Gläubiger benachteiligt, schließt der BGH deshalb auch auf den Willen dazu[242], sodass das kognitive Element das voluntative indiziert[243]. Um den Beweisschwierigkeiten des Insolvenzverwalters zu begegnen, lässt der BGH es schon genügen, dass der Schuldner die Benachteiligung für möglich hält, sie aber in Kauf nimmt, selbst wenn die Benachteiligung nur erkannte Folge eines anderen, eigentlich gewollten Erfolges ist[244]. Dabei ist es jedoch nicht notwendig, dass bereits bei Vornahme der Rechtshandlung des Anfechtungsgegners weitere Gläubiger existierten[245]; es genügt vielmehr die Kenntnis davon, dass im Insolvenzfall weitere Gläubiger vorhanden sein werden[246]. Zudem hat der BGH selbst Beweisanzeichen entwickelt, um den Beweis der subjektiven Tatbestandsvoraussetzungen zu erleichtern[247].

### b. Indizien für den Gläubigerbenachteiligungsvorsatz des Schuldners

Das erste schwer zu beweisende subjektive Tatbestandsmerkmal des § 133 Abs. 1 S. 1 InsO ist der Gläubigerbenachteiligungsvorsatz des Schuldners. Die Rechtsprechung hat verschiedene Indizien entwickelt, welche die Beweislast auf den Anfechtungsgegner verlagern. Grundsätzlich sind unzählige Beweisanzeichen denkbar, die ein Indiz (mit-) begründen können; am relevantesten sind jedoch das der Inkongruenz und Kenntnis von der Zahlungsunfähigkeit[248].

240 Vgl. Karrasch, S. 23; Jaeger/ *Henckel*, § 31 Rn. 9.
241 HambK, *Rogge/ Leptien*, § 133 Rn. 37; MüKo, *Kayser/ Freudenberg*, § 133 Rn. 22.
242 BGH, ZIP 2009, 91 Rn. 45; BGH, ZIP 1997, 423, 426.
243 Vgl. HK, *Thole*, § 133 Rn. 20.
244 BGH, ZIP 2013, 228 Rn. 15; vgl. auch Foerste, ZInsO 2013, 897, 898.
245 BGH, WM 1955, 407, 412; BGH, ZIP 2010, 841 Rn. 14; BGH, ZIP 2009, 1966 Rn. 5.
246 So auch Jacoby, KTS 2009, 3, 10.
247 Uhlenbruck/ *Borries/ Hirte*, § 133 Rn. 60.
248 G. Fischer, NZI 2008, 588, 593.

### aa. Kenntnis der Zahlungsunfähigkeit

Der BGH vermutet den Gläubigerbenachteiligungsvorsatz, wenn der Schuldner zur Zeit der Rechtshandlung Kenntnis von seiner (auch nur drohenden[249]) Zahlungsunfähigkeit hat, da er in diesem Fall wisse, nicht mehr alle Gläubiger befriedigen zu können[250]. Zum Teil stützt der BGH diese Vermutung auf § 133 Abs. 1 S. 2 InsO[251], wonach die Kenntnis des Anfechtungsgegners vom Gläubigerbenachteiligungsvorsatz vermutet wird, wenn dieser von der drohenden Zahlungsunfähigkeit und der Gläubigerbenachteiligung wusste. Die gesetzliche Vermutung des § 133 Abs. 1 S. 2 InsO bezieht sich zwar nur auf die Kenntnis des Gläubigers vom Gläubigerbenachteiligungsvorsatz. Vermag jedoch die Kenntnis des Anfechtungsgegners von der Zahlungsunfähigkeit seine Kenntnis vom Gläubigerbenachteiligungsvorsatz zu begründen, so der BGH, könne sie auch den Gläubigerbenachteiligungsvorsatz des Schuldners begründen, da für den Schuldner keine höheren Anforderungen gelten dürften[252]. Vereinzelt wird § 133 Abs. 1 S. 2 InsO deshalb – wenn auch nicht im Rahmen höchstrichterlicher Rechtsprechung – analog angewendet[253].

### bb. Gesetzliche Vermutung der Zahlungsunfähigkeit und deren Ausfüllung

Das Indiz der Kenntnis des Schuldners von seiner Zahlungsunfähigkeit erfordert den Nachweis der Zahlungsunfähigkeit durch den Insolvenzverwalter, den der BGH wiederum durch die gesetzliche Vermutung des § 17 Abs. 2 S. 2 InsO, die auch im Insolvenzanfechtungsrecht anwendbar ist[254], erleichtert. Demnach liegt Zahlungsunfähigkeit in der Regel vor, wenn der Schuldner seine Zahlungen eingestellt hat. Auf die Zahlungseinstellung im Rahmen des § 17 Abs. 2 S. 2 InsO schließt

249 BGH, ZIP 2011, 1416 Rn. 8.

250 BGH, ZIP 2013, 228 Rn. 15; BGH, ZIP 2012, 2355 Rn. 28; BGH, WM 2012, 85 Rn. 14; BGH, ZIP 2006, 290 Rn. 25.

251 BGH, ZIP 2011, 1416 Rn. 8; BGH, ZIP 2010, 841 Rn. 19; BGH, ZIP 2006, 1261 Rn. 14.

252 Ebda.

253 OLG Dresden, ZIP 2003, 1716, 1717 wendet im Orientierungssatz § 133 Abs. 1 S. 2 analog an.

254 BGH, ZIP 2011, 1416 Rn. 10; BGH, ZIP 2006, 1457 Rn. 6; s. auch HambK, *Rogge/ Leptien*, § 133 Rn. 30; a. A. Henckel, FS Gerhardt, 361, 363.

der BGH erneut anhand von Beweisanzeichen, wie beispielsweise dem Bestehen von Zahlungsrückständen[255] (vor allem bei Nichtzahlung erheblicher Teile der fälligen Verbindlichkeiten[256]), dauerhaft schleppenden Zahlungsweisen[257] oder Ratenzahlungsvereinbarungen[258]. Nach dem BGH ist auch hier eine Gesamtwürdigung vorzunehmen[259]. Bei der Herleitung des Gläubigerbenachteiligungsvorsatzes aus der Kenntnis der Zahlungsunfähigkeit, bedient sich der BGH also der gesetzlichen Vermutung des § 17 Abs. 2 S. 2 InsO, dessen Beweis auch durch Indizien des BGH erleichtert wird. Der BGH verknüpft so zwei Beweisanzeichen mit einer gesetzlichen Vermutungsregel.

### cc. Inkongruenz

Ein weiteres Beweisanzeichen für den Gläubigerbenachteiligungsvorsatz des Schuldners nimmt der BGH bei Inkongruenz als gegeben an[260]. Dies begründet er damit, dass der Schuldner in aller Regel nicht bereit sei, etwas Anderes als das ursprünglich Geschuldete zu leisten, ohne dass „besondere Beweggründe vorliegen"[261]. Der BGH betont, dass bei Inkongruenz jedoch nicht von einer unwiderlegbaren Vermutung auszugehen sei[262], sondern vielmehr das „Ausmaß der Inkongruenz"[263], ebenso wie eine Gesamtwürdigung entscheidend seien[264]. Die Indizwirkung inkongruenter Leistungen greife dementsprechend nicht, wenn schon die Gefahr einer Insolvenz nicht bestand[265].

---

255 BGH, ZIP 2013, 2015 Rn. 12.
256 BGH, ZIP 2011, 1416 Rn. 12.
257 BGH, ZIP 2013, 2015 Rn. 12; BGH, ZIP 2003, 410, 411.
258 BGH, ZIP 2011, 1416 Rn. 17; für weitere Indizien s. auch BGH, ZIP 2018, 432, 433 ff.
259 Vgl. BGH, ZIP 2011, 1416 Rn. 9.
260 BGH, ZIP 2010, 841 Rn. 18; BGH, ZIP 2006, 290 Rn. 21; BGH, ZIP 2004, 319, 322; BGH, ZIP 1999, 406, 407; BGH, ZIP 1998, 793, 800; BGH, ZIP 1993, 1653, 1655; BGH, ZIP 1984, 572, 580; BGH, WM 1961, 387, 388.
261 BGH, ZIP 1997, 513, 515; vgl. auch Bork, ZIP 2004, 1684, 1688; MüKo, *Kirchhof/ Freudenberg*, § 133 Rn. 29; Uhlenbruck/ *Borries/ Hirte*, § 133 Rn. 101.
262 BGH, ZIP 2010, 841 Rn. 18.
263 BGH, ZIP 1993, 1653, 1655; vgl. auch BGH, ZIP 2005, 769, 770 f.; BGH, ZIP 1997, 853, 855; MüKo, *Kayser/ Freudenberg*, § 133 Rn. 31b.
264 BGH, ZIP 2010, 841 Rn. 18.
265 Henckel, FS Gerhardt, 361, 369.

#### dd. Abwendung von Insolvenzanträgen und Zwangsvollstreckung

Der BGH geht auch von Gläubigerbenachteiligungsvorsatz aus, wenn der Schuldner leistet, um eine drohende Insolvenzantragstellung[266] oder Zwangsvollstreckung[267] zu verhindern. Denn in diesem Fall sei das vorrangige Motiv des Schuldners, die Insolvenzantragstellung zu verhindern beziehungsweise die Rücknahme des Insolvenzantrags zu bewirken[268]. Dazu bevorzuge der Schuldner den Gläubiger, der ihm wegen dessen Antragstellung am gefährlichsten sei und billige eine Benachteiligung der übrigen Gläubiger[269]. Diese anhand von § 31 Nr. 1 KO beziehungsweise § 10 Abs. 1 Nr. 1 GesO entwickelte Rechtsprechung ist nach überwiegender Meinung auf § 133 InsO übertragbar[270].

### c. Indizien für die Kenntnis des Anfechtungsgegners vom Gläubigerbenachteiligungsvorsatz

Die Kenntnis des Anfechtungsgegners vom Gläubigerbenachteiligungsvorsatz des Schuldners stellt den Insolvenzverwalter als subjektives Merkmal ebenfalls vor Beweisschwierigkeiten. Um dem Insolvenzverwalter darüber hinwegzuhelfen, hat die Rechtsprechung auch insoweit beweiserleichternde Indizien zugelassen.

Das Merkmal der Kenntnis vom Gläubigerbenachteiligungsvorsatz ist dabei grundsätzlich „spiegelbildlich“ zum Gläubigerbenachteiligungsvorsatz zu behandeln[271]. Die im Rahmen des Gläubigerbenachteiligungsvorsatzes relevanten Indizien können somit auch zur Bewertung der Kenntnis des Anfechtungsgegners herangezogen werden[272]. Dies ist insbesondere die Inkongruenz. Daneben ist die gesetzliche Vermutung des § 133 Abs. 1 S. 2 InsO von Bedeutung.

---

266 BGH, ZIP 2003, 1506, 1509.

267 BGH, ZIP 2004, 1512, 1513; bei Zahlung an eine bereits anwesende Vollziehungsperson zur Abwendung der unmittelbar bevorstehenden Zwangsvollstreckung liege hingegen keine Rechtshandlung vor, vgl. BGH, ZIP 2005, 494, 497.

268 Zum Insolvenzantrag: BGH, ZIP 2017, 1962 Rn. 20; BGH, NZI 2013, 253 Rn. 17; BGH, ZIP 2003, 1506, 1509.

269 BGH, ZIP 2006, 290 Rn. 21; BGH, ZIP 2003, 1799, 1800.

270 Bork, ZIP 2004, 1684, 1688 mit Diskussion um Übertragbarkeit.

271 BGH, ZIP 2013, 2262 Rn. 13; BGH, ZIP 2012, 137 Rn. 16; BGH, ZIP 1998, 248, 253; HK, *Thole*, § 133 Rn. 35 mwN.

272 HK, *Thole*, § 133 Rn. 41.

### aa. Inkongruenz

Entsprechend der Handhabung des Gläubigerbenachteiligungsvorsatzes indiziert die Kenntnis des Anfechtungsgegners von der Inkongruenz oder von Tatsachen, die diese begründen[273], seine Kenntnis vom Gläubigerbenachteiligungsvorsatz[274]. Auch an dieser Stelle werden teils tatsächliche Illiquidität des Schuldners[275] oder Zweifel des Anfechtungsgegners an der Liquidität des Schuldners bei Eintritt der Wirkungen der Rechtshandlung gefordert[276].

Der BGH begründet die Indizwirkung mit der Überlegung, dass der Anfechtungsgegner bei einer ihn begünstigenden Leistung, auf die er (in der gewährten Form oder zu der gewährten Zeit) keinen Anspruch hat, Verdacht schöpfen müsse[277], denn eine Änderung der Schuld durch den Schuldner sei untypisch und deshalb verdächtig[278]. Auch hier fordert der BGH, eine Gesamtwürdigung vorzunehmen, um von Kenntnis ausgehen zu können[279].

### bb. Ausfüllung des § 133 Abs. 1 S. 2 InsO durch Beweisanzeichen

Die bereits kurz behandelte Vermutung des § 133 Abs. 1 S. 2 InsO ist im Rahmen der Kenntnis vom Gläubigerbenachteiligungsvorsatz direkt anwendbar. Demnach wird die Kenntnis des Anfechtungsgegners widerleglich vermutet, wenn dieser von der (drohenden) Zahlungsunfähigkeit des Schuldners und der Gläubigerbenachteiligung wusste.

Die Beweisführung wird dadurch zwar erleichtert, da der Beweis der Tatbestandsmerkmale des § 133 Abs. 1 S. 2 InsO regelmäßig leichter fällt. Dennoch stellt die gesetzliche Vermutung keine allzu große Beweiserleichterung für den Insolvenzverwalter dar. Denn zum einen

---

273 BGH, ZIP 2006, 290 Rn. 23.

274 BGH, ZIP 2010, 841 Rn. 18; BGH, ZIP 2006, 290 Rn. 23; BGH, ZIP 2004, 319, 322; BGH, ZIP 1999, 406, 407; BGH, ZIP 1993, 1653, 1655.

275 Kayser, WM 2013, 293, 296.

276 BGH, ZIP 2013, 2113 Rn. 14; BGH, ZIP 2012, 2355 Rn. 13; BGH, ZIP 2008, 1385 Rn. 19; BGH, ZIP 2004, 319, 322; BGH, ZIP 1999, 406, 407; HK, *Thole*, § 133 Rn. 41.

277 BGH, ZIP 1997, 513, 515; BGH, ZIP 1993, 1653, 1655.

278 Die Rechtsprechung erläuternd Kayser, WM 2013, 293, 296; s. auch MüKo, *Kirchhof/ Freudenberg*, § 129 Rn. 29.

279 BGH, ZIP 2010, 841 Rn. 18; BGH, ZIP 2012, 137 Rn. 18.

ist die (drohende) Zahlungsunfähigkeit nur anhand eines aufwendigen Liquiditätsplans festzustellen, sodass Dritte, die nicht Wirtschaftsprüfer oder Anwalt des Schuldners sind, schwerlich Kenntnis von der Zahlungsunfähigkeit haben können[280]. Zum anderen enthält auch die Vermutung eine subjektive Komponente, die ihrer Natur nach schwer zu beweisen ist[281].

Eine derart geringe beweiserleichternde Wirkung des § 133 Abs. 1 S. 2 InsO würde dem Zweck der gesetzlichen Vermutung, den Insolvenzverwalter von Beweisschwierigkeiten zu befreien[282], jedoch nicht Rechnung tragen[283]. Der BGH lässt deshalb die Kenntnis des Anfechtungsgegners von auf die (drohende) Zahlungsunfähigkeit zwingend hindeutenden Umständen genügen[284], zieht auch hier § 17 Abs. 2 S. 2 InsO heran[285], um die Vermutungswirkung des § 133 Abs. 1 S. 2 InsO zu erweitern, und füllt § 17 Abs. 2 S. 2 InsO abermals mit Beweisanzeichen aus. Beispielsweise indizieren bestimmte Umstände oder Verhaltensweisen des Schuldners die Kenntnis von der Zahlungseinstellung und dann über den § 17 Abs. 2 S. 2 InsO die Kenntnis von der Zahlungsunfähigkeit in § 133 Abs. 1 S. 2 InsO.

Entsprechend obigen Ausführungen zum Gläubigerbenachteiligungsvorsatz nimmt der BGH ein wichtiges Indiz für die Kenntnis des Anfechtungsgegners von einer drohenden Zahlungsunfähigkeit und einer Gläubigerbenachteiligung an, wenn der Schuldner langfristig beträchtliche Teile seiner Verbindlichkeiten nicht begleichen kann und Kenntnis von der Existenz weiterer Gläubiger hat[286]. Die Kenntnis von anderen Gläubigern wird dabei vermutet, wenn der Schuldner gewerblich tätig ist[287]. Weitere Beweisanzeichen des BGH in diesem Zusammenhang sind Ratenzahlungsvereinbarungen zwischen Schuldner und

280 Karrasch, S. 34.

281 Vgl. Jacoby, KTS 2009, 3, 11.

282 BT-Drucks. 12/2243, S. 160 zu § 148.

283 Lind, S. 97; Karrasch, S. 34.

284 BGH, ZIP 2013, 371 Rn. 28; BGH, WM 2010, 1756 Rn. 9; BGH, ZIP 2009, 1966 Rn. 8; BGH, ZIP 2009, 189 Rn. 10; BGH, ZIP 2007, 1511 Rn. 25; BGH, ZIP 2004, 669, 671; BGH, ZIP 2003, 1799, 1801.

285 Vgl. nur BGH, ZIP 2009, 1966 Rn. 10.

286 BGH, ZIP 2009, 1966 Rn. 10; BGH, ZIP 2007, 1511 Rn. 24; BGH, ZIP 2004, 669, 671.

287 BGH, ZIP 2009, 573 Rn. 16; BGH, ZIP 2003, 1506, 1510.

Gläubiger[288], völliges Schweigen auf eine Rechnung und mehrfache Mahnung[289], das Bestehen erheblicher Steuerrückstände[290] oder die schleppende Zahlung von Steuerschulden, die Durchführung (verschiedener) Vollstreckungsverfahren sowie die Nichtbegleichung beträchtlicher Zahlungsrückstände[291] beziehungsweise die Nichtzahlung eines erheblichen Teils einer fälligen Verbindlichkeit[292]. Teilweise lässt der BGH es schon genügen, dass es sich um eine nicht unwesentliche Forderung handelt[293]. Darüber hinaus sieht der BGH auch in der Strafbewehrtheit der Nichtzahlung einer Forderung wie zum Beispiel von Sozialversicherungsträgern ein Indiz, da solche Forderungen in der Regel gerade wegen der Strafbewehrtheit vorrangig getilgt werden, sodass der Leistungsempfänger von der Gläubigerbenachteiligung ausgehen muss[294]. Die Strafsenate des BGH sprechen in diesem Zusammenhang von „wirtschaftskriminalistischen Beweisanzeichen“[295]. Auch im Kontext der Kenntnis des Anfechtungsgegners stellt der BGH klar, dass er die Indizien lediglich als Beweisanzeichen betrachtet und eine Gesamtwürdigung weiterhin für erforderlich hält[296].

## 2. Indizien gegen den Gläubigerbenachteiligungsvorsatz

Der BGH hat neben seinen die Vorsatzanfechtung erleichternden Beweisanzeichen auch Indizien entwickelt, die gegen den Gläubigerbenachteiligungsvorsatz und die Kenntnis davon sprechen. Hierzu zählen die bargeschäftsähnliche Lage und der ernsthafte Sanierungsversuch.

288 BGH, ZIP 2011, 1416 Rn. 17.
289 BGH, ZIP 2016, 627 Rn. 13; BGH, ZIP 2013, 2469 Rn. 15.
290 BGH, ZIP 2007, 1511 Rn. 25; BGH, ZIP 2004, 669, 671.
291 BGH, ZIP 2011, 1416 Rn. 15; BGH, ZIP 2006, 2222, Rn. 19.
292 BGH, ZIP 2012, 735 Rn. 9; für weitere Indizien s. auch BGH, ZIP 2018, 432, 433 ff.
293 BGH, ZIP 2016, 627 Rn. 17; BGH, ZIP 2010, 682 Rn. 39; BGH, WM 1995, 1113, 1115; vgl. auch schon RG, JW 1892, 235, 238 f.
294 BGH, ZIP 2003, 1506, 1510.
295 Vgl. nur BGH, ZIP 2018, 2178 Rn. 3; BGH, ZIP 2013, 2469 Rn. 15.
296 BGH, ZIP 2013, 371 Rn. 28; BGH, ZIP 2013, 174 Rn. 25; BGH, ZIP 2011, 1416 Rn. 21; BGH, WM 2010, 1756 Rn. 9; BGH, ZIP 2009, 1966 Rn. 8.

### a. Bargeschäftsähnliche Lage

Bevor der Gesetzgeber das Bargeschäftsprivileg durch die Reform auch auf § 133 InsO erstreckte, um die Vorsatzanfechtung einzuschränken, hatte bereits der BGH versucht, die Vorsatzanfechtung durch das Institut der bargeschäftsähnlichen Lage zu „domestizieren“[297].

#### aa. Grund für die Entwicklung der bargeschäftsähnlichen Lage

Als der BGH dazu überging, für die Vorsatzanfechtung von kongruenten Handlungen keine Unlauterkeit beziehungsweise gezielte Gläubigerbenachteiligung mehr zu fordern, war eine Vorsatzanfechtung auch bei Kongruenz bereits möglich, wenn der Schuldner seine eigene (drohende) Zahlungsunfähigkeit kannte und auch der Anfechtungsgegner hiervon wusste[298]. Dies drohte nach Ansicht einiger Stimmen in der Literatur die Intention des Gesetzgebers zu unterlaufen, Bargeschäfte auch bei Kenntnis des Schuldners und des Anfechtungsgegners von der Zahlungsunfähigkeit anfechtungsfest zu halten, da in diesem Fall § 142 InsO eine Anfechtung nach § 130 InsO gerade ausschließen sollte[299]. Es wurde befürchtet, dass § 142 InsO dadurch leer laufen würde[300]. Zudem wurde es als unverständlich bezeichnet, dass das Bargeschäft als wichtiges Mittel zum Erhalt der Sanierungschancen vor dem Dreimonatszeitraum anfechtbar sein solle[301].

Diesen Wertungswiderspruch sollte das Institut der bargeschäftsähnlichen Lage beheben, indem es die Vorsatzanfechtung – ähnlich wie das Bargeschäftsprivileg die Kongruenzanfechtung – beschränkte[302]. Die bargeschäftsähnliche Lage schränkt die Vorsatzanfechtung in Form eines Beweisanzeichens gegen den Gläubigerbenachteiligungsvorsatz auf faktischer Ebene ein[303].

297 Ganter, NZI 2018, 585, 585; Ganter, NZI 2018, 961, 968.

298 Foerste, ZInsO 2018, 1034, 1035 mVa BGH, ZInsO 2003, 764, 766; BGH, ZInsO 2003, 850, 851; BGH, ZInsO 2006, 712 Rn. 14.

299 Ebda.

300 Kayser, FS G. Fischer, 267, 280; Lütcke, ZInsO 2013, 1984, 1990.

301 Lütcke, ZInsO 2013, 1984, 1990.

302 Foerste, ZInsO 2018, 1034, 1035.

303 Bressler, NZG 2018, 321, 325.

### bb. Indizwirkung der bargeschäftsähnlichen Lage

Der BGH nahm an, dass der Schuldner in aller Regel ohne Gläubigerbenachteiligungsvorsatz handelt, wenn er „eine kongruente Leistung Zug um Zug gegen eine zur Fortführung seines eigenen Unternehmens unentbehrliche Gegenleistung erbracht hat, die den Gläubigern im Allgemeinen nützt“[304]. Denn dann könne dem Schuldner aufgrund der Gleichwertigkeit die „mittelbare Gläubigerbenachteiligung nicht bewusst geworden sein“[305]. Die so definierte bargeschäftsähnliche Lage zog der BGH auch kontraindiziell gegen die Kenntnis des Anfechtungsgegners vom Gläubigerbenachteiligungsvorsatz heran[306].

In einer späteren, als „Mühlen-Fall“ bekannt gewordenen Entscheidung nahm der BGH den Gläubigerbenachteiligungsvorsatz trotz bargeschäftsähnlicher Lage an, wenn der Schuldner wusste, dass er fortlaufend unrentabel arbeitet[307]. Der BGH begründete seine Entscheidung damit, dass der Schuldner dann auch wisse, dass er Verluste mache und dadurch die Aussichten der Gläubiger auf anteilige Befriedigung weiter schmälere, ohne dass längerfristig Ausgleichsaussichten beständen[308], sodass ihm auch die mittelbare Gläubigerbenachteiligung bewusst werde[309]. Der BGH schuf somit ein weiteres Erfordernis für die bargeschäftsähnliche Lage und machte einen Schritt zurück von der Einschränkung der Vorsatzanfechtung.

### cc. Erwiderung des Gesetzgebers auf die Rechtsprechung

Bei dem „Mühlen-Fall“ handelte es sich zwar um eine vereinzelte Entscheidung, die auch nur im Rahmen eines obiter dictum erfolgte[310], sodass bereits an der Endgültigkeit zu zweifeln war. Dennoch nahm der Gesetzgeber in seiner Gesetzesbegründung explizit auf die „Müh-

304 BGH, ZIP 2019, 1624 Rn. 22; BGH, ZIP 2017 1232 Rn. 7; BGH, ZIP 2016, 2423 Rn. 31; BGH, ZIP 2015, 585 Rn. 22; BGH, ZIP 2014, 1491 Rn. 44; BGH, ZInsO 2010, 87 Rn. 2; BGH, ZIP 1997, 1551, 1553.

305 BGH, ZIP 2018, 2124 Rn. 3; BGH, ZIP 2017, 1232 Rn. 7; BGH, ZIP 2016, 2423 Rn. 31; BGH, ZIP 2015, 585 Rn. 22; BGH, ZIP 2014, 1491 Rn. 44.

306 Heil/ C. Schmidt, ZIP 2018, 714, 718.

307 BGH, ZIP 2015, 585 Rn. 25.

308 Ebda.

309 BGH, ZIP 2018, 2124 Rn. 3; BGH, ZIP 2017, 1232 Rn. 7.

310 K/ P/ B/ *Bork*, § 133 Rn. 59.

len-Fall"-Entscheidung Bezug. Die neue Rechtslage solle über die bargeschäftsähnliche Lage hinausgehen[311], was sich dadurch zeigt, dass eine Anfechtung nach § 133 InsO nur noch bei Unlauterkeit möglich sein soll, die jedoch noch nicht vorliegt, wenn der Schuldner die Verlustträchtigkeit der Betriebsfortführung erkennt[312]. Anders als beim „Mühlen-Fall" hindert die Verlustträchtigkeit den Ausschluss der Anfechtung nun nicht mehr.

Die Änderung ist eine Reaktion auf die unklaren Voraussetzungen der bargeschäftsähnlichen Lage und die daraus resultierende Schwierigkeit, den Ausgang von Prozessen zu prognostizieren[313]. Weiter ist sie Ausfluss von Zweifeln an der Tauglichkeit der bargeschäftsähnlichen Lage, die Vorsatzanfechtung unter den engen Voraussetzungen des „Mühlen-Falls" noch beschränken zu können, da das Generieren von Verlusten im Vorfeld der Insolvenzeröffnung die Regel sei[314]. Die Bedenken sind deshalb durchaus gerechtfertigt, da der Anwendungsbereich der bargeschäftsähnlichen Lage dann bis zur Grenze der Bedeutungslosigkeit schrumpfte und § 130 InsO wieder unterlaufen zu werden drohte, obwohl die Einführung der bargeschäftsähnlichen Lage dies gerade verhindern sollte.

### b. Ernsthafter Sanierungsversuch

Ein weiteres Gegenindiz auf der subjektiven Tatbestandsseite des § 133 Abs. 1 S. 1 InsO nimmt der BGH bei einem ernsthaften Versuch des Schuldners an, sein Unternehmen zu sanieren. Erfolgt die Rechtshandlung des Schuldners auf Grundlage eines solchen ernsthaften – letztlich jedoch fehlgeschlagenen – Sanierungsversuchs, entkräfte dies den Gläubigerbenachteiligungsvorsatz indizierende Beweisanzeichen[315]. Erforderlich ist jedoch, dass ein „schlüssiges, von den tatsächlichen Gegebenheiten ausgehendes Sanierungskonzept vorlag, das mindes-

311 BT-Drucks. 18/7054, S. 19.
312 Vgl. BT-Drucks. 18/7054, S. 19.
313 BT-Drucks. 18/7054, S. 11.
314 BT-Drucks. 18/7054, S. 11, 19.
315 BGH, ZIP 2018, 1794 Rn. 9; BGH, ZIP 2016, 1235 Rn. 14; BGH, ZIP 2014, 1032 Rn. 40; BGH, ZIP 2009, 922 Rn. 17; BGH, ZIP 1993, 276, 279.

tens in den Anfängen schon in die Tat umgesetzt war und die ernsthafte und begründete Aussicht auf Erfolg rechtfertigte"[316].

Der BGH begründet dies damit, dass der Rechtshandlung in solchen Fällen ein unbedenklicher Wille zugrunde liege, der einen Benachteiligungsvorsatz in den Hintergrund dränge[317]. In der Literatur wird die Unbedenklichkeit damit begründet, dass das Unternehmen und damit auch die Gläubiger von einer erfolgreichen Sanierung profitieren, indem der Wert des Unternehmens nicht nur erhalten wird, sondern im besten Fall sogar steigt[318]. Der ernsthafte Sanierungsversuch lege nahe, dass der Schuldner die Befriedigungsaussichten der Gläubiger vielmehr verbessern wolle, woran sich auch nichts ändere, wenn der Sanierungsversuch im Ergebnis scheitere[319]. Eine Privilegierung von Sanierungsversuchen entspreche auch der Sanierungsfunktion des Insolvenzverfahrens, vgl. § 1 InsO[320].

## IV. Konkrete Kritik an der Vorsatzanfechtung durch Literatur und Wirtschaft

Die Anfechtungspraxis des BGH wurde stark kritisiert und mitunter als unüberschaubar[321], existenzbedrohend[322] und sogar rechtsstaatliches Problem[323] bezeichnet. Die nachfolgend dargestellte Kritik war unabhängig von ihrer Berechtigung Anstoß zur Reform und gibt damit das Ziel der Reform vor, sodass die Überzeugungskraft der Argumente hier in den Hintergrund tritt.

---

316 BGH, ZIP 2018, 1794 Rn. 10; BGH, ZIP 2016, 1235 Rn. 15; BGH, ZIP 2009, 91 Rn. 52; BGH, ZIP 1993, 276, 279; ähnlich schon BGH, ZIP 1984, 572, 580; zu formalen und inhaltlichen Anforderungen an den Sanierungsplan BGH, ZIP 2018, 1794 Rn. 10; BGH, ZIP 2016, 1235 Rn. 18.

317 BGH, ZIP 2018, 1794 Rn. 9; BGH, ZIP 2016, 1235 Rn. 14; BGH, ZIP 2012, 137 Rn. 11; BGH, ZIP 1993, 276 Rn. 30.

318 K/ P/ B/ *Bork*, § 133 Rn. 58.

319 K/ P/ B/ *Bork*, § 133 Rn. 58; Bork, FS Runkel, 241, 246.

320 N. Schmidt/ Gundlach, DStR 2018, 1442, 1446.

321 Maier, ZInsO 2015, 2262, 2262.

322 Gemeinsame Stellungnahme, S. 2; Schneidewind, Positionspapier S. 2; s. auch Maier, ZInsO 2015, 2262, 2262.

323 Foerste, ZInsO 2013, 897, 897.

### 1. Kettenvermutung

An der Anfechtungspraxis der Rechtsprechung wurde kritisiert, dass sie zu einer „Kettenvermutungsregel“ führe[324]. Gemeint ist die Ergänzung und Verbindung gesetzlicher Vermutungen durch richterrechtliche Vermutungen. Der BDI und ZDH führen an, dass bei der Vermutung der Kenntnis des Anfechtungsgegners vom Gläubigerbenachteiligungsvorsatz des Schuldners der Gläubigerbenachteiligungsvorsatz des Anfechtungsgegners selbst „mitvermutet“ werde[325].

So wird anhand von Indizien eine Zahlungseinstellung festgestellt, die gemäß § 17 Abs. 2 S. 2 InsO eine Vermutung für die Zahlungsunfähigkeit des Schuldners begründet[326]. Die Kenntnis von der so vermuteten Zahlungsunfähigkeit zieht der BGH (entsprechend § 133 Abs. 1 S. 2 InsO) als Vermutung für den Gläubigerbenachteiligungsvorsatz heran. Die Kenntnis des Anfechtungsgegners von der Gläubigerbenachteiligung wird wiederum nach § 133 Abs. 1 S. 2 InsO vermutet, wenn der Anfechtungsgegner von der (drohenden) Zahlungsunfähigkeit und der Gläubigerbenachteiligung weiß. Die Durchschaubarkeit für Laien weiter erschwerend kommt hinzu, dass anstelle der tatsächlichen Kenntnis des Anfechtungsgegners bereits die Kenntnis von den die Zahlungsunfähigkeit begründenden Umständen genüge und Irrtümer unbeachtlich sein sollen[327]. Mit diesen beweiserleichternden Indizien greife die Rechtsprechung die gesetzliche Beweislastverteilung der Vorsatzanfechtung an[328]. Der BGH ignoriere mit seinem Sammelsurium an Beweisanzeichen die zivilprozessrechtliche Beweislastverteilung[329].

324 Schneidewind, Positionspapier, S. 5; vgl. auch den Begriff eines „Kettenbeweissystems“ in Karrasch, S. 37 und die der „Vermutungskette“ in FK, *Dauernheim*, § 133 Rn. 66 und „Vermutungskaskade“ in Hiebert, ZInsO 2018, 1657, 1661.

325 Positionspapier, ZInsO 2013, 2312, 2312.

326 Im Folgenden Schneidewind, Positionspapier, S. 5.

327 Hiebert, ZInsO 2018, 1657, 1661.

328 Lütcke, ZInsO 2013, 1984, 1992.

329 Grotebrune/Rüppell, NZI 2015, 832, 835.

## 2. Kenntnis der Zahlungsunfähigkeit

Starke Kritik wurde insbesondere daran geübt, dass die Rechtsprechung, wie bereits dargestellt, auf die Kenntnis der Zahlungsunfähigkeit zurückgriff, um den Gläubigerbenachteiligungsvorsatz zu begründen.

### a. Legitimität des Beweisanzeichens

Es wird vorgebracht, dass eine Analogie zu § 133 Abs. 1 S. 2 InsO[330] nicht in Betracht kommen kann, da zum einen der klare Wortlaut des § 133 Abs. 1 S. 2 InsO und zum anderen die Regierungsbegründung[331], die eine Vermutung des Gläubigerbenachteiligungsvorsatzes ausdrücklich ausschließt, gegen das Bestehen einer planwidrigen Regelungslücke als Voraussetzung einer Analogie sprechen[332]. Dies überzeugt, sodass eine echte Vermutung im Sinne des § 292 ZPO ausgeschlossen ist. Von einer echten Vermutung oder Analogie geht der BGH jedoch gar nicht aus, sondern zieht die Kenntnis der Zahlungsunfähigkeit lediglich als Indiz für den Benachteiligungsvorsatz heran. Im Rahmen der Beweiswürdigung kann die Kenntnis der Zahlungsunfähigkeit jedoch durchaus herangezogen werden[333], zumal der Schuldner seine eigenen Vermögensverhältnisse meist besser kennt als sein Gläubiger[334].

Von Seiten der Wirtschaft wird gegen den Rückgriff auf die Zahlungsunfähigkeit beim schuldnerbezogenen subjektiven Merkmal angeführt, dass der Insolvenzverwalter die Vermutung zu leicht, nämlich bereits anhand der Kontoauszüge des Schuldners, herbeiführen könne[335]. Ein Indiz allein aufgrund seiner Offenkundigkeit zu kritisieren, überzeugt jedoch nicht.

330 So jedoch OLG Dresden, ZIP 2003, 1716, 1717 im Orientierungssatz.
331 BT-Drucks 12/2443, S. 265 f. zu Nr. 25.
332 Bork, ZIP 2004, 1684, 1691; Koza, DZWiR 2009, 404, 405; s. auch G. Fischer, NZI 2008, 588, 592 f.
333 Koza, DZWiR 2009, 404, 405.
334 Bork, ZIP 2004, 1684, 1691 mwN.
335 Schneidewind, Positionspapier, S. 4.

### b. Handhabung der Beweisanzeichen

Hat der Schuldner Kenntnis von seiner Zahlungsunfähigkeit, kann dies also durchaus ein Indiz für das Vorliegen des Gläubigerbenachteiligungsvorsatzes darstellen. Eine andere Frage ist jedoch der Rahmen der zulässigen Handhabung des Indizes[336]. Kritisiert wird in diesem Zusammenhang, wie auch in dem des § 17 Abs. 2 S. 2 InsO, dass Zahlungserleichterungen wie beispielsweise Ratenzahlungsvereinbarungen, die den kriselnden Schuldner eigentlich wirtschaftlich unterstützen sollen, dem Schuldner zum Nachteil gereichen würden, indem sie als Indiz für die Kenntnis vom Gläubigerbenachteiligungsvorsatz zugelassen werden[337].

Dem BGH wird zudem vorgeworfen, die Gesamtabwägung, zu welcher er ermahnt, teilweise auf die unteren Instanzen abzuwälzen, ohne diesen Mahnruf selber noch umzusetzen[338]. Der BGH formuliert beispielsweise, dass ein Beweisanzeichen „nach dem Parteivortrag nicht (...) entkräftet" sei[339]. Hierdurch zeigt sich, dass der BGH nicht von einer Gesamtwürdigung, sondern von einer Beweislastumkehr ausgeht. Ferner wird kritisiert, dass das Postulat des BGH, der Nachweis des Benachteiligungsvorsatzes unterliege bei Kongruenz erhöhten Anforderungen, nur eine gebetsmühlenartige Wiederholung darstelle[340] und nur noch „dialektische Funktion" habe[341]. Des Weiteren wird vorgebracht, der BGH leite sowohl das für den Gläubigerbenachteiligungsvorsatz erforderliche Wissens- als auch das Wollenselement allein aus der Kenntnis von der Zahlungsunfähigkeit ab[342]. Zwar betone der BGH die Notwendigkeit erhöhter Anforderungen an den Nachweis des Benachteiligungsvorsatzes bei Kongruenz, ziehe „jedoch keine Konsequenz" daraus[343]. Vielmehr seien weitere Indizien außer der

336 Vgl. auch Bork, ZIP 2004, 1684, 1689 zur Differenzierung zwischen „Berücksichtigungsfähigkeit" und „Beweiswert" bei der Inkongruenz.
337 Positionspapier, ZInsO 2013, 2312, 2312; zusammenfassend Trams, NJW Spezial 2014, 597, 597.
338 Bork, ZIP 2014, 797, 807.
339 Vgl. BGH, ZIP 2006, 290 Rn. 21.
340 Bork, ZIP 2008, 1041, 1045.
341 Foerste, FS Picker, 227, 232.
342 G. Fischer, NZI 2008, 588, 589 mVa BGHZ 167, 190.
343 G. Fischer, NZI 2008, 588, 590 mVa BGH, NJW-RR 2007, 1537.

Kenntnis von der Zahlungsunfähigkeit laut dem ehemaligen Vorsitzenden des IX. Zivilsenats gerade nicht nötig[344]. Gefordert wird deshalb, dass die Rechtsprechung zusätzliche Indizien zur Begründung des Vorsatzes heranzieht[345]. Da § 142 InsO die Anfechtung kongruenter Deckungen aufgrund besonderer Umstände einschränke, müssten bei der Vorsatzanfechtung, welche die Anfechtung kongruenter Deckungen erweitert, weitere Umstände hinzutreten als lediglich die für § 130 InsO ausreichende Kenntnis der Zahlungsunfähigkeit, um eine Anfechtbarkeit begründen zu können[346].

### 3. Fehlender Beweiswert der Beweisanzeichen

Scharf kritisiert werden auch die Beweisanzeichen als solche, derer sich der BGH im Rahmen des § 17 Abs. 2 S. 2 InsO bedient. Beweisanzeichen im Rahmen des § 17 Abs. 2 S. 2 InsO sind besonders sorgfältig zu prüfen. Denn bei objektiven Merkmalen wie dem der Zahlungsunfähigkeit in § 17 Abs. 2 S. 2 InsO besteht nicht die gleiche Beweisnot des Insolvenzverwalters wie bei den subjektiven Merkmalen des § 133 Abs. 1 S. 1 InsO. Gerade aus dieser Beweisnot ergibt sich jedoch die Zulässigkeit der Beweisanzeichen (vgl. oben unter D. III. 1. a.). Um die allgemeine Beweislastverteilung nicht zu unterlaufen, müssen bei § 17 Abs. 2 S. 2 InsO die Umstände umfassend gewürdigt werden.

Den Beweisanzeichen des BGH wird teilweise schon der Beweiswert abgesprochen. Die Kriterien, die ein Wissen im Rahmen der gesetzlichen Vermutung des § 133 Abs. 1 S. 2 InsO begründen sollen, seien absolut branchenüblich[347] und notwendig, damit der Schuldner leistungsfähig bleibe[348]. Insbesondere Ratenzahlungsvereinbarungen entsprächen dem Usus im Geschäftsverkehr und seien „häufig auch unverzichtbar“[349]. Vorleistungspflichtige Bauunternehmer seien bei-

344 G. Fischer, NZI 2008, 588, 589.
345 Bork, ZIP 2008, 1041, 1045.
346 Schoppmeyer, ZIP 2009, 600, 604.
347 Schneidewind, Positionspapier, S. 3; Köper/ Pfoser, ZInsO 2014, 2341, 2344; vgl. auch gemeinsame Erklärung, S. 1.
348 Köper/ Pfoser, ZInsO 2014, 2341, 2345.
349 Fawzky/ Köchling, ZInsO 2014, 1073, 1075.

spielsweise häufig auf Zwischen- und Refinanzierungen angewiesen, da der Arbeitsfortschritt von den Witterungsbedingungen abhänge, sodass Finanzierungen als üblich anzusehen seien[350]. Die Vermutungen des BGH seien zu pauschal, da es sich bei Zahlungserleichterungen ebenso um Mittel zur Reaktion auf saisonal- oder marktbedingte Veränderungen handeln könne[351]. Als übliche Geschäftspraktiken sollen die Vermutungen jedoch nicht für den Beweis der subjektiven Merkmale herangezogen werden können[352]. Abgesehen davon könne der Anfechtungsgegner den Gläubigerbenachteiligungsvorsatz mangels Einblick in den Betrieb des Schuldners nicht so leicht erkennen[353]. Der BGH verkenne, dass der von ihm zu Grunde gelegte „Idealfall" des Wirtschaftens nicht existiere und flexible, sich im Laufe der Zeit auch anpassende Ratenzahlungsvereinbarungen in der Praxis üblich und essentiell seien, damit sich die wirtschaftliche Situation des Schuldners wieder verbessern könne[354]. Zahlungserleichterungen zur Begründung der Anfechtungsvoraussetzungen heranzuziehen, verhindere somit eine effektive Sanierung, was letztlich nicht mit den Insolvenzzielen aus § 1 InsO harmoniere[355].

Auch das Indiz des längeren Schweigens auf eine Mahnung[356] könne auf völlig insolvenzfernen Umständen beruhen, wenn der Schuldner beispielsweise die Rechnung übersehen hätte[357]. Ebenso wenig komme Zahlungen zur Abwendung von Insolvenzanträgen oder Zwangsvollstreckungsmaßnahmen ein Beweiswert zu, da die Befriedigung eines titulierten Anspruchs auch darauf beruhen könne, dass der Schuldner alternative Vorgehensweisen für aussichtslos oder als die Unternehmenssituation noch verschlechternd erachte[358]. Darüber hinaus könne eine Zahlung an einen Gläubiger, der keinen Titel in den

350 Forderungspapier, S. 2.
351 Positionspapier, ZInsO 2013, 2312, 2312.
352 Positionspapier, ZInsO 2013, 2312, 2312; s. auch Gemeinsame Stellungnahme, S. 2; Schneidewind, Positionspapier, S. 3.
353 Positionspapier, ZInsO 2013, 2312, 2312, 2313.
354 Fawzy/ Köchling, ZInsO 2014, 1073, 1075 f.
355 Fawzy/ Köchling, ZInsO 2014, 1073, 1077.
356 BGH, ZIP 2018, 432 Rn. 13 ff.; BGH, ZIP 2016, 627 Rn. 13.
357 N. Schmidt/ Gundlach, DStR 2018, 1442, 1443.
358 G. Fischer, NZI 2008, 588, 593.

Händen halte und nicht gemahnt habe, ebenso für eine Bevorzugungsabsicht sprechen[359].

Ferner wird kritisiert, dass nicht genügend zwischen lauteren Motiven, wie der Wahrung von Vertragsbeziehungen oder der Sanierungsmöglichkeit, und missbräuchlichen, einzelne Gläubiger bevorteilenden Praktiken differenziert werde[360]. Indem es der Rechtsprechung nicht mehr auf eine unlautere, beziehungsweise betrügerische Erfüllung von Rechtspflichten ankomme, würden auch alltägliche und solche Geschäfte angefochten, die ein vorläufiger Insolvenzverwalter zur Unternehmensfortführung und Massegenerierung ebenfalls vorgenommen hätte, was wiederum Rechtsunsicherheit schaffe[361].

Die Annahme, Zahlungserleichterungen hätten Indiz-Charakter, sei auch schwer mit § 1 GenG zu vereinbaren, da Genossenschaften dann auch dem Anfechtungsrisiko ausgesetzt seien, wenn sie ihrem in § 1 GenG normierten Förderungsaufträgen gegenüber ihren Mitgliedern nachkommen und diese durch Zahlungserleichterungen wirtschaftlich zu entlasten versuchen[362].

## 4. Kaum möglicher Gegenbeweis

Der BGH sieht den Anfechtungsgegner in der Pflicht zu beweisen, dass der Schuldner seine Zahlungsfähigkeit zurückerlangt hatte und ersterer deshalb nicht mehr von der Zahlungsunfähigkeit ausgehen musste[363]. Nach Ansicht einiger Stimmen in der Literatur und der Wirtschaft ist es für den Anfechtungsgegner mangels Einblick in den schuldnerischen Betrieb und die Geschäftsunterlagen jedoch kaum möglich, diesen Beweis zu führen, sodass sich der Schuldner nicht von der Vermutung befreien könne[364]. Beruht die Vermutung der Kenntnis beispielsweise auf der Vereinbarung von Ratenzahlungen, genügt dem

359 Ebda.
360 Positionspapier, ZInsO 2013, 2312, 2312.
361 Positionspapier, ZInsO 2013, 2312, 2313.
362 Fawzy/ Köchling, ZInsO 2014, 1073, 1076; Forderungspapier, S. 3.
363 BGH, ZIP 2013, 228 Rn. 33; BGH, ZIP 2001, 2235, 2238.
364 Forderungspapier, S. 4; Positionspapier, ZInsO 2013, 2312, 2313; Schneidewind, Positionspapier, S. 3, 5; allgemeiner auch Stefanink, ZIP 2019, 1557, 1558.

BGH die Aufnahme der Ratenzahlungen allein noch nicht; vielmehr muss der Anfechtungsgegner beweisen, weshalb er davon ausgehen konnte, dass der Schuldner seine Zahlungen wieder aufgenommen hat und keine anderen unbeglichenen Forderungen bestehen[365]. Auch insoweit sei dem Anfechtungsgegner dieser Nachweis mangels Einblick in die Geschäfte des Schuldners kaum möglich[366]. Außerdem handele jeder Schuldner mit einem gewissen Maß an Gläubigerbenachteiligungsvorsatz[367].

### 5. Folgen für die Wirtschaft

Gegen die Handhabung des Anfechtungsrechts wurde auch anhand wirtschaftlicher Gesichtspunkte argumentiert, da die Reformbefürworter insbesondere den Wirtschaftsverkehr durch die Rechtsprechungspraxis bedroht sahen. Die Leidtragenden seien insbesondere kleinere und mittelständische Unternehmen, denen die wissentliche Mitwirkung an der Gläubigerbenachteiligung des Schuldners unterstellt werde[368].

Nach Überzeugung der Kritiker leidet die Rechtssicherheit darunter, dass der Ausgang eines anfechtungsrechtlichen Gerichtverfahrens noch weniger vorhersehbar sei, als er es ohnehin schon ist[369]. Es werde zu wenig Rücksicht auf den Wirtschaftsverkehr und seine Eigentümlichkeiten genommen[370]. Die Rechtsprechung versehe mit ihren Indizien das Instrument einer Ratenzahlungsvereinbarung mit einem hohen wirtschaftlichen Risiko, ständig aus Anfechtung in Anspruch genommen zu werden,[371] und schaffe somit Rechtsunsicherheit im Wirtschaftsverkehr und daraus resultierend den Bedarf nach Rechtsberatung[372]. Aufgrund der Ungewissheiten und Risiken einer möglichen

365 BGH, ZIP 2013, 228 Rn. 33, 36.
366 Fawzy/ Köchling, ZInsO 2014, 1073, 1075.
367 Huber, ZIP 2007, 501, 509.
368 Paschen, ZInsO 2014, 2485, 2486; gemeinsame Erklärung, S. 1; Forderungspapier, S. 3, 5.
369 Reiners, ZInsO 2015, 1192, 1192.
370 Ebda.
371 Forderungspapier, S. 2.
372 Karrasch, S. 40.

Vorsatzanfechtung leide das Vertrauen unter den Geschäftspartnern enorm[373], sodass Gläubiger die Geschäftsbeziehungen in der Folge bereits bei ersten Anzeichen für eine Illiquidität beenden müssten[374]. Auch müssten die Konditionen im Rahmen von Kreditneuvergaben meist deutlich mehr zu Lasten der Schuldner gehen, da das Kreditvergabeinstitut seine Konditionen an die durch erfolgreiche Anfechtungen und ungerechtfertigte Anfechtungsversuche entstehenden Verluste und Prozesskosten anpassen müsse, um sich abzusichern[375]. Die Wirtschaft werde insbesondere durch die Aufgabe des Unlauterkeitsmerkmals belastet[376].

Hinzukomme, dass das mit der langen Anfechtungsfrist verbundene Risiko für die Gläubiger aus wirtschaftlicher Sicht unberechenbar sei und diesen nicht zugemutet werden könne[377]. Die lange Frist konterkariere darüber hinaus die Verkürzung der Aufbewahrungsfristen von Unterlagen im Handels- und Steuerrecht[378].

Als Folgeproblem der rigorosen Anwendung des bis zu zehn Jahren zurückgreifenden § 133 InsO werden ferner Anschlussinsolvenzen gesehen[379], die dadurch entstünden, dass der Anfechtungsgegner wegen unvorhergesehener Rückzahlungsansprüche selber in die Insolvenz gerate.

Neben der Wirtschaft sei auch die Rechtsberatung durch die unvorhersagbare und unbeherrschbare Rechtslage betroffen[380]. Den Gläubigern könne entgegen berufsrechtlichen und ökonomischen Bedenken nur geraten werden, spezifische Kenntnis zu vermeiden und rigoros zu vollstrecken[381].

373 Fawzy/ Köchling, ZInsO 2014, 1073, 1077.
374 Fawzy/ Köchling, ZInsO 2014, 1073, 1076.
375 Fawzy/ Köchling, ZInsO 2014, 1073, 1077.
376 Willemsen/ Kühn, BB 2015, 3011, 3012.
377 Forderungspapier, S. 4.
378 Forderungspapier, S. 5.
379 Fawzy/ Köchling, ZInsO 2014, 1073, 1077; Forderungspapier, S. 5.
380 Borsch/ Matzen, ZInsO 2018, 2685, 2690 mwN.
381 Ebda.

## 6. Kritik an den „Negativ-Indizien"

Auch die Indizien der bargeschäftsähnlichen Lage und des ernsthaften Sanierungsversuchs, welche den Beweiserleichterungen entgegenwirken, werden wegen ihrer Unzulänglichkeit und der Unsicherheit ihres Vorliegens bemängelt. Dem Ziel einer Einschränkung der Anfechtungspraxis entsprechend steht jedoch gerade die Unzulänglichkeit der „Negativ-Indizien" beziehungsweise die Unsicherheit ihres Vorliegens in der Kritik.

Die Literatur fordert vereinzelt eine klare Rechtslage in Bezug auf bargeschäftsähnliche Handlungen[382]. Das Institut der bargeschäftsähnlichen Lage wird bereits in seinem Bestehen als „systemwidrig" kritisiert, da es § 142 InsO entwerte[383]. Es wurde befürchtet, die bargeschäftsähnliche Lage würde § 142 InsO a. F. unterlaufen, da eine Vorsatzanfechtung auch bei Gleichwertigkeit und zeitlicher Nähe der Leistungen gerade möglich sein sollte[384]. Insbesondere treffe die Vermutung der bargeschäftsähnlichen Lage schon nicht zu, da derjenige, der um die Zahlungsunfähigkeit und die Schmälerung des Insolvenzbeschlags weiß, auch die Gläubigerbenachteiligung kenne[385].

Teilweise findet auch die Einschränkung durch den „Mühlen-Fall" Kritik, da hierdurch das Institut der bargeschäftsähnlichen Lage und der Schutz von Bargeschäften generell „demontiert" werde, die damit einhergehende Erweiterung der Anfechtung jedoch nicht in den Kompetenzbereich der Rechtsprechung falle[386]. Indem mit dem Rentabilitätserfordernis stets der Einzelfall zu begutachten sei, werde auch Rechtsunsicherheit geschaffen[387].

In Bezug auf das Sanierungsprivileg wird bemängelt, dass hieran zu strenge Anforderungen gestellt würden, was mit dem Sanierungsziel der InsO in Konflikt stehe[388].

---

382 Lütcke, ZInsO 2013, 1984, 1991.
383 Foerste, ZInsO 2013, 897, 900; vgl. auch Foerste, FS Picker, 227, 246 f.
384 Foerste, WM 2014, 1113, 1116.
385 Foerste, FS Picker, 227, 246 mwN; Foerste, ZInsO 2013, 897, 900.
386 Foerste, ZInsO 2015, 832, 832.
387 Foerste, ZInsO 2015, 832, 833.
388 Karrasch, S. 42.

## V. Resümee

Die Kritik an der Rechtsprechungspraxis ist nur teilweise berechtigt. Es wird verkannt, dass der BGH die Indizwirkung von Zahlungserleichterungen in aller Regel nur in Verbindung mit weiteren Umständen, insbesondere wenn der Schuldner seine Zahlungsunfähigkeit erklärt, annimmt[389]. Selbst wenn die einzelnen Beweisanzeichen und Indizien rechtsfehlerfrei und legitim sind, widerspricht jedoch deren Bündelung in Verbindung mit den niedrigen Anforderungen an die subjektiven Voraussetzungen der Intention des Gesetzgebers[390] und der notwendigen Zurückhaltung bei Anwendung eines so weitgehenden Tatbestandes wie dem der Vorsatzanfechtung. Die Ausweitung ist auch vor dem Hintergrund zu kritisieren, dass sie insbesondere die Massemehrung begünstigt, was jedoch nicht alleinige Funktion der Anfechtung (insbesondere nicht des § 133 InsO) ist und deren Aufgabe des Interessenausgleichs außer Acht lässt[391]. Damit wird auch in die in § 133 InsO zum Ausdruck kommende gesetzgeberische Interessengewichtung eingegriffen.

Grund für die Reform war jedenfalls die Auffassung, dass die Rechtsprechung insbesondere zur Vorsatzanfechtung zu weit gegangen sei, und zwar unabhängig davon, ob die Handhabung des Anfechtungsrechts durch die Rechtsprechung vom Gesetz gedeckt oder deren Einschränkung aus rechtsdogmatischer Sicht geboten war. Damit ist auch das Ziel der Reform klar: die Einschränkung der Vorsatzanfechtung[392]. Dieses Ziel ist unabhängig von der Berechtigung der Kritik zu respektieren, die Umsetzung durch den Gesetzgeber schon aufgrund der Gewaltenteilung zu befolgen und im Rahmen einer teleologischen Bewertung des reformierten Anfechtungsrechts zu berücksichtigen.

389 Ganter, NZI 2019, 481, 484; s. auch Thole, ZIP 2017, 401, 402.
390 Borsch/ Matzen, ZInsO 2018, 2685, 2688.
391 Vgl. auch Grotebrune/Rüppell, NZI 2015, 832, 835.
392 Vgl. BT-Drucks. 18/7054, S. 13, 18.

# E. Die Reform

## I. Reforminhalte in Bezug auf die §§ 133; 142 Abs. 1 InsO

Die wohl wichtigsten Reformpunkte sind die Änderungen an § 133 InsO[393]; eine der umstrittensten Änderungen hingegen ist die Einführung des unbestimmten Unlauterkeitsbegriffs in § 142 Abs. 1 InsO. Diese Änderungen wie auch die Reaktion der Fachöffentlichkeit und Wirtschaft sollen im Folgenden kurz dargestellt werden.

§ 133 Abs. 1, 2 InsO a. F. wurden unberührt gelassen, Abs. 2 wurde jedoch an die Stelle des Abs. 4 InsO gerückt und es wurden ein neuer Abs. 2 und Abs. 3 eingeführt. In Abs. 2 wird nunmehr die Anfechtungsfrist des Abs. 1 für (kongruente und inkongruente[394]) Deckungen von zehn Jahren auf vier Jahre verkürzt. Abs. 3 S. 1 schränkt die Vermutungsregel des Abs. 1 S. 2 bei kongruenten Deckungen ein, indem verlangt wird, dass der Anfechtungsgegner von der tatsächlichen Zahlungsunfähigkeit gewusst haben muss. Zu beachten ist, dass Abs. 3 S. 1 nur die Kenntnis der Zahlungsunfähigkeit als Indiz für den Gläubigerbenachteiligungsvorsatz, nicht aber den Gläubigerbenachteiligungsvorsatz selbst betrifft, sodass (die „Spiegelbildlichkeit" der subjektiven Merkmale aufhebend) bei diesem weiterhin auf die drohende Zahlungsunfähigkeit abgestellt werden kann[395]. Abs. 3 S. 2 stellt die Vermutung auf, dass der Anfechtungsgegner zur Zeit seiner Handlung keine Kenntnis von der Zahlungsunfähigkeit des Schuldners hatte, wenn er diesem eine Zahlungserleichterung gewährt. Mit § 133 Abs. 3 InsO hat der Gesetzgeber die umstrittene Anwendung der Vorsatzanfechtung bei kongruenten Deckungshandlungen damit bestätigt[396], aber zugleich erschwert.

---

393 Bartels, KTS 2016, 301, 302; Thole, ZIP 2017, 401, 402.

394 Uhlenbruck/ *Borries/ Hirte*, § 133 Rn. 1.

395 Thole, ZIP 2017, 401, 404 mwN; Bork, FS Wimmer, 98, 103.

396 Foerste, ZInsO 2018, 1034, 1036.

§ 142 InsO a. F. wurde geringfügig gekürzt und um den Halbsatz ergänzt, dass eine Vorsatzanfechtung nur noch dann möglich ist, wenn der andere Teil erkannt hat, dass der Schuldner unlauter handelte. Dadurch wurde das Bargeschäftsprivileg auf § 133 (Abs. 1 bis 3) InsO erstreckt, welcher vorher ausdrücklich ausgenommen war. Darüber hinaus wurde ein zweiter Absatz eingefügt. In Abs. 2 S. 1 InsO wird die bis dato ungeschriebene Praxis und Rechtsprechung zum Unmittelbarkeitsmerkmal nun Gesetz[397]. Abs. 2 S. 2 und S. 3 enthalten Sonderregelungen für Arbeitsentgelt – Abs. 2 S. 2 zur Unmittelbarkeit und Abs. 2 S. 3 bezüglich der Leistung durch Dritte.

## II. Kritik an der Reform der §§ 133; 142 Abs. 1 InsO

Die Bedenken in Bezug auf die Rechtsprechungspraxis, die zu der Reform führten, wurden in der Literatur keineswegs einhellig geteilt. Die Notwendigkeit einer Reform wurde teilweise abgelehnt und auch das Resultat wird vielfach kritisiert. Ironisch spricht Pape davon, dass das Insolvenzanfechtungsrecht durch die Reform in seine „Bedeutungslosigkeit (…) vor Inkrafttreten der InsO zurückgeführt werden soll"[398].

### 1. Kein Reformbedürfnis

In der Literatur wurde bereits das Bedürfnis nach Änderungen am Anfechtungsrecht bezweifelt[399]. Zum einen wurde angeführt, dass eine Rechtsprechungsänderung, die bis zu einem gewissen Maße sogar erfolgt ist[400], eine bessere Alternative darstelle, um das Anfechtungsrecht zu justieren[401]. Auch eine Einschränkung durch Auslegung wurde vor-

397 Kayser, ZIP 2018, 1153, 1155.

398 Pape, ZInsO 2018, 745, 745.

399 Mangels Belegs durch „harte Zahlen", vgl. Bork, ZIP 2014, 1905, 1905 f.

400 Kayser, WM 2013, 293, 293; Möhlenkamp, DStR 2017, 987, 989; zu strengeren Anforderungen an den Beweis der Anfechtungsvoraussetzungen vgl. Uhlenbruck/ *Borries/ Hirte*, § 133 Rn. 82b.

401 Ganter, WM 2014, 49, 49, 53.

geschlagen[402], was letztlich ebenfalls auf eine Rechtsprechungsänderung hinausläuft. Eine Reform, so wurde befürchtet, führe zu Dissonanzen im Insolvenzanfechtungsrecht[403]. Aufgrund der Rechtsprechungsänderung sei eine Verbesserung der Rechtssicherheit bei der Vorsatzanfechtung kongruenter Deckungen kaum noch notwendig und möglich[404].

Auch der Kritik an der Rechtsprechung wurde widersprochen. Die Rechtsprechung leite einen Anfechtungsanspruch nicht schon aus Zahlungserleichterungen ab, sondern ziehe zusätzlich beispielsweise Unregelmäßigkeiten oder Zahlungsausfälle zur Begründung heran[405]. Auch bestehe keine undurchschaubare Fülle an Indizien, das System der Vermutungsregeln und Beweisanzeichen sei vielmehr „stimmig“[406] und die Ergebnisse in der Regel angemessen, ohne das Verhältnis zur Deckungsanfechtung zu verletzten[407]. Eine Anfechtungseinschränkung lasse hingegen die Zahl der eröffneten Verfahren zurückgehen, da die im Rahmen des § 26 Abs. 1 InsO vorzunehmende Prognose zur Verfahrenseröffnung in Bezug auf mögliche Anfechtungen schlechter ausfalle, was in der Folge die Staatskasse belaste[408]. Diese Argumentation erhebt jedoch die Massemehrung als einfachen Reflex des § 133 InsO (s. u.) zu dessen Ziel.

## 2. Schlechte Umsetzung der Reformbegehren

Neben den Zweifeln am Bedürfnis für eine Reform wird auch die Umsetzung der Reform kritisiert, teilweise in Bezug auf die Auswirkungen der Reform in ihrer Gesamtheit, teilweise anhand konkreter Änderungen.

402 Karrasch, S. 4, 97; zu einer teleologischen Reduktion vgl. Jacoby, KTS 2009, 3, 17 ff., 21 ff.
403 Tams, NJW Spezial 2014, 597, 598.
404 Huber, ZIP 2018, 519, 522, 523.
405 Frind, ZInsO 2015, 1001, 1004.
406 Kayser, WM 2013, 293, 293.
407 Ganter, WM 2014, 49, 49.
408 Frind, ZInsO 2015, 1001, 1005; zur Änderung des § 131 InsO auch Huber, ZInsO 2015, 713, 715.

### a. Rechtsunsicherheit

Dem Gesetzgeber wird vorgeworfen, der Rechtssicherheit, die eigentlich gestärkt werden soll, durch die Einführung neuer, undefinierter Begriffe, insbesondere der Unlauterkeit, eher zu schaden[409] oder sie jedenfalls nicht zu verbessern[410] – zumindest bis die Rechtsprechung eine Definition der Unlauterkeit oder Fallgruppen entwickelt habe[411]. Eine erhöhte Rechtsunsicherheit wird auch damit begründet, dass das Vorliegen einer unlauteren Handlung im Einzelfall zu beurteilen sein werde[412]. Da zum einen jedes Merkmal eines Anfechtungstatbestandes einzelfallabhängig zu beurteilen ist und der Gesetzgeber zum anderen gerade Fallgruppen-Beispiele geschaffen hat, ist dieses Argument nicht besonders schlagkräftig.

Auch der reformierte § 133 InsO büße aufgrund einer zu komplexen Ausgestaltung an Überschaubarkeit ein, insbesondere in Bezug auf die „Anfechtungschancen" beziehungsweise „Anfechtungsrisiken"[413]. Darüber hinaus wird erwartet, dass die Rechtsprechung die Beweisführung in der Folge durch neue Indizienbeweise regulieren wird, was der Rechtsklarheit und -sicherheit wiederum nicht zuträglich sein werde[414].

In Bezug auf die Abkehr des Gesetzgebers von dem im „Mühlen-Fall" aufgestellten Erfordernis der Rentabilität wird der Reform mitunter zugesprochen, die Rechtsanwendungssicherheit zu steigern[415]. Von anderer Seite wird für den Ausgang ähnlicher Anfechtungsfälle wenig Veränderung erwartet, da der BGH die bargeschäftsähnliche Lage in

409 Bork, FS Wimmer, 98, 116; Frind, ZInsO 2015, 1001, 1006; Reiners, ZInsO 2015, 1192, 1193 in Bezug auf das verworfene Merkmal der Unangemessenheit; Stellungnahme DAV, ZInsO 2015, 1258, 1258; Uhlenbruck/ *Borries/ Hirte*, § 133 Rn. 146b; Willemsen/ Kühn, BB 2017, 649, 650; Zivkovic, ZVI 2017, 369, 375; so wohl auch Flaig, GWR 2016, 71, 73.

410 Commandeur/ Römer, NZG 2017, 776, 778; Jacobi/ Böhme, ZInsO 2015, 721, 721, 724; Klinck, DB 2016, 634, 641; Willemsen/ Kühn, BB 2017, 649, 651; Würdinger, jM 2017, 272, 276.

411 Klinck, DB 2016, 634, 641; in Bezug auf § 142 Abs. 2 S. 1 InsO Hacker, NZI 2017, 148, 150.

412 Kindler/ Bitzer, NZI 2017, 369, 375.

413 Pape, ZInsO 2018, 745, 747.

414 Klinck, DB 2016 634, 641.

415 Hacker, NZI 2017, 148, 150.

besagtem Fall neben der Unrentabilität auch mangels Gleichwertigkeit abgelehnt hatte, sodass in Zukunft das Gleichwertigkeitsmerkmal an Relevanz gewinnen werde und sich die Frage stelle, inwieweit es „normativ-haftungsrechtlich" zu bewerten sei[416]. So könne die Unrentabilität über das Gleichwertigkeitserfordernis wieder eingebracht werden, indem ein mangelnder Nutzen für die Gläubiger mit Ungleichwertigkeit gleichgestellt werde[417].

### b. Schwere Einschnitte in das Anfechtungsrecht

Die Änderungen würden ferner das Anfechtungsrecht und folglich die potentielle Insolvenzmasse empfindlich einschränken[418]. § 133 InsO n. F. stelle eine „Amputation der Vorsatzanfechtung" dar[419]. Bereits in § 133 Abs. 2, 3 InsO des Regierungsentwurfs wurden „fundamentale" Eingriffe in die Vorsatzanfechtung gesehen[420]. Auch konterkariere die Reform den Grund, weshalb überhaupt die InsO geschaffen wurde, nämlich unter anderem um das Anfechtungsrecht zu stärken[421]. Zudem bringe die Reform „Abgrenzungsfragen und Wertungswidersprüche" mit sich[422]. Andererseits wird auch vertreten, dass die Reform eher geringe Änderungen enthalte und die Vorsatzanfechtung eher vorsichtig beschränke[423].

Auch der Neuregelung des § 142 InsO wird vorgeworfen, keinesfalls feinjustierend das Regel-Ausnahmeverhältnis zu § 133 InsO umzukehren, indem § 133 InsO nun aufgrund der hohen Anforderungen in § 142 InsO die Ausnahme darstelle[424], wodurch auch die Beweislast verändert werde[425]. Dies stelle einen schweren Eingriff in das „austarierte System" des § 142 InsO dar[426].

416 Thole, ZIP 2017, 401, 408.
417 Ebda.
418 Frind, ZInsO 2015, 1001, 1006.
419 Pape, ZInsO 2018, 745, 747.
420 Ahrens, ZRP 2016, 5, 5.
421 Pape, ZInsO 2018, 296, 297.
422 Thole, ZIP 2017, 401, 403.
423 Möhlenkamp, DStR 2017, 987, 987.
424 Ganter, NZI 2019, 481, 488.
425 Ganter, NZI 2019, 481, 491; nach Willemsen/ Kühn, BB 2015, 3011, 3016 ist die Beweislast unklar.
426 Kayser, ZIP 2018, 1153, 1155.

### c. Kritik in Bezug auf die Neuregelung des § 142 Abs. 1 InsO

Die Kritik richtet sich auch ganz konkret gegen die einzelnen Änderungen, wobei sich insbesondere das neu eingeführte Tatbestandsmerkmal der Unlauterkeit in § 142 Abs. 1 InsO starker Kritik erwehren muss. Zum einen sei der Begriff schon nicht klar genug umrissen, was eine genauere Definition verhindere[427] und zum anderen seien zu hohe Anforderungen an dessen Beweis gestellt[428]. Die hohen Beweisanforderungen und die Beweislast des Insolvenzverwalters würden „praktisch das Aus für die Vorsatzanfechtung von (...) Bargeschäften“ bedeuten[429]. Es wird zudem befürchtet, dass eine Anfechtung bei Bargeschäften weitestgehend nicht mehr möglich sei, dadurch aber der ursprüngliche Zweck, die Handlungsfähigkeit des Schuldners in der Krise zu bewahren, „durch den Telos eines anfechtungsfreien Wirtschaftsraums ersetzt“ werde[430].

Dagegen wird jedoch vorgebracht, dass die Unlauterkeit auch anderweitig ein erprobtes Tatbestandsmerkmal sei und aufgrund ihrer Begriffsweite genügend Spielraum biete, um die Anfechtung als wirksames Instrument zu bewahren[431]. Ferner habe der Gesetzgeber genügend Anhaltspunkte für eine Auslegung im Regierungsentwurf beziehungsweise der endgültigen Gesetzesbegründung gegeben[432]. In Anknüpfung an die Gesetzesbegründung wird prophezeit, dass es eine Insolvenzverschleppung nach § 15a InsO begünstige, wenn eine Vorsatzanfechtung von Bargeschäften auch bei erwarteter Insolvenz nur in dem seltenen Fall möglich ist, dass es dem Schuldner darauf ankommt, die Gläubiger zu schädigen[433]. Da die Reform dem Ziel der InsO wi-

427 Pape, ZInsO 2018, 296, 303; Borries/ Huber, NZI 2020, 27, 28 sprechen von Konturenlosigkeit.

428 Dahl/ Schmitz, NJW 2017, 1505, 1509; Dahl/ Schmitz/ Taras, ZInsO 2016, 20, 25; s. auch Brinkmann/ Jacoby/ Thole, ZIP 2015, 2001, 2002; Thole, ZIP 2017, 401, 407.

429 Brinkmann/ Jacoby/ Thole, ZIP 2015, 2001, 2002; Ganter, WM 2015, 2117, 2120; Würdinger, jM 2017, 272, 276; s. auch Berner, ZInsO 2015, 2457, 2469; B. Schäfer, Rn. 29; Taras, NJW-Spezial 2017, 405, 406.

430 Ahrens, ZRP 2016, 5, 9.

431 Wimmer, jurisPR-InsR 1/2016 Anm. 1, S. 9; Wimmer, jurisPR-InsR 5/2017 Anm. 1, S. 3.

432 Wimmer, jurisPR-InsR 1/2016 Anm. 1, S. 9.

433 S. nur Dahl/ Schmitz, NJW 2017, 1505, 1509 und im Folgenden.

derspreche, handele es sich auch nicht um eine – wie in der Gesetzesbegründung angekündigt – die Regelungssystematik nicht tangierende, punktuelle Neujustierung[434].

Es wird weiter vorgebracht, die Einführung des Unlauterkeitserfordernisses sei eine „rein ergebnisorientierte Gesetzgebungsarbeit", die bereits bestehende Systemwidrigkeiten noch verfestige, indem sie das Regelungsgefüge der Vorsatzanfechtung außer Betracht lasse, das den Beweis der Kenntnis des Anfechtungsgegners wenn möglich erleichtere[435]. Um das Reformziel zu erreichen, wäre eine Einschränkung im Rahmen des Vorsatzes vorzugswürdig gewesen[436].

Befürchtet wird ferner, dass wegen der konkreten Änderungen am Anfechtungsrecht nicht mehr so wirksam Masse generiert werden könne, wodurch das Insolvenzrecht seine „Ordnungsfunktion" einbüße und die „Zahl masseloser Verfahren" ansteigen werde[437]. Auch hier ist dem jedoch entgegenzuhalten, dass die Vorsatzanfechtung kein Mittel zur Masseanreicherung ist, sondern Masse lediglich als Folge der Vorsatzanfechtung generiert wird (s. u.).

Bereits im Rahmen des Regierungsentwurfs wurde zum Unlauterkeitsmerkmal die Befürchtung geäußert, § 142 Abs. 1 InsO könne so verstanden werden, dass ein unlauteres Handeln des Schuldners zum Tatbestand des § 133 InsO gehöre[438]. Die Befürchtung ist jedoch unbegründet, da eine mittelbare Änderung des § 133 InsO über § 142 InsO nicht den Gesetzgebungspraktiken entspricht und somit höchst unüblich wäre und das ursprünglich in § 133 Abs. 1 InsO diskutierte Unangemessenheitsmerkmal gerade verworfen wurde[439].

An dem Verweis des § 142 InsO auf § 133 Abs. 3 InsO wird kritisiert, dass dies suggerieren könnte, Bargeschäfte seien nur bei Kongruenz weiterhin anfechtbar, da § 133 Abs. 3 InsO nur auf kongruente Leistungen anwendbar ist[440]. Dagegen spricht jedoch, dass inkongru-

434 Dahl/ Schmitz, NJW 2017, 1505, 1509.

435 Kayser, ZIP 2018, 1153, 1156.

436 Kayser, ZIP 2018, 1153, 1156.

437 Brinkmann/ Jacoby/ Thole, ZIP 2015, 2001, 2002; zur Masselosigkeit und „Insolvenz der Insolvenz" auch Pape, ZInsO 2018, 745, 761.

438 Vgl. Ganter, WM 2015, 2117, 2120.

439 Wimmer, jurisPR-InsR 1/2016 Anm. 1, S. 9.

440 Thole, ZIP 2017, 401, 407.

ente Deckungen erst recht weiterhin anfechtbar sein sollen[441], da sie grundsätzlich weniger schutzwürdig sind. Ferner soll das Bargeschäftsprivileg insbesondere kongruente Deckungen schützen.

Der Unlauterkeitsbegriff wird dafür kritisiert, dass er im Kontext des Anfechtungsrechts vorbelastet sei, jedoch „isoliert" vom früheren Regelungsgefüge wieder hervorgeholt werde und viele Fragen aufwerfen werde, wie beispielsweise, ob bei Kongruenz überhaupt Unlauterkeit vorliegen könne[442]. Dem ist zu widersprechen, da der Gesetzgeber mangels anderer Anhaltspunkte davon ausgeht, dass das Unlauterkeitsmerkmal bei allen Anwendungsfällen des Bargeschäftsprivilegs – und somit insbesondere kongruenten Deckungen – Anwendung findet. Unlauterkeit muss demnach auch bei Kongruenz vorliegen können.

Auch der Bundesrat kritisierte den Gesetzesentwurf zu § 142 InsO scharf und bemängelte unter anderem, dass nur noch Fälle anfechtbar seien, bei denen Schuldner und Anfechtungsgegner kollusiv mit Schädigungsabsicht handelten[443]. Dass dies nicht zutrifft, wird noch zu zeigen sein.

### d. Verfehlen der Zielsetzung der Reform

Auch die Erfolgsaussichten der Reform, für mehr Rechtssicherheit und eine Einschränkung der Vorsatzanfechtung zu sorgen, werden eher gering eingeschätzt.

#### aa. Ziel der erhöhten Rechtssicherheit

Auch wenn teilweise davon ausgegangen wird, dass die Reform die versprochene Rechtssicherheit mit sich bringen werde[444], ist unter Verweis auf obige Ausführungen zu schließen, dass überwiegend, jedenfalls bis sich eine gefestigte Rechtsprechung entwickelt hat, nicht mit einer Verbesserung der Rechtssicherheit gerechnet wird.

441 Ebda.
442 Kayser, ZIP 2018, 1153, 1157.
443 S. BT-Drucks. 18/7054, S. 29.
444 Hacker, NZI 2015, 873, 877; Hacker, NZI 2017, 148, 150; H.-P. Roth, DZWiR 2016, 113, 115, 116, 117.

### bb. Ziel der Einschränkung der Vorsatzanfechtung

Das Potential der Reform, die gewünschte Einschränkung der Vorsatzanfechtung tatsächlich zu erreichen, wird unterschiedlich eingeschätzt. Es wird zwar vertreten, das Unlauterkeitsmerkmal in § 142 InsO führe zu einem stärkeren Schutz[445] oder sogar einer „weitgehenden Anfechtungsfestigkeit von Bargeschäften“[446]. Es wird aber auch bezweifelt, dass das Unlauterkeitserfordernis das Bargeschäftsprivileg tatsächlich stärken und die Vorsatzanfechtung eindämmen wird, da nicht ersichtlich sei, wann Unlauterkeit unter den Voraussetzungen des Bargeschäftsprivilegs überhaupt vorliegen könne[447]. Bei Unmittelbarkeit und Gleichwertigkeit einer Leistung läge nämlich lediglich eine Vermögensumschichtung vor[448]. Auch reine Vermögensumschichtungen können sich jedoch nachteilig auf die Gläubiger auswirken und treffen noch keine Aussage über die im Rahmen der Unlauterkeit maßgebliche Gesinnung des Schuldners. Die Wirkungen der Reform werden auch vor dem Hintergrund des Unmittelbarkeitserfordernisses gering eingeschätzt, da ein Bargeschäft meist schon hieran scheitere, sodass der Unlauterkeit wenig Relevanz zukomme[449].

Bork ist nach einer umfassenden Untersuchung der praktischen Auswirkungen der Reform anhand der Rechtsprechung des IX. Zivilsenats zu § 133 InsO aus den Jahren 2012 bis 2016 der Meinung, die „anfechtungsrechtliche Würdigung“ zukünftiger Sachverhalte werde dieselbe wie vor der Reform bleiben[450]. So habe die Verkürzung des Anfechtungszeitraums nach § 133 Abs. 2 InsO auf vier Jahre so gut wie keine Auswirkung, da die wenigsten angefochtenen Zahlungen länger als vier Jahre zurücklägen[451]. Auch nach § 133 Abs. 3 S. 1 InsO auf eine tatsächliche Zahlungsunfähigkeit abzustellen, werde kaum Wirkung

445 Stefanink, ZIP 2019, 1157, 1160.

446 Hacker, NZI 2017, 148, 150; Kindler/ Bitzer, NZI 2017, 369, 375; mit Verweis auf hohe Beweisanforderungen auch Ganter, ZIP 2019, 1141, 1152 mwN.

447 Kindler/ Bitzer, NZI 2017, 369, 376.

448 Kindler/ Bitzer, NZI 2017, 369, 375 f.

449 Hiebert, ZInsO 2018, 1657, 1657; Pape, ZInsO 2018, 296, 304.

450 Bork, FS Wimmer, 98, 106; Kayser, ZIP 2018, 1153, 1153.

451 Bork, FS Wimmer, 98, 101 f.; s. auch Blank/ Blank, ZInsO 2015, 1705, 1710; Hacker, NZI 2017, 148, 149; Willemsen/ Kühn, BB 2015, 3011, 3014; Zivkovic, ZVI 2017, 369, 370; die Änderung begrüßend Dahl/ Schmitz/ Taras, ZInsO 2016, 20, 22; H.-P. Roth, DZWiR, 2016, 113, 115; Hirte, ZInsO 2017, 427, 428.

zeigen, da eine drohende Zahlungsunfähigkeit in den untersuchten Urteilen nur selten entscheidungsrelevant gewesen sei und auch eine tatsächliche hätte bejaht werden können[452]. Da die Kenntnis der Zahlungsunfähigkeit kaum allein auf Zahlungserleichterungen gestützt worden sei, werde sich auch § 133 Abs. 3 S. 2 InsO kaum auswirken[453]. Ebenso wenig solle das Unlauterkeitsmerkmal in § 142 Abs. 1 InsO eine Veränderung mit sich bringen, da in der Regel schon kein Bargeschäft vorliege, sodass es auf die Unlauterkeit überhaupt nur in Ausnahmefällen ankommen werde und zudem die „Mühlen-Fall"-Rechtsprechung, welcher entgegengewirkt werden sollte, kaum Relevanz habe[454]. Von anderer Seite wird hinzugefügt, dass jedenfalls ähnliche Fälle auch nach der Reform gleich zu entscheiden seien[455]. Zudem wird vermutet, dass die weite Rechtsprechung fortgelte, da § 133 InsO a. F. keine Änderungen erfahren habe, sondern in § 133 Abs. 1, 4 InsO übernommen worden sei[456]. Berücksichtigt man das Reformziel und die übrigen Änderungen, ist diese These allerdings kaum zu halten.

Teils wird der Reform die Wirkung zugestanden, dass der Insolvenzverwalter mehr Begründungsaufwand betreiben müsse, was jedoch gleichzeitig zu höheren Kosten für die Masse führe[457].

Andere kritische Stimmen sprechen der Reform eine Verschärfung der §§ 133; 142 InsO zu, indem die anfechtungsfreundliche Rechtsprechung des IX. Zivilsenats in Gesetzesform gegossen wurde[458]. Damit wende sich nun (neben dem BGH) auch der Gesetzgeber von dem Grundsatz der InsO ab, dass außerhalb des Dreimonatszeitraums „Rechtssicherheit und Vertrauen des Gläubigers auf die Wahrung seiner Vermögensmehrung Vorrang" hätten[459].

452 Bork, FS Wimmer, 98, 103 f.

453 Bork, FS Wimmer, 98, 114.

454 Bork, FS Wimmer, 98, 116; auch Bork/ Hölzle/ *Zenker*, Kap. 10 Rn. 9 schätzt die Wirksamkeit der Reform als gering ein; a. A. Hacker, NZI 2017, 148, 150.

455 Kayser, ZIP 2018, 1153, 1157 mVa Pape, ZInsO 2018, 296, 304.

456 Stefanink, ZIP 2019, 1157, 1158.

457 Kayser, ZIP 2018, 1153, 1153.

458 Foerste, ZInsO 2019, 872, 872.

459 Foerste, ZInsO 2019, 872, 872 f.

## III. Resümee

Die Rechtsunsicherheit, die in der Literatur befürchtet wird, ist etwas zu relativieren. Zwar bringt die Unlauterkeit durchaus Auslegungsfragen mit sich, wie schon die energisch geführten Diskussionen im Schrifttum zeigen. Allerdings ist jeder Gesetzesreform anfangs ein gewisses Maß an Rechtsunsicherheit immanent, bis die letzten Fragen (gegebenenfalls durch die Rechtsprechung) geklärt sind und sich die Praxis auf die neuen Regelungen eingestellt hat. Da die Unlauterkeit kein der Rechtswissenschaft völlig unbekanntes Merkmal darstellt und sich in der Gesetzesbegründung einige (wenn auch nicht eindeutige, so doch den Weg für die Auslegung weisende) Anhaltspunkte zur Begriffsbestimmung finden, ist es nur eine Frage der Zeit, bis das Merkmal der Unlauterkeit hinreichend bestimmt ist und die Rechtssicherheit zunimmt.

In Bezug auf die effektive Realisierung des Reformziels ist mit Bork[460] zu konstatieren, dass die Reform kaum praktisch relevante Änderungen der Rechtslage bewirken wird, da sie schon an unerheblichen Punkten ansetzt.

Da die Rechtsprechung bereits eine restriktivere Handhabung der Vorsatzanfechtung verfolgt[461], ist die Wirtschaft jedoch insoweit zu vertrösten. Hierfür sei beispielsweise im Bereich von Zwangsvollstreckungshandlungen mit Pape[462] auf das Urteil des BGH[463] vom 01.06.2017 verwiesen. Diesen Kurs wird der BGH vor dem Hintergrund der Reform, die den klaren Willen des Gesetzgebers einer Einschränkung der Vorsatzanfechtung zum Ausdruck bringt, weiter verfolgen.

Zudem eröffnet der neue § 142 Abs. 1 InsO die Möglichkeit, vermehrt Bargeschäfte abzuschießen, um effektiver als zuvor einer Anfechtung zu entgehen. Cum grano salis ist deshalb zu sagen, dass dem Wirtschaftsverkehr wenigstens eine Möglichkeit gegeben wird, anfech-

460 Bork, FS Wimmer, 98, 98 ff.

461 Bork, ZIP 2008, 1041, 1045 mwN; vgl. auch Huber, ZIP 2018, 519, 521 f. zur „Neuausrichtung" und Pape, ZInsO 2018, 745, 745 zur „Marginalisierung" der Rechtsprechung.

462 Pape, ZInsO 2018, 745, 747 f.

463 BGH, ZIP 2017, 1281.

tungsfeste Geschäfte zu schließen. Dabei ist jedoch zu bedenken, dass der Abschluss von Geschäften in Form von Bargeschäften nicht in jeder Branche (wirtschaftlich) möglich ist.

# F. Begriffsbestimmung der Unlauterkeit

## I. Notwendigkeit der Begriffsklarheit

Das Ziel der Gesetzesänderung, Rechtsunsicherheiten zu beseitigen[464], kann nicht verwirklicht werden, wenn durch die Gesetzesänderung selbst neue Rechtsunsicherheiten auftreten. Diese Gefahr birgt jedoch der mit der Reform in § 142 Abs. 1 InsO eingeführte unbestimmte (und höchst auslegungsbedürftige[465]) Begriff der Unlauterkeit, da eine Definition weder im Gesetz noch in der Gesetzesbegründung vorgesehen ist[466]. Begriffsklarheit ist jedoch überaus wichtig, damit der Wirtschaftsverkehr effektiv funktionieren kann, da es möglich sein muss, die Rechtslage und den Ausgang etwaiger Prozesse im Voraus zu beurteilen. Um den Vorwürfen, die Einführung des unbestimmten Unlauterkeitsbegriffs schaffe Rechtsunsicherheit[467], zu begegnen und für Rechtssicherheit zu sorgen, ist die Unlauterkeit unter Zuhilfenahme der Gesetzesbegründung und anhand der bewährten Auslegungsmethoden zu bestimmen. Dabei ist der zum Teil erwarteten „reichhaltige[n] Einzelfallkasuistik"[468] durch die Entwicklung aussagekräftiger und allgemeingültiger Kriterien möglichst entgegenzuwirken. Eine kasuistische Begriffsbestimmung wäre für den Wirtschaftsverkehr von wenig Nutzen, da Beispielsfälle nicht die Vielfalt an Fallkonstellationen, die der weite Anfechtungstatbestand des § 133 InsO zulässt, abdecken können[469]. Gleichzeitig muss die Definition flexibel genug sein, um Umgehungsversuche verhindern zu können. Die Unlauterkeit wird

---

464 BT-Drucks, 18/7054, S. 1, 10.

465 Heil/ C. Schmidt, ZIP 2018, 714, 719; ähnlich Stefanink, ZIP 2019, 1157, 1160.

466 HambK, Rogge/ Leptien, § 142 Rn. 18; Tolani, ZIP 2018, 1997, 2000f.; vgl. auch Willemsen/ Kühn, BB 2017, 649, 651.

467 Ganter, WM 2015, 2117, 2120 und schon oben.

468 Heil/ C. Schmidt, ZIP 2018, 714, 719.

469 Auch nach Bork, ZIP 2008, 1141, 1149 bergen zu viele Fallgruppen das Risiko von Ungerechtigkeiten und Unvorhersehbarkeiten.

vor dem Hintergrund zu bewerten sein, ob der Schuldner sein Vermögen schmälert, da dies Anknüpfungspunkt der Insolvenzanfechtung ist[470].

## II. Begriffsbestimmung und Auslegung anhand der Gesetzesbegründung

Der Gesetzgeber umreißt den Unlauterkeitsbegriff in der Gesetzesbegründung lediglich, indem er Mindestanforderungen stellt und Beispiele nennt. Er bedient sich weiterer unbestimmter Rechtsbegriffe, wie der „gezielten Gläubigerbenachteiligung“, was die Definition der Unlauterkeit nicht erleichtert. Von „schwammigen Ausführungen“[471] kann dennoch nicht die Rede sein, da die Aussagen, die getroffen werden, durchaus wichtige Eckpunkte festlegen.

### 1. Inhalt der Gesetzesbegründung

Im Gesetzesentwurf der Bundesregierung heißt es zur Unlauterkeit[472]:

i. „Ein unlauteres Verhalten des Schuldners setzt mehr voraus als die Vornahme der Rechtshandlung in dem Bewusstsein, nicht mehr in der Lage zu sein, alle Gläubiger befriedigen zu können“. Vielmehr müssten „hinreichend gewichtige Umstände“ vorliegen, um den „besonderen Unwert“, den eine Unlauterkeit im Sinne des § 142 Abs. 1 InsO erfordere, zu begründen.

ii. Weiter führt der Gesetzgeber aus, dass Unlauterkeit bei einer gezielten Gläubigerbenachteiligung vorliege. Davon sei wiederum beispielsweise auszugehen, „wenn es dem Schuldner in erster Linie darauf ankommt, durch die Befriedigung des Leistungsempfängers andere Gläubiger zu schädigen“.

iii. Unlauterkeit sei ferner gegeben, wenn der Schuldner seine Zahlungsunfähigkeit kennt und sein „Vermögen für Leistungen verschleu-

470 Jäger, WM 2018, 9, 11.

471 Vgl. Pape, ZInsO 2018, 296, 303; a. A. Hiebert, ZInsO 2018, 1657, 1659.

472 Im Folgenden BT-Drucks. 18/7054, S. 19.

dert, die den Gläubigern unter keinem erdenklichen Gesichtspunkt nutzen können, wie (...) etwa bei Ausgaben für flüchtige Luxusgüter".
iv. Ebenso könne das „Abstoßen von Betriebsvermögen, das zur Aufrechterhaltung des Betriebs unverzichtbar ist, (...) unlauter sein, wenn der Schuldner den vereinnahmten Gegenwert seinen Gläubigern entziehen will".
v. Der Gesetzgeber fügt hinzu: „Solange der Schuldner allerdings Geschäfte führt, die allgemein zur Fortführung des Geschäftsbetriebs erforderlich sind, fehlt es demgegenüber auch dann an der Unlauterkeit, wenn der Schuldner erkennt, dass die Betriebsfortführung verlustträchtig ist".

## 2. Analyse und erste Auslegungsversuche

Der Wortlaut der Unlauterkeit ist wenig ergiebig und hilft bei einer Definition nicht weiter[473]. Synonyme des Begriffs wie beispielsweise „illegitim" oder „regelwidrig"[474] sind ebenso unbestimmt wie der Unlauterkeitsbegriff selber. Aus diesem Grund ist vornehmlich auf die Gesetzesbegründung abzustellen, die trotz fehlender Definition aufgrund ihrer Mindestanforderungen und wiederholt verwendeten Kriterien in den Beispielsfällen eine Bestimmung der Unlauterkeit erlaubt.

### a. Mehr als Kenntnis der Zahlungsunfähigkeit

Die einleitenden Ausführungen des Gesetzgebers zur Unlauterkeit (s. o. F. II. 1. i.) ähneln der Rechtsprechung des BGH zum Gläubigerbenachteiligungsvorsatz im Rahmen des § 133 Abs. 1 S. 1 InsO. Demnach spricht die Kenntnis des Schuldners von seiner Zahlungsunfähigkeit für das Vorliegen eines Gläubigerbenachteiligungsvorsatzes, da dieser dann in der Regel davon ausgeht, nicht mehr alle Gläubiger befriedigen zu können[475]. Für die Unlauterkeit soll nun das Bewusstsein, nicht mehr in der Lage zu sein, alle Gläubiger befriedigen zu können,

473 K/ P/ B/ *Bartels*, § 142 Rn. 145; s. auch Hiebert, ZInsO 2018, 1657, 1658 f.
474 Vgl. Hiebert, ZInsO 2018, 1657, 1658; Sämisch/ Deichgräber, ZInsO 2018, 773, 775 jeweils mVa Duden Online-Wörterbuch.
475 Vgl. nur BGH, ZIP 2012, 2355 Rn. 28 und bereits oben.

gerade nicht genügen. Zwar hilft diese Aussage im vorgenannten, praxisrelevanten Fall weiter[476]. Der allgemeinen Begriffsbestimmung ist damit dennoch wenig gedient. Zum einen wird der Unlauterkeitsbegriff nur durch eine Negativdefinition eingegrenzt[477]. Und zum anderen ist e contrario zu schließen, dass eine Rechtshandlung in dem Bewusstsein, nicht mehr in der Lage zu sein, alle Gläubiger befriedigen zu können, unlauter sein kann, wenn ein „Mehr" hinzutritt, welches ebenfalls nicht bestimmt ist. Klarheit oder einen Fortschritt bei der Definitionsfindung bringt die einleitende Erläuterung kaum.

Wie diese Entscheidung des Gesetzgebers zu interpretieren ist, bleibt damit unklar. Einerseits könnte darin das Bestreben gesehen werden, der Indizien-Beweisführung im Rahmen des § 133 Abs. 1 S. 1 InsO entgegenzuwirken. Andererseits hat der Gesetzgeber seine Ausführungen nicht bei den Gesetzesbegründungen zu § 133 Abs. 1 S. 1 InsO platziert, sondern im Rahmen des § 142 Abs. 1 InsO. Daraus lässt sich schließen, dass der Gesetzgeber im Rahmen des § 142 InsO eben nicht gegen die Beweisanzeichen vorgehen, sondern die Anfechtung auf andere Weise beschränken wollte, nämlich indem das Bargeschäftsprivileg gestärkt wird.

### b. Hinreichend gewichtige Umstände für den besonderen Unwert

Vergleichbar wenig aufschlussreich ist mangels genauerer Ausführungen, was unter „hinreichend gewichtige Umstände" und den „besonderen Unwert" (s. o. F. II. 1. i.) fällt. Ein wenig Licht ins Dunkel bringt allein die Erkenntnis, dass die Rechtshandlung das Maß an Vorwerfbarkeit übersteigen muss, das § 133 InsO ohnehin innewohnt. Denn andernfalls wäre stets von Unlauterkeit auszugehen und das Merkmal damit obsolet. Der besondere Vorwurf im Rahmen des § 133 InsO liegt in dem Gläubigerbenachteiligungsvorsatz des Schuldners und der Kenntnis davon beim Anfechtungsgegner begründet. Erkannte Unlauterkeit fordert also gerade mehr als Gläubigerbenachteiligungsvorsatz des Schuldners und dessen Kenntnis seitens des Anfechtungsgegners –

476 Hiebert, ZInsO 2018, 1657, 1659.
477 Pape, ZInsO 2018, 296, 303.

zumindest mehr als die daran gestellten Mindestanforderungen. Hierauf wird an späterer Stelle noch vertieft einzugehen sein.

Der Versuch einer Definition wird noch durch die Forderung nach einem besonderen Unwert vorangetrieben, welche die Vermutung erlaubt, dass wertende Aspekte bei der Begriffsbestimmung eine Rolle spielen.

### c. Zu den weiteren Ausführungen des Gesetzgebers

Die Beispiele des Gesetzgebers helfen zwar in den genannten und ähnlich gelagerten Fällen zu entscheiden, ob eine Unlauterkeit gegeben ist. Um jedoch auch anders gelagerte Fälle bewerten zu können und Rechtssicherheit zu schaffen, sind aus einer Gesamtschau der Beispiele allgemeingültige Kriterien abzuleiten.

#### aa. Vorsatzgrad als Kriterium

Der Gesetzgeber nennt als Unterfall der Unlauterkeit eine gezielte Gläubigerbenachteiligung (s. o. F. II. 1. ii.). Auch dieser Terminus ist zwar unklar, es lässt sich aber erkennen, dass es dem Gesetzgeber auf die innere Willensrichtung des Schuldners ankommt. Dies rückt den subjektiven Tatbestand in den Fokus der Begriffsbestimmung[478].

Die Zielrichtung der Gläubigerbenachteiligung beurteilt sich vornehmlich nach den subjektiven Vorstellungen des Schuldners und erinnert an die Vorsatzform der Absicht, da auch diese fordert, dass es dem Handelnden gerade auf den Erfolg ankommen muss. Die Vermutung, dass auf eine Benachteiligungsabsicht als subjektive Voraussetzung abzustellen ist, wird durch eine Betrachtung des Beispiels bestärkt, wonach eine gezielte Gläubigerbenachteiligung vorliegt, wenn es dem Schuldner auf die Benachteiligung ankommt. Auch hierin zeigt sich, dass der Gesetzgeber zur Bestimmung der Unlauterkeit auf den Vorsatz des Schuldners abstellt. Dass es dem Schuldner gerade auf die Gläubigerbenachteiligung ankommen muss, kann wieder nur als Benachteiligungsabsicht im technischen Sinne, also eines dolus directus

478 S. auch K/ P/ B/ *Bartels*, § 142 Rn. 145; Klinck, DB 2016, 634, 641; auch Ahrens, ZRP 2016, 5, 6 spricht von einer (systemwidrigen) Resubjektivierung.

1. Grades, verstanden werden[479], da die voluntative Komponente hervorgehoben wird. Auch wenn der Schuldner seinen Gläubigern den Gegenwert von abgestoßenem Betriebsvermögen entziehen will (s. o. F. II. 1. iv.), kommt darin Absicht zum Ausdruck.

In der Literatur wird ebenfalls vertreten, dass Unlauterkeit eine Benachteiligungsabsicht erfordere[480] oder zumindest dolus eventualis nicht genüge[481]. Zwar wird vereinzelt vertreten, Unlauterkeit bedeute „bedingter Vorsatz hinsichtlich des mittelbaren Nachteils"[482]. Da bei Bargeschäften jedoch ohnehin nur eine mittelbare Benachteiligung in Betracht kommt und § 133 InsO bereits Eventualvorsatz fordert, wäre das Unlauterkeitsmerkmal obsolet.

Die Tatsache, dass der Gesetzgeber sich gegen den Terminus der Absicht entschieden hat, spricht nicht dagegen, eine solche zu fordern, da der Begriff der Benachteiligungsabsicht durch die KO vorbelastet ist. Die Absichtsanfechtung der KO, das Pendant zur heutigen Vorsatzanfechtung, forderte nämlich eine Absicht, die jedoch als Eventualvorsatz gehandhabt wurde[483]. Hätte der Gesetzgeber eine Absicht in den Wortlaut aufgenommen, bestünde deshalb die Gefahr, dass diese Absicht vor dem historischen Hintergrund der Absichtsanfechtung der KO als Eventualvorsatz ausgelegt wird.

Wie nachfolgend zu zeigen sein wird, kann, um zur Unlauterkeit zu gelangen, ein geringerer Vorsatzgrad durch hinzutretende objektive Umstände kompensiert werden, die eine besondere Verwerflichkeit begründen.

### bb. Objektive Verwerflichkeit als Kriterium

Die Unlauterkeit ist jedoch nicht nur anhand subjektiver, sondern auch objektiver Kriterien zu messen[484]. Dies zeigen insbesondere die

479 So auch Hiebert, ZInsO 2018, 1657, 1659.

480 Ehmann, GWR 2018, 81, 85; HambK, *Rogge/ Leptien*, § 142 Rn. 20; Huber, ZInsO 2015, 2297, 2300; MüKo, *Kirchhof/ Piekenbrock*, § 142 Rn. 38; Uhlenbruck/ *Borries/ Hirte*, § 133 Rn. 146b.

481 K/ P/ B/ *Bork*, § 133 Rn. 44; Kummer/ B. Schäfer/ Wagner/ *Wagner*, § 142 Rn. O129e.

482 K/ P/ B/ *Bartels*, § 142 Rn. 144, 148.

483 Fawzy/ Köchling, ZInsO 2014, 1073, 1074.

484 K/ P/ B/ *Bork*, § 133 Rn. 44, s. auch K/ P/ B/ *Bartels*, § 142 Rn. 145 mwN.

Begriffe „Umstände“ und „Unwert“ (s. o. F. II. 1. i.), da sie nicht eindeutig subjektiv geprägt sind. Das Abstellen auf den Begriff „Umstände“ legt sogar verstärkt ein objektives Verständnis nahe, da hiermit nach allgemeinem Sprachgebrauch insbesondere Objektives erfasst wird.

Der Schuldner handelt nach der Gesetzesbegründung auch unlauter, wenn er in Kenntnis seiner Zahlungsunfähigkeit sein Vermögen verschleudert, ohne dass den Gläubigern dadurch irgendein Nutzen entstehen könnte (s. o. F. II. 1. iii.). Zwar stellt sich die Frage, ob überhaupt ein Bargeschäft vorliegen kann, wenn der Schuldner sein Vermögen verschleudert, da dies mit dem Gleichwertigkeitserfordernis des § 142 InsO in Konflikt zu stehen droht. Jedenfalls bei Ausgaben für flüchtige Luxusgüter, die der Gesetzgeber als Beispielsfall für Vermögensverschleuderungen nennt, können die Leistungen durchaus gleichwertig sein, sodass der Fallgruppe ein Anwendungsbereich bei Bargeschäften zukommt.

Auch wenn bei einer Vermögensverschleuderung Eventualvorsatz in der Regel vorliegen wird, handelt der Schuldner hierbei nicht zwingend mit Benachteiligungsabsicht. In dem Verhalten ist allerdings ein besonderer Unwert zu erkennen. Es zeugt von einem besonders rücksichtslosen Verhalten, wenn sich der Schuldner über das Interesse der Gläubiger daran, dass der Schuldner sparsam wirtschaftet und sein Vermögen nicht unnötig schmälert, hinwegsetzt, zumal kein schützenswertes Interesse an dem Erwerb von Luxusgütern in der Krise besteht. Trotz mangelnder Benachteiligungsabsicht geht der Gesetzgeber von Unlauterkeit aus, wenn sich die besondere Verwerflichkeit bereits aus den objektiven Umständen ergibt[485] und die Interessen des Schuldners deutlich hinter denen der Gläubiger zurücktreten. Unlauterkeit kann sich mithin auch aus objektiven Umständen ergeben. Vor dem Hintergrund, dass das Anfechtungsrecht einen Interessenausgleich darstellt, ist die Verwerflichkeit gerade anhand der konkreten Interessenlage zu beurteilen.

In dem Beispiel, das sich mit dem Abstoßen von Betriebsvermögen (s. o. F. II. 1. iv.) befasst, handelt der Schuldner zwar mit Benachteiligungsabsicht, wenn er den Gläubigern den Gegenwert entziehen

485 So auch Thole, ZIP 2017, 401, 407 mVa HK, *Thole*, § 142 Rn. 17.

will. Hinzu kommt aber, dass der Schuldner durch das Abstoßen von betriebsnotwendigem Vermögen dem Ziel der InsO, eine Sanierung zu ermöglichen, entgegenwirkt. Die Absicht, seine Gläubiger zu benachteiligen, und die Gefährdung der Sanierung als verwerfliches Verhalten reihen sich in die obigen Fallgruppen ein. Die Unlauterkeit ist mithin auch anhand wertender Aspekte zu bestimmen[486]. Der Begriff ist auch offen für Korrekturen, da das Abstoßen von Betriebsvermögen unter den weiteren in der Gesetzesbegründung genannten Voraussetzungen unlauter sein kann, aber nicht muss. Dies deutet darauf hin, dass die Rechtshandlung unter gewissen, jedoch nicht spezifizierten Umständen auch als lauter eingestuft werden kann.

Für Unlauterkeit genügt es dem Gesetzgeber nicht, dass der Schuldner die Verlustträchtigkeit der Betriebsfortführung erkennt (s. o. F. II. 1. v.). Das bestätigt die Annahme, dass der Gesetzgeber für Unlauterkeit gerade Benachteiligungsabsicht und nicht Vorsatz in Form von dolus directus 2. Grades genügen lässt – jedenfalls, solange das Geschäft zur Betriebsfortführung erforderlich ist. Nutzt die Schuldnerhandlung dem Unternehmen, ist der Grad an Vorwerfbarkeit nur ein geringer, da hierdurch das Insolvenzziel der Sanierung gefördert wird.

Verallgemeinert man dies, ist zu schließen, dass bei geringer an objektiven Anknüpfungspunkten festzumachender Vorwerfbarkeit eine höhere Vorsatzform erforderlich ist, um von Unlauterkeit ausgehen zu können. Umgekehrt gilt, dass bei einem geringeren Vorsatzgrad höhere Anforderungen an die objektiven Anknüpfungspunkte zu stellen sind, um Unlauterkeit zu bejahen. Das Begriffsverständnis der Unlauterkeit stützt sich somit auf zwei Säulen, Subjektivität und objektive Verwerflichkeit. Je schwächer das Kriterium der einen Säule ausgeprägt ist, desto stärker muss das der anderen wiegen, um von Unlauterkeit ausgehen zu können.

### d. Eckpunkte der Unlauterkeit

Der Gesetzgeber stellt in seinem einleitenden und abschließenden Satz zur Unlauterkeit (s. o. F. II. 1. i. und v.) lediglich Mindestanforderun-

486 Auch Stefanink, ZIP 2019, 1157, 1158 spricht von einer „Wertungsfrage".

gen und steckt dadurch einen Rahmen dafür ab, wann von Unlauterkeit auszugehen ist, während die übrigen Ausführungen als nicht-abschließende Beispielsfälle ausgestaltet sind. Dadurch werden zwar Teilaspekte dessen klar, was sich der Gesetzgeber unter dem Begriff der Unlauterkeit vorstellt. Für Rechtssicherheit ist jedoch mehr erforderlich als Untergrenzen, Beispielsfälle und Negativdefinitionen.

Eine so abgrenzungsscharfe Definition, die jeden Fall der Unlauterkeit von der Lauterkeit trennt, ist bei dem wertungsoffenen Begriff der Unlauterkeit auf dem mannigfaltigen Gebiet des Anfechtungsrechts zwar kaum denkbar und auch nicht erstrebenswert. Dennoch sollten dem Begriff weitere Grenzen gesteckt und Konturen verliehen werden. Diese Grenzen lassen sich bei einem systematischen Vergleich etwas enger ziehen.

Aus der Systematik des § 142 InsO ergibt sich, dass bei Vorliegen seiner Tatbestandsmerkmale die Unlauterkeit noch nicht ausgeschlossen ist. Auf die Unlauterkeit kommt es überhaupt erst an, wenn die anderen Voraussetzungen vorliegen. Umgekehrt kann das Fehlen eines Tatbestandsmerkmals die Unlauterkeit nicht begründen, da in diesem Fall § 142 InsO bereits daran scheiterte und es auf das Unlauterkeitsmerkmal nicht ankäme. Bei der Auslegung sind die Tatbestandsvoraussetzungen des § 142 InsO also außen vor zu lassen.

Ebenso wenig können allein die Tatbestandsvoraussetzungen des § 133 InsO eine Unlauterkeit begründen. Andernfalls wäre die Schuldnerhandlung bei jeder Vorsatzanfechtung unlauter, sodass die Erstreckung des § 142 InsO auf § 133 InsO ins Leere liefe. Die in der Unlauterkeit enthaltene Vorwerfbarkeit muss demnach die bereits im Gläubigerbenachteiligungsvorsatz enthaltene Vorwerfbarkeit übertreffen[487]. Dies klingt bereits in der Gesetzesbegründung an, wenn der Gesetzgeber festlegt, dass mehr vorausgesetzt wird, als die Vornahme der Rechtshandlung in dem Bewusstsein, nicht alle Gläubiger befriedigen zu können[488].

Anhand der auf Sittenwidrigkeit abstellenden §§ 138 Abs. 1; 826 BGB kann ein weiterer Eckpunkt der Unlauterkeit ausgemacht werden. Nach § 138 Abs. 1 BGB ist ein gegen die guten Sitten verstoßendes, al-

487 Möhlenkamp, DStR 2017, 987, 990.
488 Ebda.

so nicht dem Anstandsgefühl aller billig und gerecht Denkenden entsprechendes[489] Rechtsgeschäft nichtig. Dieses Ausmaß an Vorwerfbarkeit muss die Unlauterkeit nicht zwingend erreichen. Da ein Rechtsgeschäft bei Sittenwidrigkeit bereits nichtig ist – sodass es einer Anfechtung der Rechtshandlung nach den §§ 129 InsO nicht bedarf – muss die mit dem Vorwurf der Unlauterkeit verbundene Handlung bereits unterhalb der Schwelle zur Sittenwidrigkeit liegen[490].

## III. Auslegung entgegen der Gesetzesbegründung

Einige Literaturstimmen befürchten, dass die Gesetzesänderung das Insolvenzanfechtungsrecht dem schwachen Anfechtungsrecht der ehemaligen KO angleiche, wodurch Masse deutlich schwerer zu generieren sei und das „Phänomen der Masselosigkeit" wiederbelebt würde[491]. Ein schwaches Anfechtungsrecht führe außerdem zu einem Verlust der Ordnungsfunktion des Insolvenzrechts und unter Umständen zum „Konkurs des Konkurses"[492].

In diesem Zusammenhang wird der Gesetzgeber besonders stark dafür kritisiert, dass er explizit nicht von Unlauterkeit ausgeht, wenn der Schuldner Geschäfte führt, die zwar allgemein zur Betriebsfortführung erforderlich sind, er aber deren Verlustträchtigkeit erkennt (s. o. F. II. 1. v.)[493]. Teilweise wird verlangt, sich über die Gesetzesbegründung hinwegzusetzen und in diesem Fall dennoch von Unlauterkeit auszugehen[494].

489 BGH, ZIP 2019, 1907 Rn. 24; BGH, ZIP 2013, 2466 Rn. 8; BGHZ 10, 228, 232; RGZ, 80, 219, 221; Palandt, *Ellengerber*, § 138 Rn. 2.

490 Losgelöst vom Unlauterkeitserfordernis zur Formunwirksamkeit Paulus, FS G. Fischer, 445, 449.

491 Pape, ZInsO 2018, 296, 296 f.

492 Pape, ZInsO 2018, 296, 297.

493 BT-Drucks. 18/7054, S. 19.

494 Neuberger, ZInsO 2018, 1242, 1248; Pape, ZInsO 2018, 296, 304; Sämisch/ Deichgräber, ZInsO 2018, 773, 773, 775.

## 1. Kollision mit § 15a InsO und § 64 GmbHG

### a. Bedenken in Bezug auf die Gesetzesbegründung

Dem Gesetzgeber wird vorgeworfen, die Gesetzesbegründung führe zu dem widersprüchlichen Ergebnis, dass dasselbe Verhalten (die Fortführung des Geschäftsbetriebs trotz Zahlungsunfähigkeit) einerseits eine Schadensersatzpflicht nach § 64 S. 1 GmbHG und eine Strafbarkeit nach § 15a Abs. 4, 5 InsO, andererseits aber keine Unlauterkeit nach § 142 Abs. 1 InsO begründet[495]. Mit Blick auf § 64 S. 1 GmbHG sei es „paradox", trotz Schadensersatzpflicht von Lauterkeit zu sprechen[496]. Es stelle auch einen Widerspruch dar, wenn § 142 Abs. 1 InsO es einer insolventen Gesellschaft erlaube, weiter am Geschäftsverkehr teilzunehmen, während die Gesellschaft zugleich nach § 15a InsO vom Markt entfernt werden solle[497]. § 15a InsO diene dem Schutz der „Altgläubiger vor einer weiteren Verringerung der Haftungsmasse" und dem Schutz der „Neugläubiger vor dem Vertragsschluss mit einer bereits notleidenden Gesellschaft"[498]. Diesem Zweck widerspreche es, wenn Geschäfte, die erkennbar eine Insolvenzverschleppung darstellen, von der Anfechtung ausgenommen sind[499]. Könne der Schuldner trotz erkannter Verlustträchtigkeit und Wissen um die zukünftige Insolvenz weiter anfechtungsfeste Verträge schließen, werde der Insolvenzverschleppung Vorschub geleistet[500] und in der Folge § 15a InsO „ad absurdum geführt"[501].

### b. Stellungnahme

Widersprüche im Wertungssystem der InsO sind ohne Frage zu vermeiden, um die Ordnungsfunktion des Rechts zu gewährleisten[502].

495 Sämisch/ Deichgräber, ZInsO 2018, 773, 775.
496 Ebda.
497 Neuberger, ZInsO 2018, 1242, 1248.
498 Sämisch/ Deichgräber, ZInsO 2018, 773, 775 mwN.
499 Ebda.
500 Dahl/ Schmitz, NJW 2017, 1505, 1509; vgl. auch Pape, ZInsO 2018, 296, 304; Sämisch/ Deichgräber, ZInsO 2018, 773, 775; Taras, NJW-Spezial 2017, 405, 406.
501 Vgl. Pape, ZInsO 2018, 296, 304; zustimmend Kayser, ZIP 2018, 1153, 1157.
502 Vgl. auch Schoppmeyer, WM 2018, 301, 301 f.

Aus diesem Grund ist der Vorwurf, der Unlauterkeitsbegriff begründe einen Widerspruch zu § 15a Abs. 4 und 5 InsO, der einer Korrektur bedarf, zwar ernst zu nehmen, nach einer genaueren Untersuchung jedoch nicht haltbar.

### aa. Geringer Raum für Überschneidungen

Der Bereich, in dem ein Widerspruch zwischen § 142 InsO und § 15a InsO in Betracht käme, ist schon begrenzt. Ein Bargeschäft im Sinne des § 142 InsO kann durchaus vor Eintritt der Zahlungsunfähigkeit oder Überschuldung geschlossen werden, sodass § 15a Abs. 4, 5 InsO zeitlich bereits nicht neben § 142 InsO anwendbar ist. Der Schuldner muss wegen des gesellschaftsrechtlichen Bezugs[503] des § 15a Abs. 4, 5 InsO außerdem eine juristische Person sein.

### bb. Kein Widerspruch zu § 15a InsO und § 64 S. 1 GmbHG

Selbst bei gleichzeitiger Anwendung des § 15a InsO respektive § 64 S. 1 GmbHG neben § 142 InsO können die Normen sinnvoll nebeneinander bestehen. Die Möglichkeit des Schuldners, weiter Bargeschäfte zu tätigen, befreit das Vertretungsorgan des Schuldners nicht von der Antragspflicht und der Strafbewehrtheit deren Verletzung. Da § 15a InsO selber keine Unlauterkeit voraussetzt, wird § 15a InsO schon nicht ad absurdum geführt[504]. Die Normen gelten vielmehr unabhängig voneinander.

Auch wird § 15a InsO nicht unterlaufen. Sinn und Zweck des § 15a Abs. 4, 5 InsO ist die Sicherstellung der (rechtzeitigen) Insolvenzantragstellung nach § 15a Abs. 1–3 InsO[505]. § 15a Abs. 4, 5 InsO gewährleisten dies durch Druck auf den Antragspflichtigen, indem sie die Antragspflichtverletzung unter Strafe stellen[506]. Die Antragspflicht bezweckt wiederum einerseits den Schutz der Altgläubiger vor einer Verringerung der Masse und andererseits der Neugläubiger vor einem Vertragsschluss mit einer sich in der Krise befindenden Gesell-

503 Ganter, NZI 2018, 585, 587.
504 Ganter, NZI 2018, 585, 587.
505 HK, *Ransiek*, § 15a Rn. 40; KK, *Hess*, § 15a Rn. 167.
506 BK, *Haas*, § 15a Rn. 49.

schaft[507]. Bei weiterem Auftreten des Unternehmens am Markt würde die Masse zu Lasten der Altgläubiger geschmälert werden. Neugläubiger hingegen liefen Gefahr, in Vorleistung zu treten, ohne einen „werthaltigen Gegenanspruch" gegen die Gesellschaft zu erhalten[508]. § 15a InsO soll die kriselnde Gesellschaft deshalb grundsätzlich möglichst früh vom Geschäftsverkehr ausschließen[509]. Weder Alt- noch Neugläubiger werden jedoch durch die Möglichkeit des Schuldners, Bargeschäfte zu tätigen, über die Maßen gefährdet. Die Altgläubiger werden durch das Erfordernis einer gleichwertigen Gegenleistung und die erhöhten Sanierungschancen geschützt. Für potentielle Neugläubiger ergeben sich schon keine Unterschiede, da die Insolvenzantragspflicht und die Strafbarkeit nach § 15a Abs. 4, 5 weiter bestehen, sodass sie ebenso mit wie ohne Bargeschäftsprivileg geschützt werden. Des Weiteren erhalten auch sie eine gleichwertige Gegenleistung und stehen damit nicht schlechter als ohne Vertragsschluss.

§ 15a InsO intendiert auch nicht zwingend, die Gesellschaft vom Geschäftsverkehr auszuschließen, da das Unternehmen im Idealfall saniert werden soll[510]. Diesem Ziel hilft das Bargeschäftsprivileg gerade, da die Gesellschaft weiterhin am Markt tätig bleiben kann.

Die Kritik trifft auch in Bezug auf § 64 S. 1 GmbHG nicht zu. Von der Ersatzpflicht des § 64 S. 1 GmbHG sind nach § 64 S. 2 GmbHG solche Handlungen ausgenommen, die mit der Sorgfalt eines ordentlichen Geschäftsmannes vereinbar sind. Darunter sollen auch fortführungsnotwendige Bargeschäfte fallen, da sie die Sanierungsmöglichkeit erhalten[511]. Die bei § 64 S. 2 GmbHG erforderliche Notwendigkeit der

---

507 Graf-Schlicker/ *Bremen*, § 15a Rn. 1; K/ P/ B/ *Steffek*, § 15a Rn. 3 mwN; Rattunde/ Smid/ Zeuner/ *Burgenger*, § 15a Rn. 2; vgl. auch BT-Drucks. 16/6140, S. 55 zu Nr. 3.

508 Ahrens/ Gehrlein/ Ringstmeier/ *Kadenbach*, § 15a Rn. 1; vgl. auch BGH, ZIP 2010, 2356 Rn. 11.

509 BGH, ZIP 2008, 1596 Rn. 11; Ahrens/ Gehrlein/ Ringstmeier/ *Kadenbach*, § 15a Rn. 1.

510 Hiebert, ZInsO 2018, 1657, 1660.

511 BGH, WM 2008, 27 Rn. 6; Ganter, NZI 2018, 585, 588; GmbHG, Gehrlein/ Born/ Simon/ *Sandhaus*, § 64 Rn. 28; auch nach Hiebert, ZInsO 2018, 1657, 1658 unterfallen Bargeschäfte nicht § 64 GmbHG.

Zahlung für den Erhalt konkreter Sanierungschancen[512] ist bei verlustträchtigen Bargeschäften durch das Merkmal der Fortführungsnotwendigkeit aus der Gesetzesbegründung und das Gleichwertigkeitserfordernis des § 142 InsO gleichfalls sichergestellt. Insoweit liegt schon kein Wertungswiderspruch vor. Maßgeblich ist für § 64 S. 2 GmbHG auch, ob die Handlung größere Nachteile für die Insolvenzmasse abgewendet hat[513] und für die Gläubiger vorteilhaft ist[514] und ob auch ein „besonnener vorläufiger Insolvenzverwalter" sie vorgenommen hätte[515], was bei die Sanierungsmöglichkeit erhaltenden Bargeschäften zu bejahen ist. Die Vornahme von Bargeschäften begründet somit nicht per se eine Schadensersatzpflicht nach § 64 S. 1 GmbHG, sodass auch kein Spannungsverhältnis zur Gesetzesbegründung besteht. Im Gegenteil wird durch § 142 InsO eine Wertungsdichotomie mit den Geschäftsführerpflichten, die sich im Umkehrschluss aus § 64 GmbHG ergeben, verhindert. Denn der Geschäftsführer ist verpflichtet, die Geschäfte – auch der insolventen – Gesellschaft mit der Sorgfalt eines ordentlichen Geschäftsmannes zu führen. Dieser entspricht es jedoch gerade, bargeschäftliche Handlungen vorzunehmen, welche die Sanierungsmöglichkeit des Unternehmens erhalten.

#### cc. Unabhängigkeit der Vorschriften

Auch das Argument, nach § 15a Abs. 4, 5 InsO strafbares Verhalten müsse unlauter im Sinne des § 142 InsO sein, überzeugt nicht. Strafrecht und Zivilrecht verfolgen unterschiedliche Zwecke, sodass die einem Verstoß gegen eine Strafnorm immanente Verwerflichkeit nicht pauschal auf die Bewertung der Wirksamkeit zivilrechtlicher Vorgänge durchschlägt. Schließlich stellt auch die Veräußerung einer Leihgabe eine Unterschlagung dar, die zivilrechtlich dennoch kondiktionsfestes Eigentum beim gutgläubigen Erwerber begründet. Ganz im Gegenteil

---

512 GmbHG, Rowedder/ Schmidt-Leithoff/ *Schmidt-Leithoff/ Baumert* § 64 Rn. 38 mwN; vgl. auch GmbHG, Baumbach/ Hueck/ *Haas*, § 64 Rn. 91; Bork/ C. Schäfer/ *Bork*, § 64 Rn. 22; GmbHG, Michalski/ Heidinger/ Leible/ J. Schmidt/ *Nerlich*, § 64 Rn. 22.

513 BGH, WM 2008, 27 Rn. 6; BGH, ZIP 2001, 235, 238.

514 GmbHG, Gehrlein/ Born/ Simon/ *Sandhaus*, § 64 Rn. 26 mwN; GmbHG, MüKo, *Müller*, § 64 Rn. 154 mwN.

515 GmbHG, MüKo, *Müller*, § 64 Rn. 154 mwN.

kann trotz strafbarer Insolvenzverschleppung ein Bargeschäft zur Rettung des Unternehmens führen, indem die Sanierungsfähigkeit bewahrt wird, worin sogar eine honorable Gesinnung zum Ausdruck kommt. Dass § 142 InsO und § 15a InsO nichts miteinander zu tun haben und eine Zahlung trotz Insolvenzantragspflicht deshalb nicht zwingend unlauter ist, verrät auch die unterschiedliche systematische Stellung im Gesetz[516].

An das Bargeschäftsprivileg und § 64 S. 1 GmbHG sind bereits unterschiedliche Voraussetzungen zu stellen, da die Normen unterschiedliche Zwecke verfolgen[517]. Während § 64 S. 1 GmbHG auf eine Verringerung der Aktivmasse abstellt, schützt § 142 InsO daneben auch vor einer Mehrung der Passivmasse[518]. Das Bargeschäftsprivileg dient dem Schutz der Bargeschäftspartner in ihrem Vertrauen auf den Erhalt der Leistung, § 64 S. 1 GmbHG schützt hingegen die Gläubigergesamtheit[519]. Auch soll § 64 S. 1 GmbHG im Gegensatz zu § 142 InsO nicht die Handlungsfähigkeit des Schuldners in der Krise sicherstellen[520]. Dass ein Anspruch nach § 64 S. 1 GmbHG besteht, ist auch keineswegs paradox, da der Geschäftsführer einerseits und die Parteien des Bargeschäfts, die Gesellschaft und der Gläubiger, andererseits durchaus unterschiedlich behandelt werden können, zumal nur ersteren „im Fall der Insolvenzreife des Schuldners Handlungspflichten" treffen[521].

Auch der angeblich über die Gesetzesbegründung hinausgehende Wortlaut des Unlauterkeitsbegriffs kann den gesetzgeberischen Willen nicht überwinden, Unlauterkeit bei fortführungsnotwendigen Geschäften trotz Verlustträchtigkeit abzulehnen. Hierfür spricht auch das Postulat des BGH, dass Sinn und Zweck der Insolvenzanfechtung „mehr unter wirtschaftlichen als formalrechtlichen Gesichtspunkten" zu betrachten sind[522].

Dem Ergebnis einer zwingend möglichen Anfechtung bei Insolvenzverschleppung stehen auch die unterschiedlichen Stoßrichtungen

516 Hiebert, ZInsO 2018, 1657, 1658.
517 BGH, ZIP 2017, 1619 Rn. 12; Ganter, NZI 2018, 585, 587 f.
518 BGH, ZIP 2017, 1619 Rn. 13.
519 BGH, ZIP 2017, 1619 Rn. 14.
520 BGH, ZIP 2017, 1619 Rn. 15.
521 Hiebert, ZInsO 2018, 1657, 1661.
522 BGH, WM 1978, 988, 989; BGH, WM 1955, 407, 409.

der Normen entgegen. Die Insolvenzanfechtung bedeutet eine gegen den Leistungsempfänger gerichtete Rückgewährpflicht nach § 143 Abs. 1 S. 1 InsO, von der das Bargeschäftsprivileg eine Ausnahme statuiert. § 15a Abs. 4, 5 InsO hingegen zielt auf eine Sanktionierung des Vertretungsorgans ab. Zwar kann in Verbindung mit § 823 Abs. 2 BGB auch ein Schadensersatzanspruch zu Gunsten der Masse entstehen. Der Anspruch richtet sich jedoch nicht gegen den Leistungsempfänger, sondern gegen das von einer etwaigen Insolvenzanfechtung nicht betroffene Vertretungsorgan des Schuldners. Während die Anfechtung auf Rückerstattung einer der Masse verlustig gegangenen Leistung gerichtet ist, schützt § 15a Abs. 4, 5 InsO die Masse grundsätzlich nur präventiv, vermag jedoch eine einmal eingetretene Masseschmälerung nicht wieder rückgängig zu machen.

§ 15a InsO soll lediglich sicherstellen, dass der Insolvenzantrag rechtzeitig gestellt wird, nicht aber einen möglichen Leistungsaustausch verhindern[523]. Unrentable Unternehmen fortzuführen, sanktioniert § 15a InsO gerade nicht[524]. § 15a InsO richtet sich nicht einmal gegen Vertragspartner einer juristischen Person[525]. Auf der anderen Seite will § 142 InsO die Handlungsfähigkeit des Schuldners und das Vertrauen des Anfechtungsgegners schützen. Die Ziele der Normen widersprechen sich nicht und können daher durchaus nebeneinander verfolgt werden.

## 2. Kritik in Bezug auf § 133 InsO

Es wird ferner kritisiert, dass die Handhabung der Unlauterkeit unrentable Geschäftsbetriebe aufrechterhalte und so der Gläubigergleichbehandlung und dem Sanierungsziel zuwiderlaufe[526]. Teilweise wird kritisiert, die Masseschutzfunktion des § 133 InsO werde eingeschränkt, wenn Rechtshandlungen nur bei Unlauterkeit anfechtbar seien[527]. Dies

523 Hiebert, ZInsO 2018, 1657, 1658.
524 Ganter, NZI 2018, 585, 587.
525 Ebda.
526 Dahl/ Schmitz, NJW 2017, 1505, 1509; Sämisch/ Deichgräber, ZInsO 2018, 773, 774.
527 Vgl. auch Kayser, WM 2013, 293, 296, der allerdings noch zur a. F. argumentiert.

überzeugt jedoch nicht, da § 133 InsO die Masse allenfalls mittelbar schützt[528].

### 3. Widerspruchsfreiheit in Bezug auf § 133 Abs. 3 S. 1 InsO

Zudem ergebe sich für die Kritiker ein Wertungswiderspruch, wenn man nach § 133 Abs. 3 S. 1 InsO die Kenntnis des Anfechtungsgegners vom Gläubigerbenachteiligungsvorsatz bei Kenntnis von der Zahlungsunfähigkeit vermutet, ohne dies auch bei der Kenntnis der Unlauterkeit zu tun[529].

Die gesetzliche Vermutung des § 133 Abs. 3 S. 1 InsO nicht auch auf die Kenntnis des Anfechtungsgegners von der Unlauterkeit zu erstrecken, begründet jedoch ebenfalls keinen Widerspruch. Der Benachteiligungsvorsatz und die Unlauterkeit sind zwei unterschiedliche Tatbestandsmerkmale, sodass es nicht widersprüchlich ist, diese selbst und die entsprechende Kenntnis unterschiedlich zu beurteilen[530]. Würde § 133 Abs. 3 S. 1 InsO das Wissen um die Unlauterkeit ebenfalls vermuten, würde das Merkmal ferner umgangen. Die bewusste Entscheidung des Gesetzgebers, § 133 Abs. 3 S. 1 InsO nicht auf die Kenntnis der Unlauterkeit zu erstrecken, ist zu respektieren[531].

### 4. Sanktionierungsfunktion

Auch die Rechtslage bezüglich des Anfechtungsgegners wird teilweise kritisiert. Der Anfechtungsgegner sei schon nicht schutzwürdig, wenn er um die Insolvenzverschleppung seines Vertragspartners weiß, da der Anfechtungsgegner die Schuldnerleistung dann nicht mehr für lauter halten dürfe[532]. Dem Gesetzgeber wird auch vorgeworfen, dass – auch wenn die antragspflichtigen Organe des Schuldners weiterhin

528 S. nur HK, *Thole*, § 133 Rn. 3; Schoppmeyer, WM 2018, 353, 354; ausführlich unter F. VIII. 1. b.

529 Sämisch/ Deichgräber, ZInsO 2018, 773, 775.

530 Ganter, NZI 2018, 585, 588.

531 Hiebert, ZInsO 2018, 1657, 1661.

532 Sämisch/ Deichgräber, ZInsO 2018, 773, 775.

wegen verbotener Auszahlungen (nach § 64 GmbHG) in Anspruch genommen werden können und sich wegen Insolvenzverschleppung (nach § 15a InsO) strafbar machen – der Anfechtungsgegner „anfechtungsrechtlich ungeschoren" bleibe[533]. Mit den im Unlauterkeitsbegriff enthaltenen Redlichkeitsüberlegungen sei es nicht vereinbar, den Anfechtungsgegner zu bevorzugen, wenn er von strafbarem Verhalten des Schuldners wisse[534]. Der Begriff „unlauter" sei synonym zu „regelwidrig", „illegitim" oder Ähnlichem zu verstehen und müsse deshalb über die in der Gesetzesbegründung genannten Beispielsfälle hinausgehen[535].

Das Argument, dass der Gläubiger bei einer Insolvenzverschleppung nicht unsanktioniert bleiben solle[536], trifft nicht zu, da eine Beihilfe zur Insolvenzverschleppung von der fehlenden Anfechtbarkeit unberührt bleibt. Jedenfalls kommt dem Insolvenzanfechtungsrecht schon keine grundsätzliche Poenalisierungsfunktion zu. Es stellt vielmehr eine Abwägung der betroffenen und teils widerstreitenden Interessen dar, die je nach Schutzwürdigkeit miteinander in Einklang gebracht werden. Das Zurücktreten einzelner Interessen ist dabei jedoch nicht Ausdruck einer Sanktion – dies kommt vielmehr den Strafnormen zu –, sondern nur Folge der Abwägung. Dieser allenfalls reflexartig sanktionierende Charakter soll beim Bargeschäft jedoch gerade außer Betracht bleiben.

### 5. UWG

Des Weiteren wird auf die §§ 1; 3 Abs. 1 UWG verwiesen, in deren Rahmen sich die Unlauterkeit beziehungsweise Lauterkeit anhand der „anständigen Gepflogenheiten in Gewerbe oder Handel" bemesse[537]. Ist es dem Schuldner möglich, trotz Insolvenzverschleppung weiter am

533 Pape, ZInsO 2018, 296, 304.

534 Pape, ZInsO 2018, 296, 304; Sämisch/ Deichgräber, ZInsO 2018, 773, 775.

535 Sämisch/ Deichgräber, ZInsO 2018, 773, 775 mVa Duden Online-Wörterbuch.

536 Vgl. oben Pape, ZInsO 2018, 296, 304.

537 Sämisch/ Deichgräber, ZInsO 2018, 773, 775 mVa BT-Drucks. 15/1487, S. 16.

Markt teilzunehmen, sei der unverfälschte Wettbewerb und mithin der Anwendungsbereich des UWG betroffen[538].

Dem ist entgegen zu halten, dass das Insolvenzanfechtungsrecht nicht den unverfälschten Wettbewerb schützen soll. Zudem tangiert die Reform nicht das Regelungsgefüge des UWG, sodass dessen Schutzmechanismen unberührt bleiben und unverändert fortwirken. Eine gewisse Verzahnung ist den einzelnen Teilbereichen der Rechtsordnung zweifelsohne zuzugestehen. Ein Wettbewerbsvorteil durch die Neuregelung des § 142 InsO, der das UWG derart stark berührt, dass er im Rahmen des Unlauterkeitsbegriffs zu berücksichtigen wäre, ist jedoch weder dargelegt noch ersichtlich. Denn die Möglichkeit einer kriselnden Gesellschaft, weiterhin Bargeschäfte vornehmen zu können, vermag den Wettbewerb wohl kaum merklich zu verzerren. Zum einen garantieren dies die Voraussetzungen des Bargeschäfts wie auch das Unlauterkeitserfordernis, das Extremfälle verhindert, und zum anderen die weiterhin eingreifenden Schutzmechanismen des UWG.

## 6. Missachtung der Gesetzesbegründung

Mit Blick auf die dargestellte Kritik fordern Teile der Literatur die Praxis auf, sich über die Gesetzesbegründung hinwegzusetzen und Unlauterkeit auch dann anzunehmen, wenn der Schuldner den Geschäftsbetrieb fortführt, obwohl er erkennt, dass die Betriebsfortführung verlustträchtig ist[539]. Dadurch werde die „Einheit und Widerspruchsfreiheit der InsO wiederhergestellt“[540].

Abgesehen davon, dass ein zu korrigierender Widerspruch nicht besteht, ist die vorgeschlagene Lösung, den gesetzgeberischen Willen zu missachten, abzulehnen. Eine politische Entscheidung des Gesetzgebers ist zu respektieren. Der Gesetzgeber möchte sich unter ausdrücklicher Nennung des „Mühlen-Falls“[541] gerade der Rechtsprechung entledigen, welche Teile der Literatur durchzusetzen versuchen.

538 Ebda.

539 Neuberger, ZInsO 2018, 1242, 1248; Pape, ZInsO 2018, 296, 304; Sämisch/ Deichgräber, ZInsO 2018, 773, 773, 775.

540 Neuberger, ZInsO 2018, 1242, 1248.

541 BT-Drucks. 18/7054, S. 19.

Da der Gesetzgeber seinen Willen nicht deutlicher hätte ausdrücken können, muss sich die Praxis jedoch an diese Vorgaben halten und die Vorsatzanfechtung in dessen Sinne auslegen[542].

Eine richterrechtliche „Korrektur" oder Missachtung des gesetzgeberischen Willens würde mit der in Art. 20 Abs. 3 GG verankerten Bindung der Rechtsprechung an Gesetz und Recht in Konflikt stehen[543] und käme einem Verstoß gegen das Gewaltenteilungsprinzip gleich[544]. Die Judikative, die allein zur Rechtsanwendung berufen ist und eben keine „normsetzende Instanz" darstellt, darf zwar gesetzliche Unstimmigkeiten korrigieren, sich jedoch nicht über den hier eindeutigen Willen des Gesetzgebers hinwegsetzen[545], da sie nicht dieselbe demokratische Legitimation wie die Exekutive besitzt[546]. Der Ansatz, sich über die Gesetzesbegründung hinwegzusetzen, kommt mithin aus Rechtsstaatlichkeitsüberlegungen a priori nicht in Frage. Der Literatur bleibt bei rechtpolitischer Meinungsverschiedenheit nur die Möglichkeit, im Rahmen des rechtspolitischen Diskurses auf den Gesetzgeber einzuwirken und so die Gesetzesänderungen rückgängig zu machen. In den Aufgabenbereich der Rechtsprechung fällt dies jedoch keinesfalls[547].

## 7. Zwischenergebnis

Der Ansatz, sich über die Gesetzesbegründung hinwegzusetzen und Unlauterkeit auch dann anzunehmen, wenn der Schuldner die Verlustträchtigkeit der Geschäftsfortführung erkennt, ist abzulehnen. Weder besteht der behauptete Widerspruch zur Insolvenzverschleppung noch ist der geforderte Lösungsweg vertretbar.

542 Borsch/ Matzen, ZInsO 2018, 2685, 2691; Ganter, NZI 2018, 585, 587.

543 Ganter, NZI 2018, 585, 588; Ganter, NZI 2019, 481, 489; Hiebert, ZInsO 2018, 1657, 1660; vgl. auch BVerfG, NJW 1993, 996, 997.

544 Vgl. auch Ganter, NZI 2018, 585, 586.

545 BVerfG, ZIP 2012, 911 Rn. 56; BVerfG, ZIP 2010, 1711 Rn. 64; Foerste, ZInsO 2013, 897, 902; Ganter, NZI 2018, 585, 585.

546 Ganter, NZI 2018, 961, 961 mwN.

547 Ganter, NZI 2018, 585, 587; Ganter, NZI 2018, 961, 968.

## IV. Anlehnung an andere Normen und Gesetze

Der Begriff der Unlauterkeit findet sich neben § 142 InsO sowohl an weiteren Stellen in der InsO als auch in ganz anderen Gesetzen. Da im Rahmen der Auslegung die Schutzrichtung der Norm maßgeblich ist, die den Begriff verwendet[548], ist eine Übertragbarkeit jedoch eher fraglich.

### 1. Unlauterkeit in der InsO

Gemäß § 250 Nr. 2 InsO ist die Bestätigung eines Insolvenzplans von Amts wegen zu versagen, wenn die Annahme des Plans unlauter, insbesondere durch Begünstigung eines Beteiligten, herbeigeführt worden ist.

Die Verwendung des gleichen Begriffs in demselben Gesetz spricht zunächst zwar für ein übereinstimmendes Begriffsverständnis in § 250 Nr. 2 InsO und § 142 Abs. 1 InsO. Die Normen stehen jedoch in unterschiedlichem Kontext – einerseits dem Insolvenzanfechtungsrecht und andererseits der Bestätigung von Insolvenzplänen. Vor diesem Hintergrund kann der Begriff nicht pauschal auf eine andere Norm übertragen werden, da den Normen unterschiedliche Regelungszusammenhänge und Zielsetzungen zugrunde liegen, sodass auch das Begriffsverständnis differiert. Es ist zwar nicht ausgeschlossen, dass die Begriffe Gemeinsamkeiten aufweisen und sich (teilweise) überschneiden. Inwieweit dies tatsächlich der Fall ist, kann jedoch erst nach einer umfassenden Analyse des Begriffs in § 142 Abs. 1 InsO festgestellt werden.

In der Literatur wird die Annahme des Plans teilweise bei einem Verstoß gegen Treu und Glauben als unlauter angesehen[549]. Auch wird darauf abgestellt, ob die Zustimmung durch vorwerfbares, manipulatives Verhalten, wie beispielsweise Täuschung oder Drohung erlangt wurde[550]. Auf diese Kriterien ist jedenfalls nicht abzustellen.

548 Kirchhof, FS G. Fischer, 285, 291.
549 Braun/ *Braun/ Frank*, § 250 Rn. 8; HambK, *Thies*, § 250 Rn. 11.
550 HambK, *Thies*, § 250 Rn. 13.

Auf Treu und Glauben kann es im Rahmen der Unlauterkeit nicht ankommen. Das hierfür maßgebliche Anstandsgefühl aller billig und gerecht Denkenden ist bei § 133 InsO regelmäßig schon bei Vorliegen von dessen Voraussetzungen verletzt, wenn der Schuldner mit dem Vorsatz handelt, seine Gläubiger zu benachteiligen und der Vertragspartner hiervon weiß. Da Unlauterkeit jedoch über das dem § 133 InsO immanente Maß an Vorwerfbarkeit hinausgehen muss, muss Unlauterkeit auch über den § 133 InsO immanenten Verstoß gegen Treu und Glauben hinausgehen. Darüber hinaus ist diese Formel zu unbestimmt, um Rechtssicherheit schaffen zu können, und würde lediglich einen unbestimmten Rechtsbegriff durch einen anderen ersetzen.

Ein Verhalten wie Täuschung oder Drohung kann die Unlauterkeit zwar gegebenenfalls begründen, jedoch keineswegs Erfordernis hierfür sein, da der Anwendungsbereich der Anfechtung andernfalls marginalisiert würde. Denn die Gläubigermehrheit ist an den Rechtshandlungen des Schuldners mit einzelnen Gläubigern in der Regel unbeteiligt, während der Anfechtungsgegner in Kenntnis des Benachteiligungsvorsatzes handeln muss, sodass jedenfalls eine Täuschung ausscheidet.

## 2. Unlauterkeit in anderen Gesetzen

Außerhalb der InsO findet sich der Begriff der Unlauterkeit insbesondere an verschiedenen Stellen im UWG wieder. Es wird vertreten, dass der Begriff der Unlauterkeit in §§ 3; 4 UWG keine Gemeinsamkeiten mit dem des Insolvenzanfechtungsrechts aufweise[551] und jedenfalls ein „unreflektierter Rückgriff" auf das Begriffsverständnis im UWG ausgeschlossen sei[552].

Hierfür spricht, dass das UWG und die InsO unterschiedliche Zielrichtungen verfolgen und unterschiedliche Rechtsfolgen setzen, sodass auch bei gleicher Begrifflichkeit nicht zwingend eine inhaltliche Übereinstimmung vorliegen muss. Gemäß seines § 1 dient das UWG dem Schutz unter anderem der Mitbewerber vor unlauteren geschäftlichen Handlungen und des Allgemeininteresses an einem unverfälsch-

551 Tolani, ZIP 2018, 1997, 2001.
552 Hiebert, ZInsO 2018, 1657, 1658.

ten Wettbewerb. Da auch § 133 InsO, dessen Anwendung auch bei Bargeschäften die Unlauterkeit erst wieder ermöglicht, die Chancengleichheit der Gläubiger schützt (s. u.), ist eine gewisse Ähnlichkeit gegeben. Es besteht jedoch ein wesentlicher Unterschied in der Rechtsfolge für das unlautere Geschäft. Während das UWG insbesondere einen Beseitigungs- und Unterlassungsanspruch in § 8 UWG sowie einen Schadensersatzanspruch in § 9 UWG vorsieht, den Bestand des Geschäfts also nicht berührt, ist Rechtsfolge der Insolvenzanfechtung nach § 143 InsO eine Rückgewährpflicht. Die Unlauterkeit in der InsO hat deutlich weitreichendere Folgen, da bei ihr das Bestehen des Leistungsaustausches nicht wie im UWG mit Sanktionen geduldet, sondern rückgängig gemacht wird. Deshalb kann nicht auf den weniger folgenreichen Begriff des UWG zurückgegriffen werden.

In § 299 Abs. 1 Nr. 1 und Abs. 2 Nr. 1 StGB ist ebenfalls von einer unlauteren Bevorzugung im Wettbewerb die Rede. Die Norm schützt vordergründig den freien Wettbewerb[553]. Es kann jedoch auch nicht auf § 299 StGB zurückgegriffen werden, da der Tatbestand als Strafnorm – anders als das Anfechtungsrecht – sanktionieren und präventiv ein Verhalten steuern will.

## V. Rückgriff auf den Unlauterkeitsbegriff der Rechtsprechung zur KO

Der Begriff der Unlauterkeit ist dem Insolvenzanfechtungsrecht keinesfalls fremd, da der BGH[554] bereits im Rahmen des § 31 Nr. 1 KO bei kongruenten Deckungen ein unlauteres Handeln für die Annahme einer Benachteiligungsabsicht forderte[555]. Diese Rechtsprechung führte der BGH nach Ablösung der KO bei § 133 InsO jedoch nicht fort und verwarf das Erfordernis der Unlauterkeit[556] mit der Begründung, dass § 31 Nr. 1 KO eine Benachteiligungsabsicht, § 133 Abs. 1 S. 1 InsO

553 Vgl. StGB, T. Fischer, Vor. § 298 Rn. 6, § 299 Rn. 2.

554 Vgl. BGH, ZIP 1993, 521, 522; BGH, ZIP 1993, 208, 210; BGH, ZIP 1993, 276, 279; BGH, ZIP 1991, 807, 809; BGH, WM 1969, 1079, 1080; und auch schon BGHZ 12, 232, 238 zu § 3 AnfG.

555 Hacker, NZI 2015, 873, 876; Heil/ C. Schmidt, ZIP 2018, 714, 718.

556 Vgl. BGH, ZIP 2008, 1291 Rn. 20; BGH, ZIP 2008, 420 Rn. 18; BGH, ZIP 2004, 1512, 1513; BGH, ZIP 2003, 1799, 1800.

hingegen nur Benachteiligungsvorsatz fordere[557]. Da es auch im Rahmen des § 31 Nr. 1 KO nicht auf Absicht im technischen Sinne ankam, sondern bereits Eventualvorsatz als ausreichend angesehen wurde[558], überzeugt diese Argumentation jedoch nicht[559]. Zudem intendierte der Gesetzgeber bei Einführung der InsO gerade keine Änderung der bis dato geltenden Rechtslage[560].

Die gesetzliche Wiedereinführung des Unlauterkeitsbegriffs in das Insolvenzanfechtungsrecht wirft die Frage auf, ob auf den alten Unlauterkeitsbegriff rekurriert werden kann. Allein die Aufgabe der Rechtsprechung durch den BGH spricht noch nicht hiergegen, da die Aufgabe dieser Rechtsprechung gegebenenfalls sogar Grund für die Gesetzesänderung sein kann, wenn der Gesetzgeber die alte Rechtslage fortgesetzt sehen will.

### 1. Der Unlauterkeitsbegriff der Rechtsprechung

Die Rechtsprechung stellte im Rahmen des Unlauterkeitsmerkmals zunächst mitunter auf ein kollusives Zusammenwirken von Schuldner und Gläubiger ab[561]. Orientiert man sich an der Gesetzesbegründung, wird man Unlauterkeit im Rahmen des § 142 Abs. 1 InsO bei Kollusion wohl wegen der deutlichen Verwerflichkeit und des Vorsatzgrades bejahen müssen[562]. Erforderlich ist das aber nicht[563], da sich die Unlauterkeit dem Gesetzestext nach allein auf das Schuldnerverhalten bezieht, während das Gläubigerverhalten erst im Rahmen der Kenntnis von der Unlauterkeit relevant wird.

557 BGH, ZIP 2003, 1799, 1800.

558 Vgl. BGH, ZIP 1999, 406, 408; BGH, ZIP 1994, 40, 44; BGH, ZIP 1993, 512, 522; BGH, ZIP 1991, 807, 808; Kilger/ K. Schmidt, § 31 KO S. 187; vgl. auch KO Jaeger/ *Henckel*, § 31 Rn. 9 f.

559 Foerste, ZInsO 2013, 897, 897.

560 BT-Drucks. 12/2443, S. 160 zu § 148.

561 Fawzy/ Köchling, ZInsO 2014, 1073, 1081 mVa BGHZ 12, 232, 238; BGHZ 121, 179, 185.

562 Unabhängig von Verwerflichkeit oder Subjektivität auch Stefanink, ZIP 2019, 1157, 1161.

563 Vgl. auch Kummer/ B. Schäfer/ Wagner/ *Wagner*, § 142 Rn. O129e.

Später nahm der BGH bei § 31 Nr. 1 KO unlauteres Handeln an, wenn es dem Schuldner „weniger auf die Erfüllung einer Pflicht als auf die Vereitelung der Ansprüche der anderen Gläubiger" ankam[564]. Vice versa lag keine Unlauterkeit vor, wenn es dem Schuldner „mehr auf die Erfüllung seiner Vertragspflichten als die Schädigung anderer Gläubiger" ankam[565]. Unlauterkeit schied auch dann aus, wenn der Schuldner seine Gläubiger anteilig befriedigen wollte[566] oder einen näher definierten Sanierungsversuch unternahm[567]. Maßgeblich war demnach die Motivation des Schuldners für seine Rechtshandlung[568].

## 2. Übertragbarkeit

Ein Rückgriff auf den Unlauterkeitsbegriff der Rechtsprechung zur KO kommt in Betracht, wenn dem Unlauterkeitsbegriff in § 142 Abs. 1 InsO zumindest ein sehr ähnlicher Regelungszweck und -mechanismus zugrunde liegen oder der Wille des Gesetzgebers erkennbar ist, den früheren Begriff wiederzuerwecken.

### a. Grund für das Unlauterkeitserfordernis in der KO

Der Grund für die Entwicklung des Unlauterkeitserfordernisses im Rahmen des § 31 Nr. 1 KO war, dass der BGH bei kongruenten Leistungen des Schuldners erhöhte Anforderungen an den Gläubigerbenachteiligungsvorsatz stellen wollte[569]. Dies begründete der BGH damit, dass ein Schuldner, der in Kenntnis seiner Überschuldung lediglich leistet, was er zu leisten verpflichtet und der Gläubiger zu fordern berechtigt ist, in der Regel lediglich seine Verbindlichkeiten erfüllen wolle und folglich nicht mit Gläubigerbenachteiligungsvorsatz handele[570]. Allein das aus der Kenntnis der Überschuldung resultierende Be-

564 BGH, WM 1969, 1079, 1079; BGH, ZIP 1993, 521, 522; ohne den Begriff der Unlauterkeit zu verwenden auch BGH, ZIP 1984, 572, 579 f.

565 BGH, ZIP 1991, 807, 809.

566 BGH, ZIP 1993, 208, 210 zu § 3 AnfG.

567 BGH, ZIP 1993, 276, 279.

568 K/ P/ B/ *Bartels*, § 142 Rn. 142.

569 BGH, ZIP 1991, 807, 809.

570 BGH, ZIP 1991, 807, 809; KO, Jaeger/ *Henckel*, § 31 Rn. 11.

wusstsein des Schuldners, andere Gläubiger zu benachteiligen, genügte dem BGH deshalb noch nicht, um den Gläubigerbenachteiligungsvorsatz zu begründen[571]. Durch das Unlauterkeitserfordernis wurden die Anforderungen an den Gläubigerbenachteiligungsvorsatz erhöht und somit sichergestellt, dass eine Anfechtung nicht vorschnell bejaht wird.

### b. Vergleichbarkeit mit der Unlauterkeit in § 142 Abs. 1 InsO

Ziel der Reform des § 142 InsO ist ebenfalls, die Anfechtungsfestigkeit kongruenter Deckungen im Bereich der Vorsatzanfechtung zu stärken[572]. Der Gesetzgeber will explizit die Rechtsprechung durch § 142 InsO einschränken[573]. Zudem verweist er in der Gesetzesbegründung zu § 142 Abs. 1 InsO n. F. unter der Überschrift „Zielsetzung und Notwendigkeit der Regelung" auf die infolge höchstrichterlicher Rechtsprechung herabgesetzten Anforderungen an den Nachweis des Gläubigerbenachteiligungsvorsatzes[574] und das Positionspapier des BDI und des ZDH[575], in welchem, wie gezeigt, die Beweisführung in Bezug auf den Gläubigerbenachteiligungsvorsatz kritisiert wird. Beide Unlauterkeitsbegriffe sind insofern vergleichbar, als sie einer zu laxen Beweisführung im Rahmen der Vorsatzanfechtung und deren unterstellt vorschnellen Anwendung entgegenwirken sollen, indem erhöhte Anforderungen an den Benachteiligungsvorsatz geschaffen werden.

Die Gesetzesbegründung fordert das Hinzutreten gewichtiger Umstände[576], während die Rechtsprechung ebenso auf Umstände abstellte, „die einen eigenständigen Unwert haben"[577]. Die Gesetzesbegründung[578] fordert darüber hinaus ebenso wie die alte Rechtsprechung[579], dass es dem Schuldner auf die Schädigung der Gläubiger angekommen sein muss[580].

571 KO, Jaeger/ *Henckel*, § 31 Rn. 11.
572 Thole 2017, 401, 407; Tolani, ZIP 2018, 1997, 2000.
573 BT-Drucks. 18/7054, S. 13.
574 Vgl. BT-Drucks. 18/7054, S. 10.
575 Vgl. BT-Drucks. 18/7054, S. 10.
576 BT-Drucks. 18/7054, S. 19.
577 Tolani, ZIP 2018, 1997, 2001 mVa Foerste, NZI 2006, 6, 8.
578 BT-Drucks. 18/7054, S. 19.
579 BGH, ZIP 1991, 807, 809.
580 Braun/ *Riggert* § 142 Rn. 23; Tolani, ZIP 2018, 1997, 2001.

Für eine Vergleichbarkeit spricht auch, dass die Begriffe der Unlauterkeit und Gläubigerbenachteiligungsabsicht bei § 31 Nr. 1 KO „wechselseitig zur Abgrenzung zwischen den Interessen der Insolvenzmasse und denen der Anfechtungsgegner eingesetzt wurden“[581]. Auch der in § 142 Abs. 1 InsO eingeführte Unlauterkeitsbegriff schafft einen neuen Interessenausgleich und soll die Interessen der Anfechtungsgegner stärken, indem er Vorsatzanfechtung bei Bargeschäften beschränkt.

Die Tatsache, dass der alte Unlauterkeitsbegriff uneingeschränkt für kongruente Deckungen jeder Art galt, während der neue lediglich bei – nach hier vertretener Ansicht allerdings auch inkongruenten – Bargeschäften Anwendung findet, hindert nicht die Anwendbarkeit der Rechtsprechung zu § 31 Nr. 1 KO auf den heutigen Unlauterkeitsbegriff. Denn die Unlauterkeit bewegt sich sowohl in der KO als auch der InsO auf subjektiver Ebene, während die Differenzierung zwischen Bargeschäft und Kreditgeschäft eine objektive Frage darstellt. Der Begriff der Unlauterkeit selber bleibt deshalb von der Frage unberührt, ob er auch für Kreditgeschäfte gilt.

### c. Wille des Gesetzgebers und zusammenfassende Bewertung

Unabhängig von der dogmatischen Begründung für eine Übertragbarkeit bezieht sich der Gesetzgeber mit dem Unlauterkeitsbegriff auf die Rechtsprechung des BGH zur Absichtsanfechtung nach § 31 KO, sodass auf die Formeln des BGH zu rekurrieren ist. Auch in der Fachöffentlichkeit wird davon ausgegangen, dass dies der Fall sei[582] und auf die Rechtsprechung zurückgegriffen werden könne[583]. Bereits die Wahl des in der Praxis bekannten Unlauterkeitsbegriffs lässt beinahe keinen anderen Schluss zu, als dass die Rechtsprechung zum früheren Unlauterkeitsbegriff anzuwenden ist, zumal die jüngeren Entwicklungen der Rechtsprechung rückgängig gemacht werden sollen.

---

581 Fawzy/ Köchling, ZInsO 2014, 1073, 1081 f. mVa Kirchhof, FS G. Fischer, 285, 285 ff.

582 Bressler, NZG 2018, 321, 326; Haarmeyer/ Huber/ Schmittmann/ *van Rossum*, § 142 Rn. 46; Heil/ C. Schmidt, ZIP 2018, 714, 718; MüKo, *Kirchhof/ Piekenbrock*, § 142 Rn. 37; s. auch Braun/ *Riggert*, § 142 Rn. 23; die Gegenäußerung der Bundesregierung, in BT-Drucks. 18/7054, S. 32.

583 Kummer/ B. Schäfer/ Wagner/ *Wagner*, § 142 Rn. O129d; Tolani, ZIP 2018, 1997, 2000.

Zur Umkehrung der neueren Entwicklungen ist ein ergänzender Rückgriff auf die alten Rechtspraktiken ein probates Mittel. Der Rückgriff auf die ausführliche Rechtsprechung zur KO führt zu einem höheren Maß an Rechtssicherheit, als wenn der Begriff komplett neu ausgelegt wird, da eine „rechtstheoretische Debatte“ die Einschränkung der Anfechtungspraxis behindern würde[584]. Die Praxis muss so nicht auf die Bildung einer gefestigten Rechtsprechung warten. Da der Gesetzgeber bereits gewisse Voraussetzungen geschaffen hat, kommt jedoch lediglich ein ergänzender Rückgriff auf den früheren Begriff in Betracht und dies auch nur, soweit selbiger nicht den Ausführungen des Gesetzgebers zu § 142 InsO entgegensteht. Zieht man den Unlauterkeitsbegriff der Rechtsprechung heran, ist Unlauterkeit in der Regel abzulehnen, wenn der Schuldner vorrangig zur Pflichterfüllung handelt und ein Schädigungsvorsatz in den Hintergrund tritt[585]; vice versa handelt der Schuldner regelmäßig unlauter, wenn sein Handeln von einem Schädigungsvorsatz dominiert wird.

### 3. Zwischenergebnis

Eine Anlehnung an den Unlauterkeitsbegriff der Rechtsprechung entspricht wohl dem Willen des Gesetzgebers. Doch selbst wenn dies nicht die Intention des Gesetzgebers war, ist der Rückgriff dennoch möglich, da die Begriffe dasselbe Ziel verfolgen, eine Einschränkung der Vorsatzanfechtung, auf dieselbe Weise, nämlich durch Einschränkung auf subjektiver Seite. Ferner stellt der Unlauterkeitsbegriff der KO im Einklang mit der Gesetzesbegründung zu § 142 InsO n. F. auch auf Subjektivität und Verwerflichkeit ab. Die zu § 31 Nr. 1 KO entwickelten (Un-) Lauterkeitskriterien sind dem Fallgruppenkatalog der Gesetzesbegründung zu § 142 Abs. 1 InsO hinzuzufügen. In Anlehnung an die einstige Rechtsprechung ist damit nicht von Unlauterkeit auszugehen, wenn der durch das Geschäft erzielte Wert der Gläubigergesamtheit zukommen und diese anteilig befriedigen soll[586]. Ebenso

584 So Fawzy/ Köchling, ZInsO 2014, 1073, 1081, 1082 zur Einführung eines Unlauterkeitsmerkmals bei § 133 InsO in BT-Drucks 618/05.

585 Braun/ *Riggert* § 142 Rn. 23; Tolani, ZIP 2018, 1997, 2001.

586 Bressler, NZG 2018, 321, 326.

handelt der Schuldner nicht unlauter, wenn er die Erfüllung seiner Pflichten in den Vordergrund stellt und eine Schädigung der Gläubiger dahinter zurücktritt[587].

## VI. Anlehnung an die bargeschäftsähnliche Lage

Vor der Reform war das Bargeschäftsprivileg nicht auf § 133 InsO anwendbar; allerdings sprach eine bargeschäftsähnliche Lage gegen den für die Vorsatzanfechtung nötigen Gläubigerbenachteiligungsvorsatz (und die Kenntnis davon). Seit der Reform schließt das Bargeschäftsprivileg eine Anfechtung nach § 133 Abs. 1 InsO außer bei Unlauterkeit selber aus. Dabei geht die Gesetzesbegründung zur Ausdehnung des § 142 InsO auf § 133 InsO explizit auf die Rechtsprechung zur bargeschäftsähnlichen Lage ein und stellt im Rahmen der Unlauterkeitsbestimmung auf die Fortführung des Unternehmens ab[588]. Eben dies war auch nach der Rechtsprechung zur bargeschäftsähnlichen Lage im „Mühlen-Fall"[589] maßgeblich. Da unter anderem die unklaren Voraussetzungen der bargeschäftsähnlichen Lage der Grund für die Ausweitung des Bargeschäftsprivilegs auf § 133 InsO waren, liegt die Vermutung nahe, dass das „neue" Bargeschäftsprivileg die bargeschäftsähnliche Lage umfasst. Vor diesem Hintergrund drängt sich die Frage auf, ob die bargeschäftsähnliche Lage zur Auslegung des neuen § 142 Abs. 1 InsO und damit insbesondere des Unlauterkeitsbegriffs herangezogen werden kann. Außerdem stellt sich die Frage, ob die Rechtsprechung zur bargeschäftsähnlichen Lage außerhalb des Anwendungsbereichs des § 142 InsO weiterhin anwendbar bleibt.

587 Ebda.

588 Vgl. BT-Drucks. 18/7054 S. 11, 19.

589 BGH, ZIP 2015, 585 Rn. 25.

### 1. Bargeschäft versus bargeschäftsähnliche Lage

Um die Frage beantworten zu können, ob die Grundsätze der bargeschäftsähnlichen Lage die Unlauterkeit mitbestimmen, ist zu prüfen, inwiefern die Institute vergleichbar sind.

#### a. Genese und Voraussetzungen der Institute

Rekapitulierend ist festzuhalten, dass die Unanfechtbarkeit von Bargeschäften bereits anerkannt war, bevor das Bargeschäftsprivileg in der InsO gesetzlich verankert wurde[590]. Das Bargeschäftsprivileg soll insbesondere die Handlungsfähigkeit des Schuldners bewahren und setzt (nun nach § 142 InsO) einen tatsächlichen, unmittelbaren Austausch von gleichwertigen Leistungen voraus, wobei Leistung und Gegenleistung miteinander verknüpft sein müssen.

Die bargeschäftsähnliche Lage sei, so Foerste, eine richterrechtliche Rechtsfortbildung des Bargeschäftsprivilegs[591] und ein „Notnagel" des BGH im Sinne einer zurückrudernden Reaktion auf die eigene Ausweitung des Anfechtungsrechts[592]. Für Ganter wird das dem Institut jedoch nicht gerecht, weil der BGH[593] die bargeschäftsähnliche Lage schon zur KO – also vor der von Foerste angeführten Ausweitung in den Jahren 2003/2006 – in ihren Anfängen entwickelt habe[594]. Dem hält Foerste wiederum entgegen, die Anfechtungsfreiheit sei in dem von Ganter angeführten Fall insbesondere mit einer älteren Formel des BGH begründet worden, die noch keinen zeitlichen Begrenzungen unterlegen habe[595]. Dass nach Foerste in dem beiderseits zitierten Urteil noch auf die ältere Formel abgestellt wird, bedeutet nicht, dass sich in dem Urteil nicht der Ursprung der bargeschäftsähnlichen Lage finden ließe. Unabhängig davon, wie weit die Ursprünge der bargeschäftsähn-

---

590 Ganter, ZIP 2019, 1141, 1149; F. v. Wiedersperg, S. 98; vgl. BGH, ZIP 1980, 518, 519; BGH, WM 1978, 133, 135; RGZ 136, 152, 158 f.; RGZ, 100, 62, 64.

591 Foerste, ZInsO 2018, 1034, 1036.

592 Foerste, ZInsO 2018, 1034, 1035; vgl. auch Foerste, ZInsO 2019, 1778, 1778 f.; Foerste, ZInsO 2015, 832, 832; Willemsen/ Kühn, BB 2015, 1474, 1478 sprechen von einem „Korrektiv".

593 Vgl. BGH, ZIP 1997, 1551, 1553.

594 Ganter, ZIP 2019, 1141, 1149.

595 Foerste, ZInsO 2019, 1778, 1779.

lichen Lage zurückreichen, hat der BGH jedenfalls mit der Zeit verstärkt auf die bargeschäftsähnliche Lage mit dem Ziel zurückgegriffen, die Anwendung der Vorsatzanfechtung neben der Kongruenzanfechtung bei Bargeschäften zu begrenzen.

Den Begriff der bargeschäftsähnlichen Lage prägte Kayser[596]. Sie liegt, wie bereits dargestellt, vor, wenn der Schuldner für eine kongruente Zug-um-Zug-Leistung eine Gegenleistung erhält, die zur Fortführung seines eigenen Unternehmens unentbehrlich ist und den Gläubigern im Allgemeinen nützt[597]. Im „Mühlen-Fall" stellte der BGH später das Ausschlusskriterium auf, dass der Schuldner nicht gewusst haben darf, dass er fortlaufend unrentabel arbeitet[598].

### b. Synopse

#### aa. Leistung und Gegenleistung

Die beiden Institute haben gemein, dass sie einen Leistungsaustausch voraussetzen, also eine Gegenleistung erfolgen muss. Während der BGH für eine bargeschäftsähnliche Lage Kongruenz fordert, ist ein Bargeschäft – zumindest nach hier vertretener Ansicht – auch bei Inkongruenz möglich.

#### bb. Zeitaspekt

Ein Bargeschäft liegt vor, wenn die Gegenleistung unmittelbar auf die Leistung des Schuldners erfolgt. Heute genügt hierfür eine gewisse zeitliche Nähe, die sich nach der Verkehrsanschauung in Bezug auf das konkrete Geschäft beurteilt und nicht die Grenze zum Kreditgeschäft überschreitet[599].

Die bargeschäftsähnliche Lage entwickelte sich stark in Bezug auf ihre zeitliche Komponente[600]. Während der BGH zunächst noch einen

596 Foerste, WM 2014, 1112, 1113; Ganter, ZIP 2019, 1141, 1150 jeweils mVa Kayser, WM 2013, 293, 298.

597 BGH, ZIP 2017, 1232 Rn. 7; BGH, ZIP 2016, 2423 Rn. 31; BGH, ZIP 2014, 1491 Rn. 44; BGH, ZIP 1997, 1551, 1553.

598 BGH, ZIP 2015, 585 Rn. 25.

599 Vgl. unter C. IV.

600 Ganter, ZIP 2019, 1141, 1150.

unmittelbaren bezie-hungsweise engen zeitlichen Zusammenhang genügen ließ[601], forderte er später einen Leistungsaustausch Zug-um-Zug[602]. Demnach muss mit Annahme der Gegenleistung die eigene Leistung angeboten werden, vgl. § 298 BGB[603]. Teilweise wird darauf hingewiesen, dass die Voraussetzungen der bargeschäftsähnlichen Lage so weit ausgelegt würden, dass sie letztendlich denen des Bargeschäfts entsprächen[604]. Tatsächlich hat der BGH in dem Urteil, auf das sich der Hinweis zur weiten Auslegung bezieht, eine bargeschäftsähnliche Lage trotz des vorher aufgestellten Zug-um-Zug-Erfordernisses bei einem Zeitraum von 30 Tagen angenommen und hierbei auf seine vorherige Feststellung eines Bargeschäfts verwiesen[605]. Ob der BGH die zeitlichen Voraussetzungen der bargeschäftsähnlichen Lage auch außerhalb von Lohnzahlungen weit auslegt und mit Verweis auf die des Bargeschäfts bejaht, kann damit jedoch nicht belegt werden. Für eine Vergleichbarkeit genügt die Feststellung, dass die bargeschäftsähnliche Lage jedenfalls keine laxeren Anforderungen als § 142 InsO an den zeitlichen Zusammenhang stellt.

### cc. Ökonomischer Aspekt

In wirtschaftlicher Hinsicht ist die bargeschäftsähnliche Lage enger gefasst. Bei einem Bargeschäft müssen die Leistungen lediglich gleichwertig sein. Auch die bargeschäftsähnliche Lage fordert Gleichwertigkeit, da ein dem Bargeschäft ähnlicher Leistungsaustausch stattfinden muss[606]. Darüber hinaus muss die Gegenleistung jedoch unentbehrlich zur Unternehmensfortführung sein, den Gläubigern im Allgemeinen nutzen, und zudem darf der Schuldner nicht fortlaufend unrentabel

---

601 BGH, ZIP 2014, 1595 Rn. 29; BGH, Urt. v. 24.09.2009 – IX ZR 178/07 Rn. 4, juris; BGH, ZIP 1997, 1551, 1553.

602 BGH, ZIP 2016, 2423 Rn. 31; BGH, ZIP 2015, 585 Rn. 22; BGH, ZIP 2014, 1491 Rn. 44; BGH, ZIP 2014, 1887 Rn. 24; eine Darstellung der Entwicklung findet sich auch in Ganter, ZIP 2019, 1141, 1149 f.

603 S. auch BGB, MüKo, *Ernst*, § 298 Rn. 2; Palandt, *Grüneberg*, § 298 Rn. 2.

604 Pickartz, S. 172 f., 168 mVa BGHZ 202, 59, 74.

605 BGH, ZIP 2014, 1491 Rn. 44.

606 BGH, ZIP 2018, 2124 Rn. 3; BGH, ZIP 2017, 1232 Rn. 7; BGH, ZIP 2016, 2423 Rn. 31; BGH, ZIP 2015, 585 Rn. 22; BGH, ZIP 2014, 1595 Rn. 29.

arbeiten[607]. Unentbehrliche Gegenleistungen sind beispielsweise notwendige Rohstoffe zur Produktion, von Bauunternehmern benötigte Baustoffe, von Händlern benötigte Handelswaren, Arbeitsleistungen der Arbeitnehmer oder die Möglichkeit, Betriebsräume zu nutzen[608]. Unrentabilität liegt vor, wenn der Schuldner „bei der Fortführung seines Geschäfts weitere Verluste anhäuft, die die Befriedigungsaussichten weiter mindern, ohne dass auf längere Sicht Aussicht auf Ausgleich besteht“[609].

Nach teilweiser Ansicht legt der BGH auch das Erfordernis der Unentbehrlichkeit weit aus, da er pauschal die Arbeitsleistung als für „jede betriebliche Wertschöpfung unabdingbar“ qualifiziere[610]. Ob dies tatsächlich als eine pauschale und weite Auslegung einzuordnen ist, ist jedoch fraglich. In dem konkreten Fall war der Anfechtungsgegner kaufmännischer Leiter für den Unternehmensbereich zentraler Dienste und bekleidete damit eine nicht unwichtige Position, sodass sich über das Postulat einer weiten Auslegung zumindest streiten lässt. Auch die generelle Pauschalität muss mangels weiterer Beispiele angezweifelt werden. Eine weite Auslegung eines Merkmals ist letztlich auch unproblematisch, solange das Merkmal in der Folge nicht nur eine leere Hülle darstellt, was bei der Auslegung des BGH nicht zu befürchten ist. Anders als im Rahmen der zeitlichen Anforderungen an die bargeschäftsähnliche Lage verweist der BGH insoweit auch nicht auf seine Ausführungen zum Bargeschäft, sodass dem Erfordernis jedenfalls ein eigenständiger Prüfungsgehalt zukommt. Die bargeschäftsähnliche Lage geht somit, wenn auch nur in geringem Maße, über die Anforderungen des Bargeschäftes hinaus.

### dd. Wirkung

Die Wirkung der beiden Institute gestaltet sich verschieden. § 142 Abs. 1 InsO stellt eine Ausnahmeregelung dar, nach dessen Normbefehl eine Anfechtung bis auf § 133 Abs. 1–3 InsO bei erkannter Unlau-

607 Die Relevanz des Rentabilitätserfordernisses wird teils in Frage gestellt, vgl. Bork, FS Wimmer, 98, 116.

608 BGH, ZIP 2019, 1624 Rn. 22 mwN.

609 BGH, ZIP 2015, 585 Rn. 25; s. auch BGH, ZIP 2018, 2124 Rn. 3.

610 Pickartz, S. 169 mVa BGHZ 202, 59, 74.

terkeit zwingend ausgeschlossen ist. Eine bargeschäftsähnliche Lage hingegen begründet nur ein Indiz gegen den Gläubigerbenachteiligungsvorsatz und kann als solches durch andere Beweisanzeichen widerlegt werden. Ob die bargeschäftsähnliche Lage den Gläubigerbenachteiligungsvorsatz ausschließt, unterliegt nach § 286 ZPO der freien Beweiswürdigung, während das Bargeschäft eine absolute Ausnahme darstellt[611].

#### ee. Zwischenergebnis

Das Ergebnis der vergleichenden Betrachtung ergibt, dass das Institut der bargeschäftsähnlichen Lage teilweise enger gefasst ist. Das Bargeschäftsprivileg ist eine Ausnahmevorschrift, während die bargeschäftsähnliche Lage ein Indiz darstellt. Die beiden Institute operieren somit zwar auf „verschiedenen Ebenen“[612], ähneln sich aber stark in ihren Folgen. Zudem wollen beide Institute einen rechtlichen Raum schaffen, in dem Geschäfte anfechtungsfest geschlossen werden können.

### 2. Bedeutung für den Unlauterkeitsbegriff

Es bleibt darzustellen, welche konkreten Auswirkungen die bargeschäftsähnliche Lage, beziehungsweise deren Fehlen, auf die Unlauterkeit hat. Festzuhalten ist zunächst, dass das im Rahmen des „Mühlen-Falls“ entwickelte, die bargeschäftsähnliche Lage ausschließende Kriterium der erkannten Unrentabilität[613] keine Unlauterkeit begründen kann, da sich der Gesetzgeber explizit dagegen ausgesprochen hat: Unlauterkeit soll gerade nicht vorliegen, wenn der Schuldner erkennt, dass die Fortführung seines Betriebes mit weiteren Verlusten verbunden ist[614]. Teilweise wird auch darauf hingewiesen, dass das Bargeschäft nicht subjektiv zu bewerten sei und es auf eine erkannte Verlustträchtigkeit nicht ankommen könne[615]. Dieser Ansatz verkennt je-

611 Ganter, ZIP 2019, 1141, 1151.
612 Ebda.
613 BGH, ZIP 2015, 585 Rn. 25.
614 BT-Drucks. 18/7054, S. 19.
615 Foerste, ZInsO 2019, 1778, 1780 mwN.

doch, dass die Unlauterkeit keine Voraussetzung des Bargeschäftsprivilegs ist.

### a. Vorliegen einer bargeschäftsähnlichen Lage

Denkbar ist zunächst, dass Unlauterkeit und damit eine Vorsatzanfechtung ausscheidet, wenn die Voraussetzungen der bargeschäftsähnlichen Lage erfüllt sind. Die Lauterkeit könnte dabei allenfalls durch die über das Bargeschäft hinausgehenden Voraussetzungen der bargeschäftsähnlichen Lage begründet werden, da der Schuldner ansonsten bei jedem Bargeschäft lauter handelte, Unlauterkeit allein durch das Vorliegen der objektiven Voraussetzungen des § 142 InsO ausschiede und die Gesetzesänderung unsinnig wäre.

Die weitergehenden Voraussetzungen sind zum einen die engere zeitliche Komponente. Diese hat jedoch wenig Wirkung auf die Beurteilung eines Verhaltens als lauter, kommt es doch primär auf die Subjektivität und objektive Verwerflichkeit an. Zum anderen sind es die Unentbehrlichkeit zur Betriebsfortführung und der allgemeine Nutzen für die Gläubiger. Gerade diese Merkmale schließen eine Unlauterkeit nach dem Verständnis der Gesetzesbegründung aus, wonach bereits Geschäfte, die „nur" allgemein zur Betriebsfortführung erforderlich sind, die Unlauterkeit ausschließen (s. o. F. II. 1. v.).

Die Anforderungen an die bargeschäftsähnliche Lage gehen somit sogar über die die Unlauterkeit ausschließenden Kriterien hinaus. Stellt man auf die Kriterien der Subjektivität und objektiven Verwerflichkeit der Gesetzesbegründung ab, muss bei bargeschäftsähnlicher Lage die Unlauterkeit ausscheiden. Führt der Schuldner Geschäfte, die zur Betriebsfortführung zwingend notwendig sind, handelt er keineswegs verwerflich, da dadurch die Sanierungschance bewahrt wird. Nutzt die Leistung den Gläubigern, ist auch schwerlich eine Benachteiligungsabsicht zu bejahen, die trotz fehlender Verwerflichkeit ein unlauteres Verhalten begründen könnte. Für dieses Ergebnis spricht auch, dass die neue Rechtslage über die früheren Grundsätze der bargeschäftsähnlichen Lage hinausgehen soll[616], sodass bei deren Vorlie-

616 BT-Drucks. 18/7054, S. 19.

gen eine Anfechtung weiterhin ausgeschlossen sein muss. Dann kann jedoch nicht von Unlauterkeit auszugehen sein.

### b. Fehlen einer bargeschäftsähnlichen Lage

Teilweise wird vertreten, dass die bargeschäftsähnliche Lage in § 142 InsO übernommen wurde und auch nach der neuen Rechtslage eine Vorsatzanfechtung nur unter deren Voraussetzungen ausgeschlossen sein kann[617]. Zwar liegt eine bargeschäftsähnliche Lage in den Fällen, in denen die Gesetzesbegründung eine Unlauterkeit bejaht, nicht vor. Denn schon das Abstoßen von unverzichtbarem Betriebsvermögen (s. o. F. II. 1. iv.) oder das Verschleudern für nutzlose Gegenleistungen (s. o. F. II. 1. iii.) schließen eine bargeschäftsähnliche Lage aus. Jedoch stellt es einen non sequitur-Fehlschluss dar, daraus die These abzuleiten, Unlauterkeit liege stets bei fehlender bargeschäftsähnlicher Lage vor. So kann das Fehlen allein eines der Merkmale der bargeschäftsähnlichen Lage noch keine Unlauterkeit begründen. Schon in der Gesetzesbegründung wird Unlauterkeit unter geringeren Voraussetzungen abgelehnt, wenn das Geschäft beispielsweise allgemein erforderlich ist (s. o. F. II. 1. v.). Unlauterkeit kann somit nicht allein mangels unentbehrlicher Leistung bejaht werden. Ebenso soll es bei allgemeiner Erforderlichkeit für die Betriebsfortführung nicht darauf ankommen, ob die Betriebsfortführung verlustträchtig ist (s. o. F. II. 1. v.), sodass der für eine bargeschäftsähnliche Lage erforderliche allgemeine Nutzen fehlen kann, ohne dass dies Unlauterkeit begründet. Freilich kann unter entsprechenden Umständen bei Fehlen einer bargeschäftsähnlichen Lage von Unlauterkeit auszugehen sein. Das Fehlen hat schlicht keine Bedeutung für die Bewertung des Verhaltens als lauter oder unlauter.

## 3. Schlussfolgerung

Eine bargeschäftsähnliche Lage steht der Unlauterkeit grundsätzlich entgegen, während ihr Fehlen noch nicht zwingend Unlauterkeit be-

617 Pape, ZInsO 2018, 745, 750.

gründet. Die neue Rechtslage geht über die alte insoweit hinaus, als der Insolvenzverwalter die eine Unlauterkeit begründenden Umstände nun beweisen muss, während nach alter Rechtslage der Anfechtungsgegner Indizien gegen den Gläubigerbenachteiligungsvorsatz vorbringen musste, wenn dieser – wie gezeigt, recht schnell – vermutet war.

### 4. Fortbestehen der bargeschäftsähnlichen Lage im Gläubigerbenachteiligungsvorsatz

Das Bestehen einer bargeschäftsähnlichen Lage spricht zwar gegen Unlauterkeit im Rahmen des § 142 Abs. 1 InsO. Da die bargeschäftsähnliche Lage jedoch kein Weniger im Vergleich zum Bargeschäft ist[618], kann allein die Ausweitung des Bargeschäftsprivilegs auf § 133 InsO noch nicht bedeuten, dass die bargeschäftsähnliche Lage als eigenes Institut im Rahmen des § 133 InsO obsolet ist. Aus der Gesetzesbegründung ergibt sich nicht, ob die Auswirkungen auf das Institut der bargeschäftsähnlichen Lage mitberücksichtigt wurden[619], sodass sich die Frage stellt, ob dieses Indiz im Rahmen des Gläubigerbenachteiligungsvorsatzes fortbesteht. Dabei ist zwischen der ursprünglichen bargeschäftsähnlichen Lage und deren Einschränkung durch den „Mühlen-Fall" zu unterscheiden. Denn der Gesetzgeber wendet sich nur bezüglich der Unlauterkeit gegen die Rentabilitätsvoraussetzung des „Mühlen-Falls".

#### a. Skepsis in der Literatur

Die bargeschäftsähnliche Lage erfuhr bereits vor der Reform reichlich Kritik. Dem Institut wurde vorgeworfen, es unterlaufe den Ausnahmecharakter des Bargeschäftsprivilegs[620], stumpfe die Vorsatzanfechtung ab und verletze das Stufenverhältnis der §§ 130–133 InsO[621] und sei

618 Ganter, ZIP 2019, 1141, 1151.
619 Ebda.
620 Vgl. Foerste, ZInsO 2013, 897, 900; Kayser, FS G. Fischer, 267, 274; Stiller, ZInsO 2015, 825, 828; zustimmend KK, *Klaahsen*, § 133 Rn. 178.
621 Kayser, FS G. Fischer, 267, 268, 280.

systemwidrig[622]. Schon der Aussagegehalt der bargeschäftsähnlichen Lage, dass der Schuldner sich der Gläubigerbenachteiligung bei einem gleichwertigen Leistungsaustausch nicht bewusst werde, wurde als „schwer vorstellbar" kritisiert[623]. Außerdem sei bei einer den zeitlichen Anwendungsbereich überschreitenden Vorleistung des Gläubigers ebenfalls davon auszugehen, dass keine Kenntnis vom Gläubigerbenachteiligungsvorsatz bestehe[624]. Auch die „Mühlen-Fall"-Entscheidung des BGH musste sich Kritik gefallen lassen[625]. Im Rahmen dieser Untersuchung soll jedoch die Berechtigung des Instituts unterstellt und allein die Auswirkung der Reform auf dessen Fortbestand untersucht werden.

Nach der Reform wird von mehreren Seiten in der Literatur vertreten, die Indizwirkung der bargeschäftsähnlichen Lage sei im Rahmen des § 133 InsO neben § 142 InsO überflüssig und bedeutungslos geworden[626]. Denn die bei der Vorsatzanfechtung relevanten Auswirkungen der bargeschäftsähnlichen Lage seien nun in § 142 InsO Abs. 1 n. F. festgelegt[627]. Sie verstoße vielmehr sogar gegen § 133 Abs. 1–3 InsO und sei deshalb aufzugeben[628].

Soweit der BGH auch nach der Reform auf die bargeschäftsähnliche Lage (und den Inhalt des „Mühlen-Falls"[629]) abstellt[630], ist zu berücksichtigen, dass bei Verfahren, die nicht an oder nach dem Tag des Inkrafttretens der Reform, dem 05.04.2017, eröffnet wurden, die alte

622 Foerste, FS Picker, 227, 246 f.; Foerste, ZInsO 2013, 897, 900; Schubert, NZI 2019, 790, 792.

623 Foerste, ZInsO 2019, 1778, 1779.

624 Foerste, ZInsO 2018, 1034, 1035.

625 S. nur Foerste, ZInsO 2015, 832, 832, 833; Ganter, WM 2015, 2117, 2121; Hiebert, ZInsO 2015, 621, 623.

626 Foerste, ZInsO 2019, 1778, 1778; Ganter, NZI 2018, 585, 588; Ganter, NZI 2019, 481, 486; Ganter, ZIP 2019, 1141, 1152; Huber, ZIP 2020, 15, 16; Pape, ZInsO 2019, 349, 361; Schubert, NZI 2019, 790, 793; Tolani, ZIP 2018, 1997, 2000; s. auch Foerste, ZInsO 2018, 1034, 1036; nach Kayser, ZIP 2018, 1153, 1157 ist sie nun nicht mehr Teil der „Gesamtwürdigung", sondern des Tatbestandes.

627 Pape, ZInsO 2018, 296, 303; Pape, ZInsO 2018, 745, 750; ähnlich Foerste, ZInsO 2018, 1034, 1036.

628 Foerste, ZInsO 2019, 1778, 1780.

629 BGH, ZIP 2018, 2124 Rn. 3, 4.

630 S. nur BGH, ZIP 2019, 1624 Rn. 22.

Rechtslage zu berücksichtigen ist[631]. Der BGH trifft insoweit bislang keine Aussage über das Fortbestehen des Instituts nach der Reform.

### b. Problematik

Die Annahme, die bargeschäftsähnliche Lage könne einfach aufgegeben werden, ist nicht mit der Sichtweise der Rechtsprechung vereinbar, dass es sich bei der bargeschäftsähnlichen Lage um ein Indiz handelt. Denn die Indizwirkung eines bestimmten Verhaltens entfällt nicht, nur weil der Tatbestand des im Rahmen des § 133 InsO relevanten Indizes zur Auslegung eines in § 142 InsO neu eingeführten Begriffs heranzuziehen ist.

#### aa. Indiz oder Privilegierung

Die entscheidende Frage ist demnach, ob die bargeschäftsähnliche Lage tatsächlich ein Indiz gegen den Gläubigerbenachteiligungsvorsatz darstellt, bei bargeschäftsähnlichen Handlungen also in der Regel nicht vom Benachteiligungsvorsatz des Schuldners ausgegangen werden kann. Bejahendenfalls ist die bargeschäftsähnliche Lage zwingend im Gläubigerbenachteiligungsvorsatz zu prüfen und kann durch die Einführung der Unlauterkeit nicht entfallen. Anders wäre die Rechtslage zu beurteilen, wenn die bargeschäftsähnliche Lage lediglich eine richterrechtliche Privilegierung in Reaktion auf die Ausweitung der Vorsatzanfechtung darstellt, die mangels einer anderen passenden Stelle im Gläubigerbenachteiligungsvorsatz verortet wurde. Dann kann die Wertung der bargeschäftsähnlichen Lage mit der Folge in den § 142 Abs. 1 InsO n. F. übertragen worden sein, dass sie im Benachteiligungsvorsatz nicht mehr anwendbar ist.

#### bb. Charakter der bargeschäftsähnlichen Lage

Liegen die Voraussetzungen einer bargeschäftsähnlichen Lage vor, scheidet ein Vorsatz des Schuldners in Bezug auf eine unmittelbare Gläubigerbenachteiligung aus, da diese wegen des Gleichwertigkeitserfordernisses schon nicht mehr möglich ist. Als Indiz gegen den Gläubi-

631 BT-Drucks. 18/7054, S. 8 zu Art. 2.

gerbenachteiligungsvorsatz müsste jedoch auch ein Vorsatz bezüglich einer mittelbaren Gläubigerbenachteiligung grundsätzlich fernliegen. Allein die Tatsache, dass eine zeitnah erbrachte Gegenleistung gleichwertig und fortführungsnotwendig ist und den Gläubigern im Allgemeinen nützt, schließt dabei keineswegs aus, dass die Insolvenzmasse mittel- oder langfristig geschmälert wird und die Gläubigergesamtheit einen Schaden erleidet. Damit ist auch der entsprechende Vorsatz grundsätzlich möglich.

Nimmt der Schuldner eine Rechtshandlung vor, die zur Fortführung des Unternehmens notwendig ist, erhält er damit den Wert des Unternehmens für eine mögliche Sanierung. Selbst wenn die Gläubiger nicht mehr auf die Gegenleistung zugreifen können, schützt die Unternehmensfortführung die Gläubiger. Unterließe der Schuldner es, fortführungsnotwendige Geschäfte weiterhin zu tätigen, schmälerte er sogar die Befriedigungsaussichten der Gläubiger. Dann kann jedoch in der Regel nicht von Gläubigerbenachteiligungsvorsatz ausgegangen werden, wenn die fortführungsnotwendigen Geschäfte getätigt werden.

Zur Veranschaulichung eignet sich der folgende Fall: Der Schuldner betreibt eine Eisenschmelze, für die ein Hochofen erforderlich ist. Die Besonderheit eines Hochofens ist, dass er sehr hohe Temperaturen erreicht und schon die mit dem einmaligen Abschalten verbundene Abkühlung zu einer Beschädigung des Ofens führt, die ihn unbenutzbar macht. Kauft der Schuldner Brennstoffe, die erforderlich sind, um den Ofen weiterhin zu befeuern, erhält er den Ofen als Vermögenswert. Ihm kann dann nicht vorgeworfen werden, die Gläubiger benachteiligen zu wollen. Obwohl die Gläubiger nicht mehr auf die Brennstoffe zugreifen können, würde ein Unterlassen deutlich schwerere Folgen für die Gläubigergesamtheit haben. Muss der Schuldner also zwischen zwei Übeln wählen, kann ihm kein Benachteiligungsvorsatz zugesprochen werden, wenn er sich für das Übel entscheidet, das den Gläubigern den höheren Nutzen verspricht.

Insbesondere die Tatsache, dass die vorsatzausschließende Wirkung der bargeschäftsähnlichen Lage nur in der Regel[632] vorliegt und nach freier richterlicher Würdigung (§ 286 ZPO) widerlegbar sein

632 Vgl. nur BGH, ZIP 2014, 1491 Rn. 44.

soll[633], zeigt, dass es sich hierbei lediglich um ein Indiz und nicht eine Privilegierung handelt. Das Indiz wird darüber hinaus durch den „Mühlen-Fall“ sogar noch abgeschwächt, da ein Benachteiligungsvorsatz vorliegen soll, wenn der Schuldner erkennt, dass er fortlaufend unrentabel arbeitet[634]. Eine unbeschränkte Vornahme von unternehmenserhaltenden Maßnahmen ist demnach nicht möglich.

Das Institut der bargeschäftsähnlichen Lage ist demnach keine für die Einschränkung der Vorsatzanfechtung geschaffene Privilegierung, sondern charakterisiert bestimmte Sachverhalte, bei denen aufgrund ihrer Besonderheiten (man mag diese als Voraussetzungen bezeichnen) in aller Regel nicht von Gläubigerbenachteiligungsvorsatz auszugehen ist. Der Terminus der bargeschäftsähnlichen Lage „steht für die Annahme“, dass der Gläubigerbenachteiligungsvorsatz unter den Voraussetzungen des Instituts fehlt[635] und hat nur den Grund, die Sachverhaltsgestaltung „zu typisieren und kategorisieren“[636].

#### cc. Bedeutung der gewonnenen Erkenntnis

Die Beweiswürdigung, die im Falle einer bargeschäftsähnlichen Lage in der Regel zu dem Ergebnis kommt, dass der Schuldner nicht mit Benachteiligungsvorsatz gehandelt hat, kann unter Geltung der reformierten Rechtslage nicht ignoriert werden. Die bargeschäftsähnliche Lage ist zwar im Rahmen der Unlauterkeit heranzuziehen. Eine sorgfältige Vorsatzprüfung erfordert jedoch weiterhin, die eine bargeschäftsähnliche Lage begründenden Umstände zu berücksichtigen, die auch weiterhin gegen den Vorsatz sprechen können. Mit anderen Worten liegt der Gläubigerbenachteiligungsvorsatz bei bargeschäftsähnlichen Situationen nach der Reform genauso fern oder nahe wie davor.

### c. Folgeproblematik

Das Fortbestehen der bargeschäftsähnlichen Lage wirft vor dem Hintergrund, dass das Indiz auch zur Bewertung des Schuldnerverhaltens

633 So auch Ganter, ZIP 2019, 1141, 1151.
634 BGH, ZIP 2015, 585 Rn. 25.
635 Foerste, WM 2014, 1213, 1214.
636 Ganter, ZIP 2019, 1141, 1151.

als lauter oder unlauter anzuwenden ist, die Frage auf, in welchem Verhältnis Unlauterkeit und Gläubigerbenachteiligungsvorsatz stehen. Das betrifft die Frage, wie der subjektive Tatbestand der Vorsatzanfechtung unter Geltung der neuen Rechtslage dogmatisch aufzubauen ist. Denkbar wäre zunächst, die Unlauterkeit als dritte subjektive Voraussetzung neben dem Gläubigerbenachteiligungsvorsatz und deren Kenntnis zu prüfen[637]. Alternativ könnte die Unlauterkeit als Modifikation des Gläubigerbenachteiligungsvorsatzerfordernisses angesehen werden.

Gegen die Charakterisierung der Unlauterkeit als eigenes subjektives Merkmal spricht, dass sie nicht in § 133 InsO eingeführt wurde und in dessen Rahmen ein zusätzliches Tatbestandsmerkmal gerade verworfen wurde[638]. Zudem differenziert § 142 InsO zwischen den Voraussetzungen des § 133 InsO und der Unlauterkeit. Für eine den Vorsatz modifizierende Wirkung der Unlauterkeit lässt sich anführen, dass Unlauterkeit unter anderem bei Benachteiligungsabsicht, einer stärkeren Form des Gläubigerbenachteiligungsvorsatzes, anzunehmen ist. Auch erübrigte sich eine doppelte Berücksichtigung der bargeschäftsähnlichen Lage.

Die Problematik kann jedoch dahinstehen, da es sich lediglich um eine dogmatische Frage handelt. Die Unlauterkeit ist jedenfalls ein Teil des subjektiven Tatbestandes[639] und wirft die Vorfrage auf, ob ein Bargeschäft vorliegt. Bejahendenfalls ist zu prüfen, ob Unlauterkeit anhand des Vorsatzgrades und objektiver Verwerflichkeit anzunehmen ist. Ob vorher auch der jede Vorsatzform zulassende Gläubigerbenachteiligungsvorsatz zu prüfen ist, ist in der Praxis irrelevant.

Auch die Frage, ob das Rentabilitätserfordernis des „Mühlen-Falls“, auf den es im Rahmen der Unlauterkeit nicht mehr ankommt, noch im Gläubigerbenachteiligungsvorsatz zu berücksichtigen ist, ist dogmatisch ungeklärt. Da es sich auch insoweit um ein Indiz handelt, müssten eine fehlende Rentabilität und die Kenntnis davon den Be-

637 Unklar schon im RegE von 2005, vgl. BR-Drucks. 618/05 S. 7.

638 Vgl. BR-Drucks. 618/05 S. 7, nach welchem ein neuer § 133 Abs. 1 S. 3 InsO unlauteres Verhalten voraussetzen sollte; gegen die Charakterisierung als Tatbestandsmerkmal auch Ganter, NZI 2019, 481, 488 mwN; Kayser, ZIP 2018, 1153, 1156; a. A. wohl Huber, ZIP 2020, 15, 16.

639 Huber, DZWiR 2019, 501, 513.

nachteiligungsvorsatz weiterhin begründen beziehungsweise die kontraindizielle Wirkung der bargeschäftsähnlichen Lage ausschließen, sodass erneut die dogmatische Einordnung der Unlauterkeit maßgebend ist. Das Fortbestehen ist im Ergebnis jedoch irrelevant, da Unlauterkeit bei einer bargeschäftsähnlichen Lage ausscheidet und auch nicht durch fehlende Rentabilität begründet wird, sodass auch eine Anfechtung nicht möglich ist. Mit der Literatur kann deshalb die Aussage getroffen werden, dass der „Mühlen-Fall“ „überholt“ ist[640], da es auf das Rentabilitätserfordernis nicht mehr ankommt.

Teilweise wird davon ausgegangen, dass sich jedenfalls in Bezug auf die Auswirkungen keine Änderungen ergäben, da ein Anfechtungsausschluss im „Mühlen-Fall“ bereits mangels Gleichwertigkeit gescheitert ist, und die Rentabilität in Zukunft über dieses Merkmal berücksichtigt werden könnte – etwa in der Form, dass Gegenleistungen, die keinen Nutzen haben, nicht gleichwertig sind[641]. Dagegen spricht jedoch, dass der Wert der Gegenleistung objektiv bestimmt werden muss und nicht danach zu differenzieren ist, wer deren Abnehmer ist; die Sinnhaftigkeit einer gleichwertigen Leistung ist unerheblich[642].

Diese Unklarheiten hat der Gesetzgeber zu verantworten, der nicht genügend Klarheit darüber schafft, wie die Unlauterkeit in die Tatbestandsprüfung zu integrieren ist. Da die Unlauterkeit sinnvoll nur im Tatbestand des § 133 InsO geprüft werden kann, bringt die Reform noch die weitere Sonderbarkeit mit sich, dass die zweifellos existierende objektive Komponente des Unlauterkeitsbegriffs im subjektiven Tatbestand geprüft werden muss. Auch bewirkt die Prüfung im (subjektiven) Tatbestand der Vorsatzanfechtung, dass das Bargeschäftsprivileg anders als bei den §§ 130 f. InsO keinen Ausnahmetatbestand darstellt. Diese dogmatischen Ungereimtheiten attestieren dem Ge-

640 Ganter, NZI 2018, 585, 585; Ganter, NZI 2019, 481, 486 mwN; s. auch K/ P/ B/ *Bork*, § 133 Rn. 59.

641 Thole, ZIP 2017, 401, 408; s. auch Kayser, ZIP 2018, 1153, 1157; Pape, ZInsO 2018, 296, 304 hebt hervor, dass regelmäßig schon die Voraussetzungen eines Bargeschäfts fehlen würden.

642 Ganter, NZI 2019, 481, 489; ebenfalls dagegen Uhlenbruck/ *Borries/ Hirte*, § 133 Rn. 146b.

setzgeber handwerkliche Mängel bei der Gesetzgebung und führen zu Rechtsunklarheiten, die man hätte vermeiden können.

### d. Ergebnis

Die bargeschäftsähnliche Lage wie auch das Rentabilitätserfordernis bestehen grundsätzlich als Indizien im Gläubigerbenachteiligungsvorsatz fort und sind zumindest nicht direkt durch die Neuregelung des § 142 Abs. 1 InsO betroffen. Indem der Gesetzgeber es jedoch versäumt hat, das Verhältnis beziehungsweise Zusammenspiel von Unlauterkeit und Gläubigerbenachteiligungsvorsatz klarzustellen, bleibt das Verhältnis teilweise ungeklärt. Im Ergebnis handelt es sich dabei jedoch nur um eine dogmatische Frage, die keine Auswirkungen auf die Anfechtbarkeit von Rechtshandlungen hat. Bei einer bargeschäftsähnlichen Lage ist Unlauterkeit abzulehnen, sodass eine Vorsatzanfechtung ausscheidet. Da auch eine fehlende Rentabilität und die entsprechende Kenntnis keine Unlauterkeit begründen, kann die Frage, ob ein Gläubigerbenachteiligungsvorsatz vorliegt, dahinstehen.

## VII. Anlehnung an den ernsthaften Sanierungsversuch

Der Schuldner handelt bei bargeschäftsähnlichen Lagen, wie dargelegt, nicht unlauter. Aufgrund der Nähe zu dem Indiz des ebenfalls gegen den Benachteiligungsvorsatz sprechenden ernsthaften Sanierungsversuchs liegt es nahe, auch dieses zur Auslegung der Unlauterkeit heranzuziehen. Zudem nimmt das Bargeschäftsprivileg eine wichtige Rolle bei der Unternehmenssanierung ein[643].

Sowohl die Bestellung von Sicherheiten für Sanierungskredite als auch Beratungsleistungen können als Bargeschäft ausgestaltet werden und der Anfechtung somit nach § 142 InsO weitestgehend entzogen sein[644]. Eine Vorsatzanfechtung ist zwar weiterhin denkbar, erfüllt jedoch die Rechtshandlung die Anforderungen an die bargeschäftsähnli-

643 D. Roth, S. 95.
644 Ebda.

che Lage, kann dies gegen den Gläubigerbenachteiligungsvorsatz und die Kenntnis davon beim Anfechtungsgegner sprechen. Ebenfalls wirkt zumindest ein ernsthafter Sanierungsversuch weiterhin (vgl. hierzu die Ausführungen zur bargeschäftsähnlichen Lage) kontraindiziell im Rahmen des Benachteiligungsvorsatzes respektive der Kenntnis des Anfechtungsgegners.

Sind entweder die Anforderungen an die bargeschäftsähnliche Lage oder den ernsthaften Sanierungsversuch nicht erfüllt, scheidet eine Vorsatzanfechtung dennoch aus, wenn der Schuldner nicht unlauter gehandelt hat. Entscheidend ist somit die Frage, ob und bejahendenfalls unter welchen Voraussetzungen Rechtshandlungen zur Unternehmenssanierung gegen eine Unlauterkeit des Schuldners sprechen.

## 1. Ernsthafte Sanierungsversuche

Unabhängig davon, ob der Gesetzgeber das Sanierungsprivileg bei der Neufassung des § 142 InsO berücksichtigt hat, ergibt sich jedenfalls aus den Ausführungen zur Unlauterkeit, dass bei ernsthaften Sanierungsversuchen und anderen Sanierungsmaßnahmen wie Beratungsleistungen keine Unlauterkeit gegeben sein kann[645]. Bei Vornahme eines erfolgsversprechenden Sanierungsversuchs wird der Schuldner in aller Regel keinen Benachteiligungsvorsatz haben, da die Sanierung den Gläubigern zugutekommt.

Auch weist die Anstrengung, das Unternehmen zu sanieren, nicht die der Unlauterkeit immanente Verwerflichkeit auf, da eine Sanierung bereits als Verfahrensziel in § 1 InsO anklingt und im Interesse der Gläubigergesamtheit liegt. Hinzu kommt, dass ein Anfechtungsgegner, der in Kenntnis der Krise ein Bargeschäft zur Sanierung mit dem Schuldner durchführt, besonders geschützt werden muss. Andernfalls würden Gläubiger von der Teilnahme an Sanierungsversuchen eher absehen. Demnach spricht auch eine Interessenbewertung dagegen, Unlauterkeit bei ernsthaften Sanierungsversuchen anzunehmen. Zudem deutet die Gesetzesbegründung darauf hin, ernsthafte Sanierungsversuche der Anfechtung nach § 133 InsO gänzlich zu entziehen.

645 S. auch K/ P/ B/ *Bartels*, § 142 Rn. 142.

Denn scheidet Unlauterkeit bei allgemein zur Unternehmensfortführung erforderlichen Geschäften aus (s. o. F. II. 1. v.), kann sie auch nicht vorliegen, wenn der Schuldner Rechtshandlungen vornimmt, welche eine längerfristige Unternehmensfortführung ermöglichen.

Sind die hohen Anforderungen, die vor der Reform an den Sanierungsplan gestellt wurden, erfüllt, ist die Unlauterkeit abzulehnen.

## 2. „Einfache" Sanierungsversuche

Sanierungsmaßnahmen, die hinter den strengen Anforderungen an den ernsthaften Sanierungsversuch zurückbleiben und nach der Rechtsprechung kein Indiz gegen den Gläubigerbenachteiligungsvorsatz darstellen würden, können zumindest gesetzessystematisch dennoch die Unlauterkeit ausschließen, da an die Unlauterkeit höhere Anforderungen zu stellen sind als an den Gläubigerbenachteiligungsvorsatz.

Ein „einfacher" Sanierungsversuch liegt vor, wenn die Voraussetzungen des ernsthaften Sanierungsversuchs nicht erfüllt sind, also kein „schlüssiges, von den tatsächlichen Gegebenheiten ausgehendes Sanierungskonzept vorlag, das mindestens in den Anfängen schon in die Tat umgesetzt war und die ernsthafte und begründete Aussicht auf Erfolg rechtfertigte"[646]. Fehlt es an einer dieser Voraussetzungen, stellt sich die Frage, ob Unlauterkeit dennoch ausscheidet. Dies bemisst sich, wie gezeigt[647], anhand des Vorsatzgrades und der Bewertung der Rechtshandlung als objektiv verwerflich oder akzeptabel.

Dabei ist zu beachten, dass ein Sanierungsversuch eine Gläubigerbenachteiligungsabsicht ausschließt, weil vorrangiges Motiv die Gläubigerbegünstigung und nicht ihre Schädigung ist.

Von einer objektiven Verwerflichkeit ist bei Sanierungsversuchen aufgrund deren Nutzens für die Gläubiger grundsätzlich nicht auszugehen. Verspricht der Sanierungsversuch jedoch keine Aussicht auf Erfolg und weiß der Schuldner davon, ist es schwer zu begründen, wes-

646 Zum ernsthaften Sanierungsversuch s. nur BGH, ZIP 2018, 1794 Rn. 10; BGH, ZIP 2016, 1235 Rn. 15; BGH, ZIP 2009, 91 Rn. 52 und bereits oben.

647 Vgl. F. II. 2. c. aa., bb.

halb die Rechtshandlung insolvenzrechtlich honorabel sein sollte. Denn die Gläubiger können dann keinen Nutzen aus der Rechtshandlung ziehen und dem Sanierungsziel der InsO wird nicht gedient.

Ist das Sanierungskonzept hingegen nicht ganz schlüssig oder noch nicht wenigstens teilweise umgesetzt, ist die Rechtshandlung dennoch honorabel, da ein Erfolg nicht ausgeschlossen, sondern nur ungewiss ist. Genügt dies zwar nicht als Indiz gegen den Benachteiligungsvorsatz, spricht es dennoch gegen das Element der objektiven Verwerflichkeit im Rahmen der Unlauterkeit. Braucht es für die Begründung der Unlauterkeit ein Mehr gegenüber der Begründung eines Gläubigerbenachteiligungsvorsatzes, benötigt es auch ein Weniger, um Unlauterkeit abzulehnen als einen Gläubigerbenachteiligungsvorsatz abzulehnen.

Unlauterkeit scheidet somit aus, wenn der als Bargeschäft ausgestaltete Sanierungsversuch nicht völlig aussichtslos ist[648].

## VIII. Anlehnung an den Telos der Vorsatzanfechtung

Bargeschäfte sollen einer Vorsatzanfechtung trotz Vorliegens der weiteren Voraussetzungen des § 133 InsO nur noch bei (erkanntem) unlauterem Handeln des Schuldners unterliegen. Unlauterkeit muss daher, wie bereits erwähnt[649], über den reinen Gläubigerbenachteiligungsvorsatz des Schuldners hinausgehen und einen zusätzlichen, rechtlich missbilligten Gehalt aufweisen, sei es, weil entweder ein zusätzliches Merkmal hinzutritt oder der Benachteiligungsvorsatz in einer besonders vorwerfbaren Weise umgesetzt wird oder selbiger von einer besonders vorwerfbaren Motivation des Schuldners getragen wird. Dies ergibt sich auch aus der Formulierung des Gesetzgebers, dass ein besonderer Unwert vorliegen müsse (s. o. F. II. 1. i.).

Um diesen zusätzlichen, rechtlich missbilligten Gehalt näher eingrenzen zu können, muss daher zunächst bestimmt werden, welchen Zweck § 133 InsO als solcher verfolgt, beziehungsweise welcher Vorwurf den der Vorsatzanfechtung ausgesetzten Schuldner trifft. Denn

648 Marwyk, ZInsO 2018, 1352, 1352.

649 Vgl. unter F. II. 2. b.

nur anhand einer solchen Bestimmung lässt sich eine besonders vorwerfbare Weise der Erfüllung des § 133 InsO oder ein darüber hinausgehendes Merkmal bestimmen.

## 1. Sinn und Zweck der Vorsatzanfechtung

Der Sinn und Zweck der Vorsatzanfechtung ist dabei aber keineswegs unumstritten. Weder Rechtsprechung noch Literatur haben bislang eine einheitliche Linie entwickelt[650]. Lediglich das frühere Verständnis der Vorsatzanfechtung als deliktischer Anspruch wird heute abgelehnt[651], da weder die Voraussetzungen noch die Rechtsfolge denen des Deliktsrechts entsprechen[652]. Hierauf soll nicht näher eingegangen werden.

Wie nachstehend ausgeführt, werden neben der Ansicht, dass die Anfechtung nach § 133 InsO präventive Zwecke habe, die Auffassungen vertreten, die Vorsatzanfechtung diene der Gläubigergleichbehandlung, sanktioniere sozial inadäquates Verhalten, schütze die Chancengleichheit der Gläubiger, auf das Schuldnervermögen zuzugreifen, oder das Schuldnervermögen vor einer Haftungsvereitelung.

### a. Prävention

Die ratio der Vorsatzanfechtung wird teilweise darin gesehen, das Verhalten der Beteiligten (insbesondere aufgrund der langen Anfechtungsfrist[653]) präventiv zu beeinflussen[654] und „redliches Geschäftsgebaren" zu fördern[655].

650 Schwartz, S. 24.

651 BGH, ZIP 1990, 246, 247; Braun/ *Riggert*, § 143 Rn. 3; Cosack, S. 19; FK, *Dauernheim*, § 133 Rn. 6; Jaeger/ *Henckel*, § 133 Rn. 3; KO, Jaeger/ *Henckel*, § 31 Rn. 1, § 37 Rn. 141; Kilger/ K. Schmidt, § 29 KO S. 156; Lind, S. 48; Uhlenbruck/ *Borries/ Hirte*, § 129 Rn. 34, § 133 Rn. 2; Schwartz, S. 31; vgl. auch Thole, S. 298, 490.

652 Eine überzeugende Darstellung findet sich in Pickartz, S. 56 ff. und Lind, S. 48 f.

653 Jacoby, KTS 2009, 3, 16 f.

654 Jacoby, KTS 2009, 3, 16 f.; Paulus, FS G. Fischer, 445, 449; Thole, S. 294, 300; zu Deckungshandlungen auch Thole, ZZP 121 (2008), 67, 75; im Ergebnis zustimmend Pickartz, S. 64 f.

655 Schoppmeyer, NZI 2005, 185, 188 mwN.

Von anderer Seite wird dagegen angeführt, dass sich die Vorsatzanfechtung nicht gegen den Schuldner richte[656]. Die Vertreter der Präventionswirkung sehen eine direkte generalpräventive Wirkung jedoch ohnehin beim Anfechtungsgegner, beim Schuldner hingegen nur eine mittelbare, die sich daraus ergebe, dass Gläubiger mit dem Schuldner keine anfechtbaren Rechtsgeschäfte mehr schließen würden[657].

Die Ansicht, dass § 133 InsO eine Präventivfunktion zukomme, überzeugt dennoch nicht, da die Vorsatzanfechtung in ihrer Rechtsfolge keinen Schadensersatz, sondern lediglich die Rückgewähr des Erlangten vorsieht und wegen der Möglichkeit, deutlich über der Quote befriedigt zu werden, kaum abschreckend wirkt[658]. Nach einer Anfechtung auf eine quotale Befriedigung verwiesen zu werden, stellt den Gläubiger nicht schlechter, als er ohne Vornahme der angefochtenen Rechtshandlung stünde[659]. Selbst die Vertreter der Ansicht müssen deshalb konstatieren, dass die Sanktion den hohen Gewinnchancen hintansteht[660]. Gegen die Präventionswirkung spricht auch, dass die Rechtsfolgen nicht den Geschäftsführer, sondern den Gesellschafter treffen, während eine präventive Wirkung für den Geschäftsführer insbesondere von § 64 GmbHG, den §§ 283 ff. StGB; § 826 BGB und § 823 Abs. 2 BGB in Verbindung mit den genannten Strafnormen ausgehen kann[661].

Eine gewisse Steuerungswirkung des Anfechtungsrechts besteht zwar[662], sie ist jedoch wegen der allgemeinen Rechtsfolge des § 143 InsO kein Spezifikum der Vorsatzanfechtung.

---

656 Lind, S. 37; Pickartz, S. 65; Rodi, KTS 2019, 307, 326 in Fn. 106; Schwartz, S. 25.

657 Jacoby, KTS 2009, 3, 16 f.; auch Thole, S. 300 sieht den Anreiz hauptsächlich beim Anfechtungsgegner.

658 Vgl. Bork, FS H.-B. Schäfer, 593, 597 f.; Pickartz, S. 66; Rodi, KTS 2019, 307, 326 in Fn. 106; Schwartz, S. 25 f.; ebenso spricht sich Guski, S. 139 gegen eine Präventionsfunktion aus.

659 Pickartz, S. 66.

660 Thole, S. 294 f.; Thole, ZZP 121 (2008), 67, 75.

661 Steffek, ZRP 2007, 228, 229; zur abschreckenden Wirkung der Insolvenzstrafnormen auch Pickartz, S. 66.

662 Für eine generelle Präventivwirkung Bork, ZIP 2008, 1041, 1041; Möhlenkamp, DStR 2017, 987, 988 mwN; Bork, FS H.-B. Schäfer, 593, 597 sieht den Anreiz eher in der Theorie, als im Ergebnis.

### b. Schutz der Gläubigergleichbehandlung

Eine nicht geringe Zahl von Autoren in der Literatur vertritt – meist bei einer gesamtheitlichen Beurteilung der Anfechtungstatbestände[663] –, dass die Insolvenzanfechtung generell der Massemehrung diene und dem Gläubigergleichbehandlungsgrundsatz Rechnung trage[664]. Doch auch ausdrücklich wird der Vorsatzanfechtung die Wahrung der Gläubigergleichbehandlung zugeschrieben[665].

Es sprechen sich jedoch auch viele Stimmen dagegen aus, dass die Vorsatzanfechtung den Gläubigergleichbehandlungsgrundsatz zu schützen bestimmt sei[666] oder jedenfalls „nicht so sehr" der Gläubigergleichbehandlung diene[667] beziehungsweise der Gläubigergleichbehandlungsgrundsatz eine nur unzureichende Erklärung aller Anfechtungstatbestände darstelle[668].

663 Schwartz, S. 20.

664 Vgl. Andres/ Leithaus/ Dahl/ *Leithaus*,§ 129 Rn. 3; BK, *Breutigam*, § 129 Rn. 1; Breutigam/ Tanz, ZIP 1998, 717, 717; Brinkmann/ Luttmann, ZInsO 2007, 565, 567; FK, Dauernheim, § 129 Rn. 1; Haarmeyer/ Wutzke/ Förster, Kap. 5 Rn. 307; KK, *Klaahsen*, § 133 Rn. 1; W/ D/ W/ G/ *Dauernheim*, Kap. 7 Rn. 1; F. v. Wiedersperg, S. 50; Zeuner, Rn. 1; später differenzierend jedoch zunächst auch Kirchhof, FS Ganter, 237, 237; Uhlenbruck/ *Borries/ Hirte*, § 129 Rn. 1.

665 So Ahrens, ZRP 2016, 5, 5; Kreft, KTS 2004, 205, 218; bei Deckungsfällen Ganter, WM 2009, 1441, 1443; Thole, S. 298 sieht darin dennoch nicht den Hauptzweck.

666 Bork, ZIP 2014, 797, 803; Foerste, ZInsO 2013, 897, 900; GK, *Hörmann/ Sußner*, § 133 InsO Rn. 6; Guski, S. 139 ff.; HK, *Thole*, § 133 Rn. 3; Jacoby, KTS 2005, 371, 398; Jaeger/ *Henckel*, § 142 Rn. 2; KO, Jaeger/ *Henckel*, § 29 Rn. 2; Lind, S. 34; Lütcke, ZInsO 2013, 1984, 1986; Schoppmeyer, NZI 2005, 185, 186, 189; Schoppmeyer, WM 2018, 353, 354 mwN; Schoppmeyer, ZIP 2009, 600, 602; Thole, S. 297 f.; Thole, KTS 2007, 293, 299 f.; Thole, NZI 2009, 800, 802; Uhlenbruck/ *Borries/ Hirte* § 133 Rn. 3; Willemsen/ Kühn, BB 2015, 1474, 1477.

667 K/ P/ B/ *Bork*, § 133 Rn. 2; ähnlich Bork, ZIP 2004, 1684, 1686; Foerste, NZI 2006, 6, 7; Jaeger, *Henckel*, § 129 Rn. 4; Kirchhof, FS Ganter, 237, 244; Koss, S. 138 mwN; Zerrath, S. 23.

668 Bork/ Hölzle/ *Zenker*, Kap. 10 Rn. 12; Thole, S. 282; vgl. auch Bork, FS H.-B. Schäfer, 593, 595.

### aa. Notwendige Differenzierung zwischen den einzelnen Anfechtungsgründen

Zwar liegt der Gläubigergleichbehandlungsgrundsatz den besonderen Anfechtungsgründen (§§ 130–132 InsO) zugrunde[669], welche die Wirkungen der Insolvenz (die Gleichbehandlung) auf den Zeitpunkt der materiellen Insolvenz vorverlagern[670]. Das darf jedoch nicht dazu verleiten, in Ermangelung einer differenzierten Betrachtung den Telos auch der Vorsatzanfechtung anhand der gemeinsamen Rechtsfolgen der Anfechtungsnormen zu bestimmen[671]. Die allgemeinen Anfechtungstatbestände, zu denen auch die Vorsatzanfechtung zählt, unterscheiden sich in Bezug auf die ihnen zugrundeliegenden Wertungen und Schutzzwecke deutlich von den besonderen Anfechtungstatbeständen[672].

Bereits das RG betonte, dass die Vorsatzanfechtung „in ersichtlichem Gegensatze" zur Deckungsanfechtung stehe, ohne den Unterschied jedoch näher zu erläutern[673]. Auch der BGH betont mittlerweile, dass der Vorsatzanfechtung nicht der Gläubigergleichbehandlungsgrundsatz zugrunde liege[674], und der Prioritätsgrundsatz erst in der von §§ 130 ff. InsO abgedeckten kritischen Zeit vom Gleichbehandlungsgrundsatz verdrängt werde[675].

Schon die tatbestandlichen Besonderheiten der Vorsatzanfechtung zeigen, dass sie unabhängig von der besonderen Insolvenzanfechtung zu beurteilen ist und eine andere Funktion erfüllt[676]. Zu diesen Besonderheiten zählen die vergleichsweise lange Anfechtungsfrist und der

---

669 Bork, FS H.-B. Schäfer, 593, 595; Bork/ Hölzle/ *Zenker*, Kap. 10 Rn. 11; Foerste, NZI 2006, 6, 7; Ganter, FS Kübler, 171, 171 mwN; Guski, WM 2009, 1071, 1071; Jacoby, KTS 2005, 371, 398; Jaeger/ *Henckel*, § 129 Rn. 3; Kirchhof, FS Ganter, 237, 244; Schoppmeyer, NZI 2005, 185, 186; Schoppmeyer, ZIP 2009, 600, 603; Thole, S. 292 f., 297; Thole, ZZP 121 (2008), 67, 74.

670 BGH, ZIP 2005, 494, 496.

671 Vgl. auch Thole, S. 279; Thole, ZZP 121 (2008), 67, 68.

672 Foerste, NZI 2006, 6, 7; HK, *Thole*, § 129 Rn. 1; Schoppmeyer, NZI 2005, 185, 186; Schoppmeyer, ZIP 2009, 600, 603.

673 RGZ 10, 325, 329.

674 BGH, ZIP 2017, 1677 Rn. 17; BGH, ZIP 2017, 1379 Rn. 20; BGH, ZIP 2014, 275 Rn. 17; BGH, ZIP 2010, 841 Rn. 10; BGH, ZIP 2005, 494, 497 Rn. 23.

675 BGH, ZIP 2014, 275 Rn. 17.

676 Schwartz, S. 24.

weite Tatbestand[677], der objektiv lediglich eine Rechtshandlung fordert – wenn auch zwingend eine des Schuldners – und subjektiv mehrere Voraussetzungen aufstellt. Charakteristisch ist auch, dass sich die Anfechtung nicht zwingend gegen einen Gläubiger des Schuldners richten muss, sondern Anfechtungsgegner auch ein Dritter sein kann[678]. § 133 Abs. 1 S. 1 InsO spricht lediglich von „der andere Teil". Der Gleichbehandlungsgrundsatz schützt jedoch nur die Gleichbehandlung der Gläubiger inter se[679]. Da der Anfechtungsgegner nicht zwingend ein Gläubiger und damit auch nicht zwingend an der Quote beteiligt ist, kann die Vorsatzanfechtung nicht pauschal damit begründet werden, dass der Anfechtungsgegner mehr erlangt habe, als ihm seiner Quote nach zustehe und der Gläubigergleichbehandlungsgrundsatz verletzt sei[680].

Zwar leistet der Schuldner regelmäßig nicht ohne Grund an einen Dritten, sondern aufgrund der Anweisung eines Gläubigers, sodass eine Schuld des Insolvenzschuldners gegenüber dem anweisenden Gläubiger erfüllt wird. Diesen Vorteil, die Erfüllung seiner Forderung, verliert der Gläubiger im Falle einer Anfechtung auch wieder. Da die Vorsatzanfechtung jedoch auch Schenkungen an einen Dritten erfasst, bei denen keine Gläubigerungleichbehandlung eintritt, trifft es zu, dass jedenfalls eine pauschale Begründung mit dem Gläubigergleichbehandlungsgrundsatz nicht zutrifft, da der Anfechtungsgegner nicht Gläubiger sein muss.

### bb. Masseanreicherung als Reflex

Es ist durchaus zu konstatieren, dass die Vorsatzanfechtung aufgrund ihrer den anderen Anfechtungstatbeständen entsprechenden Rechtsfolge auch die Masse mehrt. Dadurch wird jedoch noch nicht der Zweck der Vorsatzanfechtung definiert, sondern nur dessen Rechtsfol-

677 Schwartz, S. 24; Guski, S. 139; auch Schoppmeyer, ZIP 2009, 600, 601 geht auf die tatbestandlichen Unterschiede zu anderen Anfechtungsnormen ein.

678 Schoppmeyer, WM 2018, 353, 354; Schwartz, S. 24.

679 Vgl. auch HambK, *A. Schmidt*, § 1 Rn. 32.

680 Bork, ZIP 2014, 797, 803; Rodi, KTS 2019, 307, 324 mwN; Schwartz, S. 24; Thole, S. 282; Thole, ZZP 121 (2008), 67, 69; s. auch Ganter, FS Kübler, 171, 171 f.; auch Guski, S. 142 f. hebt hervor, dass der Anfechtungsgegner nicht Gläubiger sein muss.

ge[681]. In der Fachöffentlichkeit wird angeführt, dass die aus der Rechtsfolge herrührende anteilige Befriedigung nur eine „mittelbare Verknüpfung“ der Mehrung der Masse und der Gläubigergleichbehandlung sei, die bei jeder massemehrenden Handlung des Insolvenzverwalters vorliege[682]. § 133 InsO diene somit nur „reflexartig“ auch der Masseanreicherung und Gläubigergleichbehandlung[683]. Ist der Anfechtungsgegner Dritter, dient die Vorsatzanfechtung nicht einmal reflexartig der Gläubigergleichbehandlung, sondern nur (reflexartig) den Gläubigern im Allgemeinen.

### cc. Vergleich mit dem Anfechtungsgesetz

Ein weiteres Argument gegen den Gläubigergleichbehandlungsgrundsatz als Ziel der Vorsatzanfechtung ergibt sich aus einem Vergleich mit dem Anfechtungsgesetz. Die Pendant-Norm zu § 133 InsO, der § 3 AnfG, gilt außerhalb des Insolvenzverfahrens, wo kein Gläubigergleichbehandlungsgrundsatz herrscht[684], sondern vielmehr ein einzelner Gläubiger privilegiert wird[685]. Maßgeblich ist im Rahmen des § 3 AnfG vielmehr eine Beeinträchtigung der gleichen Befriedigungschancen der Gläubiger[686]. Sowohl der Wortlaut als auch die Wertungen der Normen entsprechen sich[687], sodass eine unterschiedliche Beurteilung „inner- und außerhalb des Insolvenzverfahrens“ nicht geboten ist[688]. Deshalb darf im Rahmen der innerinsolvenzlichen Norm des § 133 InsO nicht auf die Gläubigergleichbehandlung abgestellt werden, da

681 Schoppmeyer, WM 2018, 353, 355; Schoppmeyer, ZIP 2009, 600, 603; Schoppmeyer, NZI 2005, 185, 189 differenziert zwischen „Wirkung“ und „Ursache“ beziehungsweise „Ergebnis“ und „Wertung“; vgl. auch Rodi, KTS 2019, 307, 323; Thole, S. 282; Thole, KTS 2007, 293, 300; Thole, ZZP 121 (2008), 67, 69.

682 Thole, S. 282; Thole, ZZP 121 (2008), 67, 69; Rodi, KTS 2019, 307, 323.

683 Ludwig, ZInsO 2014, 1729, 1730; Fawzy/ Köchling, ZInsO 2014, 1073, 1073; s. auch Bork/ Hölzle/ *Zenker*, Kap. 10 Rn. 12; Schwartz, S. 18.

684 Schwartz, S. 24 f.; vgl. auch Lind, S. 34; Pickartz, S. 55, 61; Thole, ZZP 121 (2008), 67, 70.

685 Rodi, KTS 2019, 307, 323.

686 AnfG, MüKo, *Kirchhof*, § 3 Rn. 1.

687 Thole, S. 484; vgl. auch AnfG, MüKo, *Kirchhof*, § 3 Rn. 1; Guski, S. 139.

688 Schwartz, S. 25; Schoppmeyer, ZIP 2009, 600, 604 f.; ähnlich Foerste, FS Picker, 227, 247 mwN; Pickartz, S. 61; Rodi, KTS 2019, 307, 323 f. mwN; vgl. auch; Schoppmeyer, WM 2018, 353, 354 f.; Thole, S. 282 f.; zur Notwendigkeit einer Einheitlichen Auslegung Foerste, ZInsO 2013, 897, 901.

diese bei § 3 AnfG nicht gilt und der Gleichlauf der Wertungen sonst verletzt würde.

### dd. Schwere des Eingriffs

In der Literatur wird gegen den auf die Gläubigergleichbehandlung abstellenden Ansatz zudem angeführt, der Eingriff in die Rechte und das Vertrauen der Beteiligten wiege zu schwer, als dass er allein durch die Anreicherung der Masse und Vorverlagerung des Gleichbehandlungsgrundsatzes gerechtfertigt werden könnte[689]. Dies wird schon vor dem Hintergrund der langen Anfechtungsfrist betont[690]. Aus verfassungsrechtlicher Sicht könne der durch die Insolvenzanfechtung erfolgende Eingriff in die Privatautonomie und Art. 14 GG des Schuldners und des Anfechtungsgegners nur durch einen „schonenden Ausgleich“ mit den ebenfalls unter dem Schutz der Eigentumsfreiheit stehenden Ansprüchen der Gläubiger gerechtfertigt werden[691].

### ee. Actio pauliana

Des Weiteren spricht ein Vergleich der Vorsatzanfechtung mit ihrer Ursprungsform, der actio pauliana des römischen Rechts[692], aus der sich die heutige Vorsatzanfechtung entwickelt hat[693], gegen die Annahme, die Vorsatzanfechtung diene dem Gläubigergleichbehandlungsgrundsatz. Die Paulianische Klage galt trotz später eingeführter „Elemente heutiger Gesamtvollstreckung“ ursprünglich „außerhalb eines Konkursverfahrens“[694] und stellte somit nicht auf den Grundsatz der par condicio creditorum ab[695]. Die Deckungsanfechtung entspringt zwar ebenfalls der actio pauliana, spaltete sich jedoch von ihr ab[696]. Da

689 Schwartz, S. 28.
690 Bork, ZIP 2014, 797, 803.
691 Bork/ Hölzle/ *Zenker*, Kap. 10 Rn. 10.
692 Vgl. Digesten, 22, 1, 38, 4 und 42, 8, 1.
693 K/ P/ B/ *Bork*, § 133 Rn. 2; Rodi, KTS 2019, 307, 322; vgl. auch Bork, ZIP 2014, 797, 802.
694 Thole, ZZP 121 (2008), 67, 70.
695 Rodi, KTS 2019, 307, 324 mVa Klinck, S. 5; Thole, S. 288; Thole, ZZP 121 (2008), 67, 70; vgl. auch Bork, ZIP 2014, 797, 803, der auf die Historie der Vorsatzanfechtung verweist.
696 S. hierzu Thole, S. 288 f.

sich die Deckungsanfechtung selbstständig weiterentwickelte[697] und sich nur aus dem gleichen Institut wie die Vorsatzanfechtung, nicht jedoch aus dieser selbst entwickelte, kann die Gläubigergleichbehandlung durchaus nur der Deckungsanfechtung zugrunde liegen. Freilich muss nicht zwingend weiterhin an die Wertungen der actio pauliana angeknüpft werden[698], da sich auch die Vorsatzanfechtung weiterentwickelt hat. Anhaltspunkte, die Gleichbehandlung als primäres Schutzgut der Vorsatzanfechtung anzunehmen, bestehen jedoch keine.

#### ff. Zusammenfassung

Bei Zugrundelegung der obigen Gegenargumente, kann die Wahrung des Gläubigergleichbehandlungsgrundsatzes nicht primäres Ziel der Vorsatzanfechtung sein. Dennoch stellen die Massemehrung und der etwaige Schutz der Gläubigergleichbehandlung einen willkommenen Nebeneffekt dar und können als Nebenziel angesehen werden. Die Vorsatzanfechtung schützt demnach durchaus die Gläubigergesamtheit, nicht aber die Gläubigergleichbehandlung[699].

### c. Sanktionierung sozialer Inadäquanz

Vermehrt wird zur Begründung der ratio legis der Vorsatzanfechtung darauf abgestellt, dass der anfechtbaren Rechtshandlung missbilligenswerte Umstände[700] beziehungsweise ein missbilligenswertes Schuldnerverhalten zugrunde lägen[701]. Die Vorsatzanfechtung solle demnach insbesondere ein aus insolvenzrechtlicher Sicht sozial inadäquates Verhalten des Schuldners sanktionieren[702], wobei synonym auch auf ein

697 Rodi, KTS, 2019, 307, 324 mVa Klinck, S. 15; vgl. auch Thole, S. 289 f.

698 Bork, ZIP 2014, 797, 801.

699 Ganter, FS Kübler, 171, 171 f.

700 Schoppmeyer, NZI 2005, 185, 186; Uhlenbruck/ *Borries/ Hirte*, § 133 Rn. 3.

701 BGH, ZIP 2005, 494, 496; Bork, FS G. Fischer, 37, 49; Jacoby, KTS 2005, 371, 398; Jacoby, KTS 2009, 3, 19; Jaeger/ Henckel, § 133 Rn. 2; MüKo, *Kayser/ Freudenberg*, § 133 Rn. 1a; Schoppmeyer, NZI 2005, 185, 187; Thole, NZI 2009, 800, 802.

702 Bork, FS G. Fischer, 37, 49; Bork, ZIP 2004, 1684, 1691; Bork, ZIP 2008, 1041, 1046; Bork, ZIP 2014, 797, 803; Fawzy/ Köchling, ZInsO 2014, 1073, 1073; K/ P/ B/ *Bork*, § 133 Rn. 2; Thole, S. 297, 483; Thole, KTS 2007, 293, 300; Thole, ZZP 121 (2008), 67, 75 f.; s. auch Lind, S. 37; Ludwig, ZInsO 2014, 1729, 1730;

unredliches oder fraudulöses Verhalten[703] und Unlauterkeit[704] abgestellt wird. Dass die Anfechtung den Gläubiger trifft, obwohl das Verhalten des Schuldners sanktioniert wird, ergebe sich daraus, dass der Gläubiger Kenntnis vom Gläubigerbenachteiligungsvorsatz habe und dieser mithin ebenfalls keines Schutzes würdig sei[705].

Dieser Ansatz hebt vor allem den historischen Bezug zur actio pauliana hervor, welche ein solches fraudulöses Verhalten forderte[706]. Die actio pauliana als Vorgänger der Insolvenzanfechtung bezog sich damit auf „sittliche Verwerflichkeit"[707] und sanktionierte betrügerische, böswillige oder gegen die Gläubiger gerichtete Absichten[708]. An die actio pauliana anknüpfend, müsse auch die ratio des § 133 InsO auf im weiteren Sinne betrügerisches Verhalten des Schuldners abstellen[709].

Dass es um eine Sanktionierung und rechtliche Missbilligung geht, ist sowohl klar als auch ohne Mehrwert für die Erforschung der ratio[710]. Würde der Gesetzgeber das Verhalten nicht missbilligen, wäre es auch nicht nach dem Normbefehl des § 133 InsO rückgängig zu machen. Aus diesem Grund wird dem Ansatz vorgeworfen, dass die Kriterien zu unbestimmt seien[711]. Ferner wird vorgebracht, die soziale Inadäquanz erfasse nur einen (wenn auch bedeutsamen) Teilaspekt der Vorsatzanfechtung[712], und die Anfechtung sanktioniere nicht, sondern mache nur Rechtswirkungen rückgängig[713].

Die soziale Inadäquanz wird jedoch teilweise konkretisiert. Hierbei seien insbesondere normative und wirtschaftliche Aspekte zu be-

---

Schoppmeyer, ZIP 2009, 600, 602 f. sieht im Schutz vor sozial inadäquatem Verhalten nur einen Nebenzweck.

703 Bork, FS H.-B. Schäfer, 593, 599 mwN; Bork, ZIP 2014, 797, 803.

704 Rattunde/ Smid/ Zeuner/ *Zeuner*, § 133 Rn. 7.

705 Bork, ZIP 2014, 797, 803.

706 Bork, ZIP 2014, 797, 803; Thole, S. 288, 289; s. auch Bork, FS H.-B. Schäfer, 593, 599.

707 Foerste, FS Picker, 227, 235 mwN.

708 Karrasch, S. 85 f. mVa Motive KO, S. 138; Pickartz, S. 61 mwN.

709 Bork, ZIP 2014, 797, 803.

710 Auch Pickartz, S. 63 stellt den Mehrwert dieser Erkenntnis für die Auslegung in Frage.

711 Ganter, WM 2009, 1441, 1446; Schwartz, S. 26.

712 Schoppmeyer, ZIP 2009, 600, 602 f.

713 Hess, Vor. § 129 Rn. 21.

rücksichtigen[714]. Soziale Inadäquanz soll demnach insbesondere vorliegen, wenn die Zugriffschancen der Gläubiger vereitelt werden[715]. Auch durch die Begriffe „Übermaßrisiken“[716] und „Opportunismusrisiko“[717] wird versucht, die soziale Inadäquanz zu konkretisieren. Letzteres liege beispielsweise vor, wenn der Schuldner entgegen den Interessen der Gläubigergesamtheit und der Gesellschaft beispielsweise das Haftungsvermögen zu Lasten der Gläubigerbefriedigung mindert[718] oder nur seine eigenen Interessen verfolgt[719].

### d. Beeinträchtigung der Chancengleichheit

In Anknüpfung an die Ausführungen zur sozialen Inadäquanz und dieses Merkmal konkretisierend sieht ein weit verbreiteter Ansatz die ratio legis der Vorsatzanfechtung darin, sicherzustellen, dass der Schuldner die Chancen der Gläubiger auf gleichmäßige Befriedigung nicht vorsätzlich beeinträchtigt, da seine Verpflichtungen grundsätzlich gleichrangig seien[720]. Auf eine Gläubigergleichbehandlung komme es dabei nicht an, da eine Ungleichbehandlung nicht zwingend die Gleichheit der Chancen verletze[721].

Auch die Rechtsprechung stellt auf die Chancengleichheit ab. Zwar stützte der BGH die Vorsatzanfechtung zunächst noch auf den Gläubigergleichbehandlungsgrundsatz[722]. Der BGH distanzierte sich jedoch später von dieser Meinung, hob (wie schon das RG zuvor[723]) den unterschiedlichen Schutzzweck im Vergleich zu den §§ 130–132 InsO hervor und begründete die Vorsatzanfechtung mit einem zu missbilli-

714 Bork, FS G. Fischer, 37, 49.
715 S. nur K/ P/ B/ *Bork*, § 133 Rn. 2; Schoppmeyer, NZI 2005, 185, 187.
716 Thole, ZZP 121 (2008), 67, 75 ff.
717 Thole, S. 299, 483; Thole, WM 2010, 685, 687, 688.
718 Thole, S. 297.
719 Thole, KTS 2007, 293, 300 mwN.
720 Schoppmeyer, NZI 2005, 185, 187 f.; GK, *Hörmann/ Sußner*, § 133 InsO Rn. 6; K/ P/ B/ *Bork*, § 133 Rn. 2; MüKo, *Kayser/ Freudenberg*, § 133 Rn. 1a; Rodi, KTS 2019, 307, 325 f.; Schoppmeyer, WM 2018, 353, 355; Schoppmeyer, ZIP 2009, 600, 602; Uhlenbruck/ *Borries/ Hirte*, § 133 Rn. 3; Zerrath, S. 23.
721 Schoppmeyer, WM 2018, 353, 355; Schoppmeyer, ZIP 2009, 600, 603; Uhlenbruck/ *Borries/ Hirte*, § 133 Rn. 2; s. auch Schoppmeyer, NZI 2005, 185, 188.
722 BGH, ZIP 1999, 406, 406; BGH, ZIP 1993, 1653, 1654.
723 RGZ 10, 325, 329.

genden Verhalten des Schuldners[724]. Ein solches nimmt der BGH an, wenn der Schuldner einzelne Gläubiger bevorzugt, obwohl die Verpflichtungen gegenüber den anderen Gläubigern gleichrangig sind[725]. Die Vorsatzanfechtung schütze somit die Gläubiger vor einer Beeinträchtigung ihrer „prinzipiell gleichrangigen Befriedigungschancen" durch den Schuldner[726].

Der Ansatz berücksichtigt nicht, dass der Anfechtungsgegner nicht zwingend Gläubiger sein muss und deshalb auch nicht zwingend die (relativ betrachtet) gleichen Befriedigungschancen der Gläubiger untereinander verletzt werden[727]. Aus diesem Grund wird teilweise auf die absoluten Befriedigungschancen abgestellt[728]. Demnach gewährleistet die Vorsatzanfechtung einen „unabdingbaren Mindestschutz der Vermögenshaftung gegen willkürliche Manipulationen des Schuldners"[729].

Schon vor dem Hintergrund der Privatautonomie bedeutet dies freilich nicht, dass sich der Schuldner außerhalb der Krise nicht aussuchen könnte, welchen Gläubiger er befriedigt; lediglich eine vorsätzliche Beeinträchtigung der gleichen Zugriffsmöglichkeiten führt zur Anfechtbarkeit, wenn die Masse nicht zur Befriedigung aller ausreicht[730]. Sanktioniert wird somit die unzulässige Ausübung von grundsätzlich möglichen Verfügungen[731].

Auch diesem Ansatz wird vorgeworfen, die ratio legis nicht wesentlich zu konkretisieren, da § 133 InsO bereits mit dem Gläubigerbenachteiligungs- (eventual-) vorsatz bestimme, wann der Schuldner die Chancengleichheit beeinträchtige[732]. Dem ist zu widersprechen. Da eine Gläubigerbenachteiligung nicht zwingend eine Verletzung der Chancengleichheit bedeutet, muss auch der Gläubigerbenachteiligungsvorsatz nicht die Chancengleichheit verletzen. Ferner beschreibt

724 BGH, ZIP 2005, 494, 496; vgl. auch BAG, ZIP 2014, 628 Rn. 82.
725 BGH, ZIP 2005, 494, 496; so auch BAG, ZIP 2014, 628 Rn. 82.
726 BGH, ZIP 2017, 1677 Rn. 17; BGH, ZIP 2017, 1379 Rn. 20; BGH, ZIP 2014, 275 Rn. 17; BGH, ZIP 2005, 494, 496 mwN.
727 Rodi, KTS 2019, 307, 326; hierzu schon oben.
728 Rodi, KTS 2019, 307, 326 ff.
729 Rodi, KTS 2019, 307, 328 mwN.
730 Pickartz, S. 64.
731 Schoppmeyer, WM 2018, 353, 354.
732 Pickartz, S. 64.

die Verletzung der Chancengleichheit die ratio und ist keine Tatbestandsvoraussetzung[733].

### e. Schutz vor Haftungsvereitelung

Ein anderer Ansatz geht dahin, dass sich der Schuldner nicht seiner Haftung entziehen und die Haftungsordnung stören solle[734]. Die Vorsatzanfechtung verfolge demnach den Zweck, den Vermögensbestand des Schuldners als Haftungsobjekt für die Gläubiger zu schützen und zu erhalten[735], indem verhindert werde, „dass der Schuldner Vermögenswerte der Insolvenzbeschlagnahme entzieht“[736].

Die vereinzelt geforderte Kollusion[737] ist nicht erforderlich, da die Vorsatzanfechtung schon unterhalb der Schwelle zur Kollusion anwendbar ist[738]. Der Anfechtungsgegner muss selber keinen Gläubigerbenachteiligungsvorsatz besitzen, sondern lediglich Kenntnis vom Benachteiligungsvorsatz des Schuldners haben, was für Kollusion jedoch nicht ausreicht. Zwar fällt kollusives Zusammenwirken unter § 133 InsO[739], stellt jedoch lediglich ein „Wertungskriterium“ dar, das eine Vorsatzanfechtung begründen kann, jedoch kein zwingendes Erfordernis ist[740].

### f. Resümee

Ziel der Insolvenzanfechtung in ihrer Gesamtheit ist der Gläubigerschutz und, entsprechend dem in § 1 InsO normierten Ziel der gemeinschaftlichen Befriedigung, auch der Schutz der Gläubigergleichbehandlung[741]. Der Gläubigergleichbehandlungsgrundsatz ist bei den

733 Bork, ZIP 2014, 797, 803.

734 Vgl. Bork, FS H.-B. Schäfer, 593, 599; Guski, WM 2009, 1071, 1072; Schoppmeyer, NZI 2005, 185, 188; Steffek, ZRP 2007, 228, 228 in Bezug auf die Anfechtung allgemein; Thole, NZI 2009, 800, 802; Thole, S. 297 zum „Opportunismusrisiko“.

735 Guski, S. 142; HK, *Thole*, § 133 Rn. 3; Schwartz, S. 28 f.

736 Bork, Insolvenzrecht, Rn. 244; s. auch Lind, S. 35.

737 Nerlich/ Römermann/ *Nerlich*, § 133 Rn. 3.

738 K/ P/ B/ *Bork*, § 133 InsO Rn. 2; Schwartz, S 27.

739 Vgl. auch BGH, ZIP 2008, 190, 192 Rn. 24.

740 Bork, ZIP 2008, 1041, 1046.

741 Bork, FS H.-B. Schäfer, 593, 594.

einzelnen Anfechtungsgründen jedoch unterschiedlich stark ausgeprägt und tritt insbesondere bei § 133 InsO stark zurück[742].

Die Ratio legis des § 133 InsO ist es zu verhindern, dass der Schuldner in die grundsätzlich gleichen Befriedigungschancen eingreift oder die Haftungsmasse verkürzt. Hierfür spricht auch ein Vergleich mit der Pendant-Norm § 3 AnfG, der ebenfalls auf eine Beeinträchtigung der Zugriffschancen abstellt[743]. Der Schuldner darf sich also nicht in den bis zur materiellen Insolvenz geltenden Wettlauf der Gläubiger einmischen, wenn er weiß, dass dadurch einige Gläubiger zu Lasten anderer bevorzugt werden.

## 2. Auslegung anhand der gewonnenen Erkenntnisse

Ist die Anfechtung nach § 133 InsO darin begründet, dass der Schuldner nicht den Wettlauf der Gläubiger um das Vermögen des Schuldners manipulieren darf, muss Unlauterkeit hierüber noch hinausgehen. Die Haftungsvereitelung beziehungsweise die Beeinträchtigung der Befriedigungschancen müssen in besonderem Maße vorgenommen worden sein.

Aufgrund der ausgeprägten subjektiven Komponente des Unlauterkeitsbegriffs ist hierbei insbesondere auf die Motivation des Schuldners zu blicken. Verfolgt der Schuldner ein mit den Interessen der Gläubiger unvereinbares Ziel, ist von Unlauterkeit auszugehen. Ein solcher den Gläubigerinteressen zuwiderlaufender Beweggrund ist insbesondere anzunehmen, wenn der Schuldner lediglich eigene Interessen verfolgt, also beispielsweise das Geld für sich beiseiteschaffen will. Ebenfalls verletzt es die Interessen der Gläubigergesamtheit, wenn der Schuldner einen einzelnen Gläubiger bevorteilt, um sich Vorteile zu verschaffen, wie sich beispielsweise die Gunst des bevorteilten Gläubigers als zukünftigen Geschäftspartner nach der Insolvenz zu sichern.

Zieht man die Gesetzesbegründung hinzu, lässt sich eine der dort genannten Fallgruppen verallgemeinern. Gemeint ist die Stelle der Gesetzesbegründung, nach der eine die Unlauterkeit begründende geziel-

742 Vgl. K/ P/ B/ *Bork*, Vor. § 129 in Fn. 2, § 133 Rn. 2.

743 AnfG, MüKo, *Kirchhof*, § 3 Rn. 1.

te Gläubigerbenachteiligung vorliegt, „wenn es dem Schuldner in erster Linie darauf ankommt, durch die Befriedigung des Leistungsempfängers andere Gläubiger zu schädigen“[744]. Führt man die Gesetzesbegründung und die Erkenntnisse zur ratio legis der Vorsatzanfechtung zusammen, lässt sich das Postulat formulieren, dass Unlauterkeit stets dann vorliegt, wenn der Schuldner durch sein Handeln seine Interessen oder die einzelner Gläubiger über die der Gläubigergesamtheit stellt – sei es durch bewusste Benachteiligung der Gläubigermehrheit oder bewusste Bevorzugung einzelner.

In Anknüpfung an die ratio legis der Vorsatzanfechtung ist mit Thole bei einer der Haftungsvereitelung dienenden Handlung von Unlauterkeit auszugehen[745]. Dies ergibt sich schon aus der Gesetzesbegründung (s. o. F. II. 1. ii.). Thole führt weiter aus: „Absicht wird man nicht im eigentlichen Sinne voraussetzen müssen, sondern es genügt, wenn das Verhalten bei objektiv-normativer Betrachtung aus dem haftungsrechtlichen Blickwinkel die Interessen der Gläubiger in besonderer Weise zurücksetzt“[746]. Auch dies entspricht einer an der ratio des § 133 InsO orientierten Auslegung des Unlauterkeitsbegriffs.

## IX. Anlehnung an den Sinn und Zweck der Gesetzesänderung

Bei der Auslegung des Unlauterkeitsbegriffs ist zudem insbesondere auf den Zweck seiner Einführung in § 142 InsO und somit auf den der Gesetzesänderung abzustellen.

### 1. Berücksichtigung des Entstehungsgrundes der InsO

Auch wenn durch die Einführung des Unlauterkeitsmerkmals die Vorsatzanfechtung eingeschränkt werden soll, ist dabei nicht das Ziel der InsO aus den Augen zu verlieren, das Anfechtungsrecht gegenüber

744 BT-Drucks. 18/7054, S. 19.
745 Ganter, NZI 2019, 481, 488 mwN; HK, *Thole*, § 142 Rn. 17; Thole, ZIP 2017, 401, 407.
746 HK, *Thole*, § 142 Rn. 17; Thole, ZIP 2017, 401, 407.

dem der KO zu stärken, um eine größere Insolvenzmasse generieren zu können[747].

Die KO vermochte nicht, die Masse effektiv genug anzureichern[748]. Da das Anfechtungsrecht der KO unter anderem wegen Beweisschwierigkeiten und knapper Anfechtungsfristen nicht wirksam durchgesetzt werden und seinen Aufgaben folglich nicht nachkommen konnte[749], sollte die InsO das wirkungslose KO-Anfechtungsrecht stärken[750].

Aus diesem Grund wird in der Intention des Gesetzgebers, das Anfechtungsrecht wieder abzuschwächen, teilweise ein erheblicher „Paradigmenwechsel" gesehen und befürchtet, das Anfechtungsrecht werde wieder dem der KO angeglichen, was den Entstehungsgrund der InsO konterkariere[751].

Die Masseanreicherung ist bei § 133 InsO jedoch allenfalls Nebenzweck und fällt hauptsächlich den Normen der Deckungsanfechtung zu. Zwar wurden auch diese einigen Änderungen unterworfen, die Effektivität der Masseanreicherung muss dann jedoch auch in deren Rahmen und nicht dem der Vorsatzanfechtung berücksichtigt werden. Vor diesem Hintergrund gefährdet eine Einengung der Vorsatzanfechtung nicht das Ziel der InsO, eine effektivere Masseanreicherung zu gewährleisten, da die Vorsatzanfechtung schon kein Instrument zum Masseschutz ist. Somit ist auch nicht von einem Paradigmenwechsel auszugehen. Zudem ist die Verschärfung des Anfechtungsrechts gegenüber der KO kein über allen Anfechtungsnormen schwebender, deren Auslegung dominierender Grundsatz[752] und führt nicht dazu, dass § 133 InsO die Masse anreichern soll[753].

Abgesehen davon steht es im Ermessen des Gesetzgebers, das Anfechtungsrecht zu schwächen, ebenso wie es in seinem Ermessen stand, das Anfechtungsrecht durch die InsO zu stärken. Die Befürchtung, das

747 Vgl. BT-Drucks. 12/2443, S. 82.

748 W/ D/ W/ G/ *Dauernheim*, Kap. 7 Rn. 1.

749 Vgl. auch Braun/ Uhlenbruck, S. 352; Gerhardt, FS Brandner, 605, 605.

750 BT-Drucks 12/2443, S. 82, 156; Foerste, ZInsO 2013, 897, 899; G. Fischer, NZI 2008, 588, 592; Koza, DZWiR 2009, 404, 405; W/ D/ W/ G/ *Dauernheim*, Kap. 7 Rn. 1.

751 Pape, ZInsO 2018, 296, 296 f.

752 Foerste, ZInsO 2013, 897, 899.

753 Karrasch, S. 86.

Anfechtungsrecht könnte an Potenz verlieren, kann die vorgesehene Einschränkung wegen des sich aus der Gesetzesbegründung ergebenden gesetzgeberischen Willens nicht verhindern. Es ist ferner nicht das Ziel der Reform, das Anfechtungsrecht wieder dem der KO anzugleichen. Es sollen lediglich diejenigen (richterrechtlichen) Weiterentwicklungen, welche die Vorsatzanfechtung der InsO fortlaufend stärkten, rückgängig gemacht werden. Die Vorsatzanfechtung soll also ihrer Ausgangsform in der InsO und nicht derjenigen der KO angeglichen werden.

## 2. Bedeutung der Motive der Gesetzesänderung

Die wichtigsten Reformgründe, auf die maßgeblich abzustellen ist, sind die Einschränkung der Handhabung der Vorsatzanfechtung durch die Rechtsprechung und das Streben nach mehr Rechtssicherheit.

### a. Einschränkung des § 133 InsO

Während der Vorsatzanfechtung zunächst nur wenig Bedeutung im Anfechtungsrecht zukam, belebte die Rechtsprechung sie[754], indem die Anforderungen der Absicht und der Unlauterkeit abgesenkt, respektive abgeschafft wurden. Das Merkmal der Unlauterkeit soll nun dem Werdegang der Vorsatzanfechtung entgegenwirken.

Bei einer die Vorsatzanfechtung einschränkenden Auslegung des Unlauterkeitsbegriffs ist jedoch eine gewisse Zurückhaltung geboten, da die mit der Reform intendierte Einschränkung des § 133 InsO bereits durch die Änderungen an § 133 InsO selber bezweckt und auch teilweise umgesetzt wurde[755]. Da ohnehin nur eine „punktuelle Neujustierung“ beabsichtigt war[756], darf die Unlauterkeit nicht dazu führen, dass die Vorsatzanfechtung entwertet wird. Dies vorangestellt, kann der Unlauterkeitsbegriff anhand des Reformziels, die Vorsatzanfechtung einzuschränken, ausgelegt werden.

754 Bork, ZIP 2004, 1684, 1684.
755 Vgl. BT-Drucks. 18/7054, S. 18 f.
756 BT-Drucks. 18/7054, S. 2, 10, 12.

Der Reformzweck untermauert das subjektive Verständnis der Unlauterkeit. Da insbesondere die Handhabung des subjektiven Tatbestandes kritisiert wurde, liegt es nahe, dass der Unlauterkeitsbegriff auf subjektiver Seite operiert, um die richterrechtlichen Vermutungsregeln zu kompensieren.

Ist es das Ziel der Einführung des Unlauterkeitsbegriffs, unter anderem die Vorsatzanfechtung weiter einzuschränken, lässt sich die Aussage treffen, dass Unlauterkeit in der Regel (ein Wertungsspielraum bleibt) nicht schon bei den von der Rechtsprechung entwickelten Indizien vorliegt.

Die Kenntnis der Zahlungsunfähigkeit allein kann demnach nicht zur Annahme eines unlauteren Handelns führen. Hieraus ergeben sich jedoch keine neuen Erkenntnisse, da dies schon aus der Gesetzesbegründung folgt, wonach das Bewusstsein, nicht mehr zur Befriedigung aller Gläubiger in der Lage zu sein, nicht ausreicht, um von Unlauterkeit auszugehen. Auch Zahlungserleichterungen begründen noch keine Unlauterkeit, doch existiert in Bezug auf diese schon die Regelung des § 133 Abs. 3 S. 2 InsO.

Der Rückgriff auf das Indiz der Inkongruenz hängt davon ab, ob man inkongruente Leistungen überhaupt unter das Bargeschäftsprivileg fasst. Da inkongruente Leistungen nach hier vertretener Ansicht jedoch unter das Bargeschäftsprivileg fallen können, ist zu klären, ob sich Besonderheiten im Rahmen der Unlauterkeit ergeben.

Die Unlauterkeit ergibt sich dabei nicht bereits aus der Indizwirkung inkongruenter Leistungen im Rahmen des subjektiven Tatbestandes der Vorsatzanfechtung, da die Unlauterkeit über den Gläubigerbenachteiligungsvorsatz hinausgeht. Hierfür spricht auch, dass die Indizien der Rechtsprechung durch die Reform eingeschränkt werden sollten. Aus diesem Grund darf die Inkongruenz das zur Einschränkung der Vorsatzanfechtung eingeführte Unlauterkeitsmerkmal nicht allgemein begründen, da sich dann keine Unterschiede zur alten Rechtslage ergäben.

Inkongruente Leistungen sind mithin konkret anhand der Unlauterkeitskriterien zu prüfen und nicht pauschal als unlauter zu klassifizieren. Die Inkongruenz einer Leistung kann sich daraus ergeben, dass der Empfänger sie nicht oder nicht in der Art oder nicht zu der Zeit beanspruchen durfte, vgl. § 131 Abs. 1 InsO. Der Inkongruenzbegriff ist damit zu facettenreich, um alle Fälle gleichzusetzen und den gleichen Maßstäben zu unterwerfen. Die Bewertung ist vielmehr, wie im Gläubigerbenachteiligungsvorsatz, einzelfallabhängig und anhand Art und Ausmaß der Inkongruenz geboten. Dabei ist maßgeblich darauf abzustellen, wie stark der Benachteiligungsvorsatz ausgeprägt ist und wie schutzwürdig die einzelnen Interessen sind.

### aa. Nicht zu beanspruchende Leistung

Insbesondere bei Ansprüchen, die einredebehaftet oder nicht durchsetzbar sind, ist ein Bargeschäft denkbar, obwohl der Anfechtungsgegner die Leistung des Schuldners nicht beanspruchen konnte. In den Fällen einer nicht zu beanspruchenden Leistung ist der Anfechtungsgegner mangels Anspruchs nicht schutzwürdig und die Gläubigergesamtheit umgekehrt besonders schutzwürdig, sodass bereits unabhängig vom Grad des Schuldnervorsatzes von Unlauterkeit auszugehen ist, wenn der Schuldner eine Leistung erbringt, die der Gläubiger nicht beanspruchen konnte.

### bb. Nicht in der Art zu beanspruchende Leistung

Bei Leistungen, die der Anfechtungsgegner der Art nach nicht zu fordern berechtigt war, ist die Bewertung als unlauter besonders einzelfallabhängig. Allein die Tatsache, dass es sich bei der Leistung um eine andere als die ursprünglich geschuldete handelt, begründet weder zwingend einen Benachteiligungsvorsatz, der über den ohnehin vorliegenden Vorsatz hinausgeht, noch eine Interessenverteilung, die zwingend eine Anfechtbarkeit fordert. Maßgeblich ist ein Vergleich der ursprünglich geschuldeten und der tatsächlich erbrachten Leistung im Hinblick auf ihre Befriedigungs- und Sanierungstauglichkeit. Aufgrund des Gleichwertigkeitserfordernisses beim Bargeschäft kann eine verminderte Befriedigungstauglichkeit der Leistung Unlauterkeit nur in besonderen Fällen begründen. Ist die Gegenleistung jedoch so illiquide, dass auf sie kaum zugegriffen werden kann, oder ihre Versilberung in zeitlicher und pekuniärer Weise einen solchen Mehraufwand verursacht, dass dadurch die Insolvenz erst ausgelöst oder beschleunigt wird, muss von Unlauterkeit ausgegangen werden. Denn dann werden die Interessen der Gläubiger unverhältnismäßig beeinträchtigt.

Auch ist von Unlauterkeit auszugehen, wenn die Weggabe einer ursprünglich nicht geschuldeten Leistung die Sanierungsmöglichkeiten verschlechtert und es weniger schädlich gewesen wäre, die geschuldete zu leisten.

Die Interessen des Anfechtungsgegners vermögen das Ergebnis kaum zu seinen Gunsten zu beeinflussen, da er bei Leistungen, auf die er der Art nach keinen Anspruch hat, nicht schutzwürdig ist.

#### cc. Nicht zu der Zeit zu beanspruchende Leistung

Fälle, in denen der Anfechtungsgegner die Leistung nicht zu der Zeit beanspruchen durfte, sind durch das Unmittelbarkeitserfordernis zwar begrenzt, aufgrund dessen Weite dennoch relevant. Unlauterkeit ist aufgrund der zeitlichen Grenzen zwar nur eingeschränkt denkbar. Es ist jedoch von Unlauterkeit auszugehen, wenn der Schuldner die zulässigen Grenzen ausnutzt, um einzelne Gläubiger (beispielsweise durch Zinsvorteile) zu bevorteilen oder durch die frühzeitige Leistung dem Unternehmen Gegenstände entzieht, die das Unternehmen noch hätte nutzen können.

#### dd. Generelle Einschränkung der Indizienbeweise

In Anlehnung an den Reformgrund und die Tatsache, dass weitaus mehr als die benannten wichtigsten Indizien denkbar sind, muss das Unlauterkeitsmerkmal so verstanden werden, dass es sich gegen den übermäßigen Gebrauch von (potentiellen) Indizien im Allgemeinen richtet, und muss mithin den Indizienbeweis an sich einschränken. Dafür ist eine generelle Anhebung des erforderlichen Vorsatzgrades am naheliegendsten und am besten geeignet. Damit wird auch nicht entgegen der Gesetzesbegründung[757] übermäßig in das Regelungssystem des Anfechtungsrechts eingegriffen, da lediglich bestehende Voraussetzungen verschärft werden. Zu konkretisieren ist dieses subjektive Element anhand der oben gewonnenen Erkenntnisse, sodass sich

757 BT-Drucks. 18/7054, S. 2, 10, 12.

die Absicht speziell auf die Benachteiligung einzelner Gläubiger oder die Vereitelung der Sanierungschancen beziehen muss.

### b. Wiederherstellung des Schutzes der Handlungsfähigkeit

Die Wirkungen des auf die Vorsatzanfechtung ausgeweiteten Bargeschäftsprivilegs lassen ebenfalls darauf schließen, wann ein Verhalten als unlauter anzusehen ist.

Bargeschäfte sollen in der Krise grundsätzlich weiterhin möglich sein, um die Handlungsfähigkeit des Schuldners in der Krise zu wahren. Aus diesem Grund schloss § 142 InsO a. F. die Anfechtung kongruenter und inkongruenter Deckungen nach §§ 130 f. InsO bei Bargeschäften aus. Eine Anfechtung war dann nur noch nach § 133 InsO möglich. Indem der BGH dazu überging, für § 133 Abs. 1 InsO die Kenntnis der Zahlungsunfähigkeit genügen zu lassen, weitete er die Vorsatzanfechtung derart auf ursprünglich nur von § 130 InsO erfasste Bereiche aus, dass Bargeschäfte regelmäßig nach § 133 InsO anfechtbar waren[758]. Kritiker behaupteten, die Anwendung der Vorsatzanfechtung auch auf Bargeschäfte zur Regel zu machen, hebele den Grundsatz des § 142 InsO aus, nach dem kongruente Deckungen bei Bargeschäften gerade nicht anfechtbar seien,[759] und nicht mit dem Zweck des Bargeschäftsprivilegs vereinbar sei[760]. In der Konsequenz werde verhindert, dass der Schuldner auch in der Krise handlungsfähig bleibe, was jedoch erforderlich sei, damit er sich aus der Krise befreien könne[761]. Der Zweck des § 142 InsO, die Handlungsfähigkeit zu wahren und dadurch insbesondere eine Sanierungsmöglichkeit zu sichern, wurde durch die weite Vorsatzanfechtung gestört.

Indem das Bargeschäftsprivileg nun auch auf § 133 InsO erstreckt wird, kann der Schutz der Handlungsfähigkeit wiederhergestellt und so eine Sicherheit geschaffen werden, deren Fehlen die Unzufriedenheit mit dem Anfechtungsrecht vor der Reform begründete. Somit

758 Vgl. Foerste, FS Picker, 227, 246; Schoppmeyer, ZIP 2009, 600, 604.

759 Kayser, FS G. Fischer, 267, 280; ähnlich Foerste, WM 2014, 1213, 1217; Schoppmeyer, ZIP 2009, 600, 604.

760 Foerste, FS Picker, 227, 247; Foerste, ZInsO 2019, 1778, 1778 f.; vgl. auch Jacoby, KTS 2009, 3, 21.

761 Schoppmeyer, ZIP 2009, 600, 604.

dürfen solche Rechtshandlungen des Schuldners nicht unter den Unlauterkeitsbegriff fallen, die auch in der Krise noch möglich sein sollen. Das sind entsprechend obiger Ausführungen insbesondere Handlungen, welche die Sanierungsfähigkeit des Unternehmens erhalten oder ermöglichen sollen.

## X. Betrachtung des Insolvenzanfechtungsrechts als Interessenausgleich

Die vorigen Auslegungsansätze stellen jeweils Betrachtungen des Unlauterkeitsbegriffs aus einem bestimmten, singulären Sichtwinkel dar. Um eine Eingliederung in das System des Anfechtungsrechts zu gewährleisten und zu überprüfen, ob das Auslegungsergebnis vernünftig und gerecht ist, muss der Unlauterkeitsbegriff im Gesamtsystem des Anfechtungsrechts betrachtet werden. Die Funktionsweise des Anfechtungsrechts ist verstärkt in die Auslegung einzubeziehen.

Um den Sinn und Zweck einer Anfechtungsnorm bestimmen zu können, ist auf den ihr zugrundeliegenden Interessenkonflikt abzustellen[762]. Die Insolvenzanfechtung steht aufgrund ihrer Rückwirkung und einschneidenden Rechtsfolge im Konflikt mit dem Vertrauen der Anfechtungsgegner auf den Bestand der von ihnen getätigten Rechtsgeschäfte und muss deshalb mit diesen Interessen in einen schonenden Ausgleich gebracht werden[763]. Vor diesem Hintergrund ist der Unlauterkeitsbegriff auszulegen.

### 1. Das Insolvenzanfechtungsrecht als Interessenabwägung

Das Anfechtungsrecht tariert verschiedene Interessen aus und bringt diese im Rahmen einer Abwägung miteinander in Einklang[764]. Es stehen sich insbesondere die Interessen der Gläubigergesamtheit und die

762 Bork/ Hölzle/ *Zenker*, Kap. 10 Rn. 11.

763 Fawzy/ Köchling, ZInsO 2014, 1073, 1073; zum Vertrauen des Anfechtungsgegners in das „Behaltendürfen" vgl. auch Bork/ Hölzle/ *Zenker*, Kap. 10 Rn. 10 mVa Paulus, FS G. Fischer, 445, 450 ff.

764 Paulus, FS G. Fischer, 445, 450 f.; vgl. auch Schoppmeyer, WM 2018, 301, 301.

des einzelnen Gläubigers beziehungsweise des Anfechtungsgegners gegenüber. Das Anfechtungsrecht regelt, wann den Interessen der Gläubigergesamtheit der Vorrang zu gewähren ist[765]. Abstrahiert bringt das Anfechtungsrecht die Anreicherung der Masse mit dem Verkehrsschutz im Rahmen einer rechtspolitischen Abwägung in Einklang[766]. Die Tatbestandsvoraussetzungen der einzelnen Anfechtungsnormen sind gewissermaßen eine Vorlage dieser Abwägung.

Die Gläubigergesamtheit hat ein Interesse an einer möglichst großen Insolvenzmasse, da die Gläubiger gerade hieraus befriedigt werden. Damit ist es in ihrem Interesse, die den Anfechtungsgegner begünstigende Rechtshandlung möglichst rückgängig zu machen und den aus der Masse herausgegebenen Vermögenswert zur Masse zurück zu holen. Der Anfechtungsgegner hat hingegen ein Interesse daran, in seinem Vertrauen, die Schuldnerleistung behalten zu dürfen, geschützt zu werden, da er gegebenenfalls bereits eine Gegenleistung erbracht hat oder mit der Leistung bereits Folgehandlungen verbunden sind. Auch die Privatautonomie des Schuldners wird mit dem Interesse der Gläubigergesamtheit, benachteiligende Rechtshandlungen zu kassieren, in Einklang zu bringen versucht[767].

Das Insolvenzanfechtungsrecht befasst sich mit der Frage, wessen Interessen im Falle einer Leistung an den einzelnen Gläubiger der Vorrang zu gewähren ist. Überwiegen die des einzelnen Gläubigers, scheidet eine Anfechtung aus, und er kann die Leistung behalten. Werden die Interessen der Gläubigergesamtheit höher gewichtet, greifen die Folgen der Anfechtung.

Am Beispiel des § 133 Abs. 1 S. 1 InsO ist den Interessen der Gläubigergesamtheit der Vorrang gewährt, wenn die Gläubiger benachteiligt werden, der Schuldner mit diesbezüglichem Vorsatz handelte und der Anfechtungsgegner hiervon wusste. In diesem Fall sind der Schuldner und der Anfechtungsgegner nicht besonders schutzwürdig. Die Anfechtung mit der Folge, dass die Interessen der Gläubigergesamtheit obsiegen, ist also nur möglich, wenn die Interessen des Schuldners und des Anfechtungsgegners weniger schutzwürdig sind als die der Gläubigergesamtheit.

---

765 Willemsen/ Kühn, BB 2015, 1474, 1475.

766 Foerste, FS Picker, 227, 232; Foerste, ZInsO 2013, 897, 899.

767 Rodi, KTS 2019, 307, 326 f.; Thole, S. 284.

Daraus erklärt sich auch, weshalb die Vorsatzanfechtung neben dem Schuldner auch auf den Anfechtungsgegner abstellt. Auch wenn der Schuldner wegen seines Benachteiligungsvorsatzes nicht schutzwürdig ist, ist es der Anfechtungsgegner grundsätzlich dennoch, weshalb eine Anfechtung ohne Kenntnis des Anfechtungsgegners von dem Benachteiligungsvorsatz nicht möglich ist. Nimmt der Anfechtungsgegner jedoch in Kenntnis des Gläubigerbenachteiligungsvorsatzes eine Leistung vom Schuldner an und wirkt so bei der Vermögensminderung mit, ist dem Anfechtungsgegner ein Vorwurf zu machen, der seine Schutzwürdigkeit ausschließt[768]. Das Erfordernis der Kenntnis vom Gläubigerbenachteiligungsvorsatz ist somit „Ausdruck der Vertrauensschutzgarantie"[769].

## 2. Anlehnung an Sinn und Zweck des Bargeschäftsprivilegs

An den Gedanken eines Interessenausgleichs anlehnend ist der Sinn und Zweck des Bargeschäftsprivilegs für die Auslegung des Begriffs entscheidend. Da das Bargeschäftsprivileg neben dem Vertrauen des Geschäftspartners insbesondere die Handlungsfähigkeit des Schuldners schützen soll, muss auch der Unlauterkeitsbegriff unter diesem Zeichen stehen.

Indem von dem früheren Unlauterkeitserfordernis bei der Vorsatzanfechtung Abstand genommen und die Vorsatzanfechtung auf Fälle ausgeweitet wurde, die ursprünglich lediglich von der Kongruenzanfechtung erfasst waren, ist nicht mehr garantiert, dass schutzwürdige Schuldner und Anfechtungsgegner von der Vorsatzanfechtung ausgenommen werden. Damit werden insbesondere fortführungsnotwendige Geschäfte gefährdet.

Das Unlauterkeitserfordernis in § 142 Abs. 1 InsO soll dies nun wieder sicherstellen und schützenswerte Interessen zumindest bei Bargeschäften von der Anfechtung ausnehmen. Um dem Sinn und Zweck des § 142 InsO Rechnung zu tragen und die Handlungsfähigkeit zu bewahren, damit der Schuldner auch solche fortführungsnotwendigen

768 Fridgen, S. 4 f.
769 Fridgen, S. 5 mVa BT-Drucks 12/2443, S. 158.

Geschäfte weiterhin tätigen kann, können zur Unternehmensfortführung essentielle Geschäfte nicht unlauter sein.

### 3. Interessenlage bei der Vorsatzanfechtung

Sind die Voraussetzungen der Vorsatzanfechtung außerhalb von Bargeschäften erfüllt, fällt die Abwägung tendenziell zu Gunsten der Gläubigergesamtheit aus, und die Rechtshandlung des Schuldners ist anfechtbar. Denn handelte der Schuldner mit Gläubigerbenachteiligungsvorsatz und wusste der Anfechtungsgegner davon, sind weder Schuldner noch Anfechtungsgegner grundsätzlich besonders schutzwürdig[770]. Das Zünglein an der Waage sind dann die Umstände, die sich aus dem fehlenden Bargeschäftscharakter ergeben. In diesem Fall lässt sich der Anfechtungsgegner nämlich trotz Kenntnis vom Gläubigerbenachteiligungsvorsatz einen Kredit gewähren (keine Unmittelbarkeit), verkauft seine Waren über Wert (keine Gleichwertigkeit) oder lässt sich eine vom ursprünglichen Vertrag abweichende Leistung gewähren oder versprechen (keine Verknüpfung der Leistungen). Bei diesen Umständen räumt sich der Anfechtungsgegner eine bevorzugte Position ein. Geschieht dies im Wissen um den Gläubigerbenachteiligungsvorsatz des Schuldners, führt dies zu einer Abwertung seiner Schutzwürdigkeit mit der Folge der Anfechtbarkeit.

Auch wenn die Voraussetzungen des § 133 InsO vorliegen, ist die Interessenlage gänzlich anders zu bewerten, wenn ein Bargeschäft vorliegt. In diesem Fall ist die Schutzbedürftigkeit der Gläubigergesamtheit geringer, da die Gläubiger bereits durch die Voraussetzungen des § 142 InsO bis zu einem gewissen Grad geschützt werden, indem beispielsweise eine gleichwertige Leistung erbracht wird. Hinzu kommt, dass die Schutzwürdigkeit des Anfechtungsgegners und des Schuldners erhöht ist, da sie Kenntnis von den das Bargeschäft begründenden Umständen haben und somit wissen, dass jedenfalls keine unmittelbare Gläubigerbenachteiligung und kein Kreditgeschäft vorliegen. Überdies dient das Bargeschäft gegebenenfalls der Fortführung des Unternehmens und bewahrt die Sanierungsmöglichkeit, was freilich auch

770 Vgl. auch BeckOK, *Raupach*, § 133 Rn. 1.

die Schutzbedürftigkeit der Gläubiger herabsetzt. Handelt der Anfechtungsgegner gerade zur Zeit einer finanziellen Notlage des Schuldners, in welcher das Unternehmen besonders anfällig für schlechte Geschäfte ist, nicht zu dessen Lasten, liefert pünktlich und zu angemessenen Preisen – mit anderen Worten wie ein ordentlicher Kaufmann – ist ihm kein Vorwurf zu machen. In diesem Fall muss die dem Anfechtungsrecht immanente Abwägung zu seinen Gunsten ausfallen, sodass er die Schuldnerleistung behalten darf.

Die Interessenbewertung kann bei § 133 InsO wegen dessen weiten Tatbestandes und der ohnehin hohen immanenten Vorwerfbarkeit auf Seiten des Anfechtungsgegners jedoch zu einem anderen Ergebnis führen. Um eine stringente Bewertung desselben Sachverhalts unter den beiden Anfechtungsnormen sicherzustellen, schränkt das Unlauterkeitserfordernis den Anwendungsbereich des § 133 InsO zu Gunsten einer einheitlichen Bewertung ein.

## 4. Bestimmung des Unlauterkeitsbegriffs

Die Begriffe der Unlauterkeit und der Gläubigerbenachteiligungsabsicht wurden bereits bei § 31 Nr. 1 KO „zur Abgrenzung zwischen den Interessen der Insolvenzmasse und denen der Anfechtungsgegner eingesetzt“[771]. Auch der neue Unlauterkeitsbegriff ist als Weiche in dem Abwägungssystem des Insolvenzanfechtungsrechts zu verstehen.

Wenn die Schutzbedürftigkeit der Gläubiger diejenige von Schuldner und Anfechtungsgegner übersteigt, liegt Unlauterkeit vor und eine Anfechtung muss möglich sein. Die entscheidende Frage ist damit, wann auch bei Bargeschäften die Interessen des Schuldners und dessen Geschäftspartners nicht die der Gläubigergesamtheit überwiegen. Das ist anhand des Zwecks sowohl des Bargeschäftsprivilegs als auch der Vorsatzanfechtung zu beurteilen. Das Bargeschäft soll die Anfechtung insbesondere ausschließen, um die Handlungsfähigkeit des Schuldners zu wahren. Die Handlungsfähigkeit ist jedoch nicht Selbstzweck, sondern dient dazu, es dem Schuldner zu ermöglichen, weitere Geschäfte tätigen zu können, die sein Unternehmen am Leben erhalten. Dadurch

771 Fawzy/ Köchling, ZInsO 2014, 1073, 1081 f. mwN.

bleibt das Unternehmen sanierungsfähig, was letztendlich der Gläubigergesamtheit zugute kommt.

Kommt es dem Schuldner nicht darauf an, Geschäfte zu tätigen, die sein Unternehmen weiter am Laufen halten und der Gläubigergesamtheit dienen, muss seine Handlungsfähigkeit auch nicht weiter geschützt werden. Hier setzt die Unlauterkeit an. Der Schuldner handelt unlauter, wenn er nicht dem Sinn und Zweck des Bargeschäftsprivilegs entsprechend handelt. Der Unlauterkeitsbegriff ist mithin an dem Zweck der Handlung zu messen. Ein Missbrauch der Handlungsfähigkeit für Geschäfte, die nicht dem (drohend) insolventen Unternehmen dienen, soll nicht zulässig und entsprechende Handlungen nicht von der Anfechtung ausgenommen sein. Der Schuldner soll nämlich handlungsfähig bleiben, um dem Unternehmen weiter dienen zu können. Der Erhalt der Lebensgrundlage bei natürlichen Personen tritt wegen der Pfändungsfreigrenzen und anderen Schutzmechanismen des Sozialstaats in den Hintergrund. Vor dem Hintergrund einer Interessenbewertung impliziert ein (ernsthafter) Sanierungsversuch Lauterkeit, da er von insolvenzzweckkonformen Motiven zeugt. Den Interessen des Anfechtungsgegners werden über das Erfordernis seiner Kenntnis von der Unlauterkeit Rechnung getragen.

### 5. Einklang mit der Gesetzesbegründung

Ein erneuter Blick auf die Gesetzesbegründung zeigt, dass das Ergebnis der beschriebenen Herangehensweise dem Verständnis des Gesetzgebers von der Unlauterkeit entspricht.

Die oben unter F. II. 1. ii.-iv. dargestellten Beispiele des Gesetzgebers stellen sehr deutlich auf solche Fälle ab, in denen es dem Schuldner nicht um die Sanierung des Unternehmens geht. Kommt es dem Schuldner auf die Schädigung der Gläubiger an (s. o. F. II. 1. ii.), oder verschleudert er sein Vermögen ohne Aussicht auf Nutzen für die Gläubiger (s. o. F. II. 1. iii.), verfolgt er damit nicht die mit § 142 InsO angestrebten Zwecke. Besonders deutlich wird dies, wenn der Schuldner zur Betriebsfortführung notwendiges Vermögen abstößt und seinen Gläubigern den Gegenwert entziehen will (s. o. F. II. 1. iv.), da dies einer Sanierung sogar entgegenwirkt, die Interessen der Gläubiger in besonderem Maße verletzt und damit keineswegs mehr im Einklang mit den Zielen des § 142 InsO steht. Dass die erkannte Verlustträchtigkeit keine Unlauterkeit begründet, wenn die Geschäfte zur Betriebsfortführung erforderlich sind (s. o. F. II. 1. v.), zeigt am deutlichsten, dass es maßgeblich auf die Fortführung des Betriebs ankommt. Ermöglichen die Geschäfte es, den schuldnerischen Betrieb fortzuführen, wird dadurch auch die Sanierungsfähigkeit geschützt.

## XI. Auslegungsergebnis

Die Gesetzesbegründung liefert zwar Anhaltspunkte zur Bestimmung der Unlauterkeit, belässt es aber bei einer doch eher unklaren und fallbezogenen Beschreibung. Ein erster Blick auf die Beispielsfälle verrät, dass die Unlauterkeit vornehmlich subjektiv zu bestimmen ist, aber auch die Interessen der Gläubiger durch eine Verwerflichkeitsprüfung einbezieht. Das bestätigen auch die weiteren Auslegungsansätze. Die ausdrücklichen Fallgruppen dürfen trotz des rechtspolitischen Widerspruchs nicht missachtet und eine Auslegung darf nicht entgegen der Gesetzesbegründung vorgenommen werden.

Die Auslegung ergibt, dass auf den früheren Unlauterkeitsbegriff der Rechtsprechung zwar zurückgegriffen werden kann, dieser jedoch ebenfalls nur Fallgruppen bereitstellt, die sich zudem bereits aus der Gesetzesbegründung ergeben.

Die Rechtsprechung zur bargeschäftsähnlichen Lage soll durch den Unlauterkeitsbegriff in das Bargeschäftsprivileg Einzug finden. Inhaltlich weist die bargeschäftsähnliche Lage nur wenige weitere Voraussetzungen auf, die nicht ohnehin bei einem Bargeschäft vorliegen. Unter den weitergehenden Voraussetzungen der bargeschäftsähnlichen Lage ist in der Regel nicht von Unlauterkeit auszugehen. Entsprechend dem ehemaligen Charakter der bargeschäftsähnlichen Lage als Indiz ist ein anderes Ergebnis allerdings durchaus möglich, da der Unlauterkeitsbegriff durch sein Verwerflichkeitselement wertungsoffen ist. Die Erkenntnis zur bargeschäftsähnlichen Lage hat allerdings nur begrenzten Wert, da sie lediglich eine Negativdefinition liefert, denn allein bei Fehlen ihrer Voraussetzungen ist nicht von Unlauterkeit auszugehen.

Eine Betrachtung der ratio legis der Vorsatzanfechtung stellt sich als zielbringender heraus. In Verbindung mit der Gesetzesbegründung kann postuliert werden, dass der Schuldner unlauter handelt, wenn er die Interessen einzelner Gläubiger über die der Gläubigergesamtheit stellt, sei es durch bewusste Benachteiligung anderer oder bewusste Bevorzugung einzelner.

Auch Sinn und Zweck der Reform ermöglichen es, eine positive Begriffsbestimmung vorzunehmen. Der Unlauterkeitsbegriff soll der über die Jahre vereinfachten Beweisführung auf breiter Linie entgegenwirken und die Anforderungen an den Schuldnervorsatz erhöhen. Da die Reform auch die Handlungsfähigkeit des Schuldners wieder stärken soll, indem das Bargeschäftsprivileg auf die Vorsatzanfechtung erstreckt wird, können schützenswerte Handlungen, die der Sanierung des Unternehmens dienen, nicht unlauter sein. Sinn und Zweck der Reform untermauern zudem die Annahme, dass die bargeschäftsähnliche Lage heranzuziehen ist.

Ein Vergleich mit anderen Normen, die ebenfalls auf das Tatbestandsmerkmal der Unlauterkeit zurückgreifen, ist nicht möglich.

Entscheidend ist die Erkenntnis, dass die Unlauterkeit eine Weiche in dem Abwägungssystem des Anfechtungsrechts darstellt. Unlauterkeit soll dann vorliegen, wenn dem Insolvenzschuldner und dem Anfechtungsgegner die Schutzbedürftigkeit abzusprechen ist, die bei Bargeschäften grundsätzlich gegeben ist. Dafür ist insbesondere darauf abzustellen, ob der Schuldner um eine Sanierung bemüht ist – dann handelt er regelmäßig lauter – oder die Chancengleichheit im vorbeschriebenen Sinne beeinträchtigen will – dann handelt er unlauter.

# G. Zusammenfassung und Fazit

## I. Zusammenfassung der wichtigsten Erkenntnisse in Thesen

Anhand der Untersuchung lassen sich folgende Thesen aufstellen:

**1.** Das Bargeschäftsprivileg dient vornehmlich der Wahrung der Handlungsfähigkeit des Schuldners in der Krise. Dies geschieht, indem das Vertrauen der Geschäftspartner auf das Behaltendürfen dadurch geschützt wird, dass gewisse Geschäfte von der Anfechtbarkeit ausgenommen werden. Dadurch soll insbesondere die Sanierungsfähigkeit des Unternehmens gewahrt werden.

**2.** Grund für die Reform des Anfechtungsrechts war die Auffassung in Wirtschaft und Literatur, dass die Handhabung der Vorsatzanfechtung durch die Rechtsprechung zu weit gehe und eingeschränkt werden müsse.

**3.** Das Unlauterkeitserfordernis in § 142 Abs. 1 InsO ist Teil der Rechtsfolge des Bargeschäftsprivilegs und im subjektiven Tatbestand der Vorsatzanfechtung zu prüfen.

**4. a.** Die Unlauterkeit bemisst sich vornehmlich subjektiv. Eine Gläubigerbenachteiligungsabsicht ist zwar nicht erforderlich, begründet aber in der Regel ein unlauteres Verhalten.

**4. b.** Das Ergebnis wird durch die der Unlauterkeit immanente objektive Verwerflichkeit beeinflusst, sodass Unlauterkeit auch ohne Benachteiligungsabsicht vorliegen oder trotz Benachteiligungsabsicht fehlen kann. Ein Plus an Subjektivität oder Verwerflichkeit kann ein Minus des jeweils anderen Kriteriums ausgleichen.

**4. c.** Eine Auslegung entgegen der Gesetzesbegründung ist weder geboten, noch zulässig.

**4. d.** Auf den in der Rechtsprechung zur KO verwendeten Unlauterkeitsbegriff kann ergänzend rekurriert werden. Maßgeblich ist damit, ob der Schuldner vornehmlich seine Pflichten erfüllen oder die Gläubiger schädigen wollte.

**4. e.** Das Bestehen einer bargeschäftsähnlichen Lage spricht grundsätzlich gegen die Unlauterkeit. Deren Fehlen alleine kann eine Unlauterkeit gleichwohl nicht begründen. Die bargeschäftsähnliche Lage und das Rentabilitätserfordernis des „Mühlen-Falls“ werden durch das Unlauterkeitserfordernis nicht direkt beseitigt, es kommt jedoch nicht mehr darauf an, ob der Schuldner erkennt, dass er unrentabel arbeitet, da Unlauterkeit bei bargeschäftsähnlicher Lage jedenfalls ausscheidet.
**4. f.** In Anlehnung an den Telos der Vorsatzanfechtung handelt der Schuldner unlauter, wenn er die Befriedigungschancen der Gläubiger beeinträchtigt oder die Haftungsmasse verkürzt und seine eigenen Interessen oder die einzelner Gläubiger bewusst über die der Gläubigergesamtheit stellt.
**4. g.** Handlungen, die auf die Sanierung des Unternehmens abzielen, sind in der Regel nicht unlauter. Das gilt bereits für Sanierungskonzepte, die hinter den Anforderungen des von der Rechtsprechung entwickelten Indizes des ernsthaften Sanierungsversuchs zurückbleiben.
**4. h.** Die getroffenen Aussagen sind nicht in Stein gemeißelt, da sich im Einzelfall je nach Ausprägung des Vorsatzes und der Verwerflichkeit unter Berücksichtigung der Schutzbedürftigkeit und -würdigkeit aller Beteiligten etwas anderes ergeben kann.
**4. i.** Auf den Unlauterkeitsbegriff aus § 250 Nr. 2 InsO kann ebenso wenig zurückgegriffen werden, wie auf die Begriffe des UWG oder des StGB.

## II. Fazit

Das Ergebnis der „Operation“ durch das Reformgesetz, wie Heiko Maas Änderungen am Anfechtungsrecht in der eingangs zitierten Rede beschreibt, ist nicht nur positiv zu bewerten. Von den dargestellten Mängeln und Kritikpunkten ist insbesondere das Unlauterkeitsmerkmal hervorzuheben. Aus der Gesetzesbegründung allein ist diesem kein klarer Regelungsinhalt zu entnehmen. Die aufgezählten Beispielsfälle helfen dem Laien kaum über ihren eigenen Anwendungsbereich hinaus weiter und auch der Rechtskundige wird vor Unklarheiten gestellt. Erst anhand einer umfassenden Auslegung, insbesondere in historischer und teleologischer Sicht, wie auch einer Betrachtung der dem

Anfechtungsrecht zugrundeliegenden Interessenlagen, lässt sich der Begriff genauer umreißen und erkennen, welche Verhaltensweisen der Vorsatzanfechtung unterfallen und welche ihr entzogen sein sollen. Für den Laien ist dies kaum zu bewerkstelligen. Rechtssicherheit sieht anders aus.

Der Unlauterkeitsbegriff ist von den Fallgruppen zu lösen, auf die sich die Gesetzesbegründung beschränkt, um eine flexiblere Begriffshandhabung zu ermöglichen, die auch auf noch unbekannte Fallkonstellationen angewendet werden und etwaige Umgehungsversuche verhindern kann.

Es ist jedoch davon auszugehen, dass Rechtsprechung und Lehre dem Begriff bald schärfere Konturen verleihen und ihn für den Wirtschaftsverkehr genauer bestimmen werden, wozu die vorliegende Arbeit einen Beitrag geleistet zu haben hofft.

FSC
www.fsc.org
MIX
Papier | Fördert
gute Waldnutzung
FSC® C083411

Kolibri 360 GmbH
Ferdinand-Jühlke-Straße 7
99095 Erfurt, Deutschland
produktsicherheit@kolibri360.de